深圳市地铁集团有限公司

盾构下穿运营隧道与建筑施工技术及应急管理指南

黄力平　孙　波　龙宏德 等　编著

中国铁道出版社有限公司

2022 年·北 京

图书在版编目(CIP)数据

盾构下穿运营隧道与建筑施工技术及应急管理指南/黄力平等编著. —北京:中国铁道出版社有限公司,2022.6
ISBN 978-7-113-27714-7

Ⅰ.①盾… Ⅱ.①黄… Ⅲ.①隧道施工-盾构法-工程施工-安全管理-指南 Ⅳ.①U455.43-62

中国版本图书馆 CIP 数据核字(2021)第 016120 号

书　　名:**盾构下穿运营隧道与建筑施工技术及应急管理指南**
作　　者:黄力平　孙　波　龙宏德 等

策　　划:梁　雪
责任编辑:梁　雪　　　　**编辑部电话**:(010)51873193
封面设计:尚明龙
责任校对:苗　丹
责任印制:樊启鹏

出版发行:中国铁道出版社有限公司(100054,北京市西城区右安门西街 8 号)
网　　址:http://www.tdpress.com
印　　刷:北京富资园科技发展有限公司
版　　次:2022 年 6 月第 1 版　2022 年 6 月第 1 次印刷
开　　本:710 mm×1 000 mm 1/16　**印张**:13.5　**字数**:245 千
书　　号:ISBN 978-7-113-27714-7
定　　价:56.00 元

编委会

主编单位： 深圳市地铁集团有限公司

主　　编： 黄力平　孙　波　龙宏德

参编人员： 孔　娟　潘健英　彭玻尔　龙　丹

徐剑敏　张　明　何　珺　吴礼程

袁大军　金大龙　李兴高　耿　哲

毛家骅　王　将　王　滕　金　慧

陆　平　王小宇　王旭阳　罗维平

段怿欣　郭海鹏　杨引尊　吴尚坤

王仲鑫　向路玖

前　言

近十几年来，我国城市轨道交通建设发展迅速，盾构隧道建设施工技术和管理水平有了长足的进步。与此同时，盾构下穿运营隧道与建筑愈加频繁，穿越工程通常位于交通繁华、列车运营繁忙的地区，属于风险高发区，引起建设、运营单位的高度重视。实践表明，推行标准化施工、建立施工管理指南可以有效促进城市轨道交通隧道工程质量的全面和稳步提高。为此，深圳市地铁集团有限公司组织编制了本指南。

本书是在《盾构法隧道施工及验收规范》（GB 50446—2017）、《城市轨道交通工程监测技术规范》（GB 50911—2013）、《城市轨道交通岩土工程勘察规范》（GB 50307—2012）、《地铁设计规范》（GB 50157—2013）、《城市轨道交通既有结构保护技术规范》（DBJ/T 15-120—2017）和《城市软土基坑与隧道工程对邻近建（构）筑物影响评价与控制技术指南》（CCES 03—2016）等现行隧道设计、施工、验收的相关标准、规范基础上，总结深圳多年来隧道工程实践编制而成的。本书着重从工序、技术、工艺和管理的角度对现行标准、规范做进一步补充，旨在消除施工风险，提高盾构下穿运营隧道与建筑的施工管理水平，实现隧道施工标准化，确保盾构下穿运营隧道及建筑的工程质量和周边环境安全。

作　者

2022 年 1 月

目　　录

1 施工准备

1.1 地质补勘和物探

工程实践表明,隧道开挖所揭示的围岩条件与勘探设计资料不相吻合的情况时有发生,甚至因此发生涌泥、涌水等突发性灾害而措手不及,给工程的安全、进度、投资造成直接影响。为了避免或尽量减少突发性事故以及使设计参数符合实际的围岩条件,必须在盾构掘进过程中进行地质资料核实和地质补勘工作。由于地质体的不均质性及隧道工程对于不良地质环境的敏感性,哪怕是某一局部的不良地质条件(如拱顶局部遇含水砂层等),也可能酿成隧道坍方的大事故。对于穿越工程,如果地质条件不明确,所引起的不仅是新建隧道的施工安全问题,更为严重的是危及既有线隧道的运营安全。

1.1.1 岩土工程勘察

按照我国规范《城市轨道交通岩土工程勘察规范》(GB 50307—2012),城市轨道交通岩土工程勘察工作阶段应分为可行性研究阶段、初步勘察阶段、详细勘察阶段及施工中的岩土工程勘察工作。各勘察阶段所提供的工程地质及水文地质资料必须满足相应设计阶段所需要的设计参数和有关技术资料,并对工程环境进行预测、评价。

可行性研究阶段主要对工程环境条件、区域地质条件、水文地质条件、地震效应等进行初步评价,明确周围环境与拟建工程间的相互关系,并对初步勘察提供一定的工作建议。

初步勘察阶段应初步查明控制线路方案的不良地质、特殊地质的性质、特征、范围,并应初步提出对不良地质的治理措施。初步勘察阶段的勘探工作应符合下列规定:①在隧道一侧或两侧宜交叉布点,当需要在隧道范围内钻孔时应回填封孔。勘探点间距宜为 100 ~ 200 m,并可根据地质条件复杂程度及设计需要确定。②取试验样品和进行原位测试的孔不宜少于勘探孔总数的 2/3。③控制性勘探孔深度:在松散地层中,应在隧道结构底板下不宜小于 20 cm;在微风化及中等风化岩石地层中,应在底板以下 3 ~ 5 m;在强风化带、全风化带中深度可根据地质条件、设计和施工的要求而定。

详细勘察阶段应根据初步设计鉴定意见,详细查明沿线的工程地质及水文地质条件。详细勘察阶段勘探点的数量、勘探孔深度应符合下列要求:①勘察孔间距可按表1-1确定。②基岩地区控制性勘探钻孔在微风化带应钻入3~5 m,但每个区间必须有进入基底下1~3 m的钻孔;在中等风化带应进入基底下3~5 m。

表1-1 勘探孔间距 (单位:m)

类　　别	区　　间	车　　站
简单场地	50~100	40~80
中等复杂场地	30~50	25~40
复杂场地	<30	<25

施工中的岩土工程勘察工作宜包括下列内容:①验证勘察资料的准确性,根据实际情况及时调整勘察报告中提供的技术参数;②解决施工中遇到的工程地质及水文地质问题。通过以上论述可以看出,从现有规范要求来看,初勘和详勘阶段的勘探工作远不能满足穿越的要求,必要加强施工阶段的地质补勘工作。

1.1.2 地质补勘

虽然地质超前技术目前已发展到较高水平,采用地质雷达、超前钻孔、地质测绘、地层CT成像等综合技术和方法进行过成功的地质预报,但是在普遍推广应用中,仍存在一定的难度。如地质雷达检测、地质超前钻孔、地质测绘、地层CT成像的实施以及检测结果的解释、推断等,均要求具备相当水平的专业地质人员承担,还要占据工程施工作业的循环时间。因此,对于工程地质情况的掌握,还是要依靠施工阶段的地质补勘工作来完成。

施工阶段的地质补勘主要是弥补勘探阶段因受地物限制而导致探孔远离线路或间距过大的缺陷。如在盾构法隧道下穿既有隧道工程中,实施长距离的穿越既有线工程,必须考虑地层对刀具的磨损和实际工作中换刀的可能,穿越工程影响范围内的探孔间距达到10~15 m的要求,且在地质急变地点布置有探孔,以提高地质勘探资料的准确性。

在工程实施过程中,单位和施工监理单位应督促、跟踪承包商配足仪器设备和专业人员,完成地质补勘工作,并协助分析、判断、预报结果;相对于原始资料中变化了的地质条件,及时组织有关各方确认变更,调整工序安排和支护参数,使其符合实际情况,达到信息化施工、安全施工的目标。

1.1.3 地球物理勘探

在实际探测中,由于物探方法具有经济、勘探速度快、设备轻便的特点,而且可以对线和面的工程地质情况进行连续的勘探,多种地球物理方法得到了广泛的应用,并且取得了较好的探测效果。

各种物探方法的应用都有一定的前提条件,现场实际条件也会对测试结果产生较大的影响,使得其应用存在一定的局限性。因此,应考虑综合物探方法技术,充分发挥物探技术经济、方便快捷、可以连续测量的优点。综合物探是以这些物探方法为基础,依据每种地球物理方法的适用条件,结合工区地质情况、地球物理特征及存在的限制条件,对不同部位选取两种及两种以上的地球物理方法组合,使得探测结果更加准确、可靠,达到共同完成和解决实际工程问题的目的,取得更好的社会经济效益,满足工程建设实际需要。

1.2 既有结构调查

1.2.1 既有结构控制标准

在新建隧道下穿施工过程中,由于隧道开挖造成的应力释放必然会导致周边土体的松动变形,进而影响到既有地下结构和地上建筑,两者之间以土体为媒介相互作用、相互影响,最终构成一个多因素影响的多元结构体系,彼此之间随着施工过程的进行始终存在着复杂的相互作用。在此过程中每一步施工都会对既有地下结构造成影响,从而使其附加受力或变位不断累积,最终可能造成既有地下结构的剪切、扭转等承载力破坏,或变位过大而影响列车的正常运营,威胁列车的安全。因此,明确暗挖隧道下穿期间既有地下结构的变形特征和破坏模式就至关重要。这有利于制定有针对性的施工方案和监测方案,从风险管控的角度出发可以将穿越风险进行逐层、分步化解,最终制定一个准确的控制标准,保证既有地下结构始终处于安全状态。地下结果控制标准制定原则如下:

1. 科学合理原则

新建隧道穿越既有地下结构,涉及既有地下结构的营运安全和新建隧道的施工安全,本着安全优先的原则,控制标准的制定必须科学合理。科学合理包含以下两方面的内容:①控制标准的制定方法必须科学合理,要有相应的计算结果作为依据,并能考虑既有地下结构损伤劣化对结构承载力的影响。②控制标准的制定必须以当前施工所能达到的技术水平为前提,最大限度地减小穿越施工对既有地下结构的影响。

2. 分类、分级原则

由于穿越施工涉及的地下结构形式多种多样,穿越施工安全风险程度不尽相同。因此,应首先对既有地下结构进行分类并划定风险等级。在此基础上,依据暗挖隧道施工方法,模拟类比不同施工阶段既有结构的变形控制标准,通过变位分配使之最大限度地与实际施工过程在空间和时间上相匹配,通过完成分级控制来确保最终目标的实现。

3. 兼顾性原则

由于既有地铁结构的营运安全涉及穿越施工的很多方面,因此在确保控制标准上限值的前提下,要采用兼顾性原则,确保施工方案的科学合理。即一方面要在确保安全性的基础上,适当加大人力、财力、物力的投入,加快穿越施工的进度,减少穿越施工风险;另一方面要确保穿越施工的连续性,各项措施必须组织严密、经济合理,确保施工组织设计达到最优状态。

4. 方便维修原则

方便维修原则是指在控制标准的制定过程中,既有轨道变形可以通过扣件更换或增设垫板等方法来弥补和修复,从而使得既有轨道保持原有标高或位置不变。由于穿越施工过程中既有地下结构每天都需要检查和维修,为了便于维修,可以采取相对简单的方法及时消除既有轨道的变形或沉降,确保列车营运的安全。

1.2.2 既有结构变形破坏模式

在新建隧道下穿施工过程中,由于隧道开挖造成的应力释放必然会导致周围土体的松动变形,进而影响到既有地下结构,两者之间以土体为媒介相互作用、相互影响,最终构成一个多因素影响的多元结构体系,彼此之间随着施工过程的进行始终存在着复杂的相互作用。在此过程中每一步施工都会对既有地下结构造成影响,从而使其附加受力或变位不断累积,最终可能造成既有地下结构的剪切、扭转等承载力破坏,或变位过大而影响列车的正常运营,威胁列车的安全。因此,明确暗挖隧道下穿期间既有地下结构的变形特征和破坏模式就至关重要。这有利于制定有针对性的施工方案和监测方案,从风险管控的角度出发可以将穿越风险进行逐层、分步化解,最终制定一个准确的控制标准,保证既有地下结构始终处于安全状态。

由于新建隧道、周边土体、既有地下结构构成了一个多因素影响的多元结构体系,在该结构体系中土体是新建隧道和既有地下结构两者之间相互作用的媒介。即新建隧道施工对周边土体的扰动会改变既有地下结构的外力条件和支撑状态,从而影响既有地下结构的安全状态。

众所周知,隧道开挖引起的地层沉降变形基本符合 Peck 公式,即在隧道剖面,地层沉降曲线基本按高斯正态分布。随着施工向前推进,沉降槽曲线也不断向前开展,而既有地下结构的存在阻碍或抑制了土体的变形传递。从既有地下结构的角度出发,穿越施工模型转化为新建隧道施工引起的地层变位导致既有地下结构

在附加受力和变形方面的问题。对此,将既有地下结构的破坏模式归纳如下:

1. 既有地下结构的纵向变形

既有地下结构的纵向变形包括均匀变形与不均匀变形两种。从结构分析的角度出发,当既有地下结构的下层土体发生整体沉降或整体水平变形时,对于单个节段来说,隧道结构不会产生挠曲或扭转变形,也不会造成既有地下结构的附加内力变化;当既有地下结构产生纵向不均匀沉降或不均匀水平变形时,既有地下结构会产生纵向挠曲,甚至扭转,从而造成既有地下结构的附加内力变化。从地层变位特征进行分析,新建隧道施工引起的地层变位是一个三维空间曲面,不同部位的沉降和变形值不同。因此,既有地下结构的纵向变形基本呈现出不均匀变形形式,尤其当施工造成的应力释放过大或隧道结构的赋存环境为软弱土层时,既有地下结构呈现出柔性变形特征而产生纵向形变差异。

依据弹性地基梁的基本知识可知,普通的弹性地基梁横截面基本为高跨比较小的实心结构,采用弹性地基梁的理论进行分析,隧道结构的纵向不均匀沉降只能引起其纵向弯曲,横截面的变位可以忽略不计;而既有地下结构则不同,其是高跨比很大的空心结构,纵向过大的不均匀变形势必会造成结构的横截面变化,该横截面的变化不可忽略。因此,在考虑结构的纵向挠曲时,必须要考虑其横截面附加内力的变化。既有地下结构的纵向不均匀变位可以归纳为如下几种变形模式:

(1)纵向挠曲

既有地下结构的纵向不均匀沉降会导致既有地下结构产生挠曲变形,此时既有地下结构的受力特征为其上部和下部分别会产生明显的拉应力或压应力,而由于既有地下结构纵向拉伸与压缩的刚度存在较大差异,直接造成既有地下结构受拉侧和受压侧极大的不均匀性。当隧道结构拉应力超过其允许值时,造成既有地下结构的开裂,甚至渗水。

(2)纵向剪切

当隧道结构产生明显的纵向不均匀沉降时,既有地下结构会产生纵向剪切力,该剪切作用不仅会使隧道结构与周边土体产生变形,还会使隧道结构产生横截面的变形。当这种剪切作用发生在隧道结构的变形缝位置时,就会使结构产生明显的相对错动,严重时造成防水层破坏、地下水渗漏等病害。因此,沉降缝位置一般为穿越施工过程中既有地下结构的变形控制重点。

(3)纵向扭转

既有地下结构的纵向扭转变形可以看作是其水平方向不均匀变形的连续分布,当这种水平变形在隧道纵向呈现单一变化趋势,即逐渐增大或逐渐减小时,既有地下结构就会呈现扭转。扭转是一种空间变位形式,一般只有在新建隧道近距离穿越时才会出现。

2. 既有地下结构的横向变形

(1)横向压弯

既有地下结构的横向压弯一般是由两种原因造成,一种是由于周边地层变形在隧道结构上的不均性造成,与其多处的地质条件和上覆荷载形式有关,可仅按一般的平面应变问题进行考虑。另一种是由于隧道结构的纵向不均匀变形产生的,隧道结构发生纵向挠曲变形时,其挠曲部分的横截面上可能产生非线性的横向变位,表现为三维应力状态下的结构横向变形;此种横向压弯作用机理极为复杂,涉及隧道结构纵横向刚度的协调,有待进一步研究。

(2)横向剪切

既有地下结构的横向剪切变形和纵向剪切相同,也是由于地层的不均匀变形产生的。一般情况下,其横向剪切一般受扭转和挠曲的共同作用,在进行结构剪切应力计算时,注意破坏准则的多因素叠加。

3. 道床脱空或开裂

由于列车轨道是通过道床与既有地下结构相连的,因此既有地下结构的纵向变形必然会通过道床传递给轨道,从而造成轨道的变位,威胁营运安全;同时,由于道床结构与既有地下结构是没有连接的,因此也极易发生道床与隧道底板的脱空与开裂。

1.2.3 既有线路调查

通常伴随新建隧道施工,上部既有隧道会出现不均匀沉降、裂缝开展等。这些现象进而将引起道床沉降变形、轨道几何形位变化、轮轨游间变化、轨道不平顺性增大,形成三角坑、空板等。上述不良变化最终将影响列车运行的平稳性和线路的稳定性,增加轮轨磨耗和动能损失,引起列车摇晃和蛇行运动,严重时甚至产生挤翻钢轨、爬轨、脱轨事故。为确定穿越施工对既有线的影响,保证既有线的正常运行,在下穿施工前,必须对既有线结构现状和线路情况进行全面的调查和测量,充分了解其现状。总之,对既有线现状进行全面的调查和评估是制定既有线施工控制标准及技术措施,保证既有线运营安全和新建隧道工程施工安全可靠的重要依据。

1. 调查方法

既有线现状调查方法主要有资料调研和进洞调查。资料调研主要是通过查看设计图纸和竣工验收资料掌握既有线的结构形式、尺寸大小和设计标准、配筋量等相关技术参数;进洞调查主要了解既有线洞内结构现状和裂缝分布、轨道结构类型、关键尺寸等,并将调查结果与设计图纸作对比印证。

另外,为给穿越施工过程中及完成后可能产生的责任纠纷提供基本依据,有必要对既有线关键技术参数,如裂缝现状情况做一个穿越前的现状三方确认。

2. 调查报告内容

通过资料调研和现场查看,要摸清既有线隧道结构形式、断面尺寸和配筋情况,确认下穿位置和监测范围,对隧道结构的表观进行详细的查看,掌握穿越范围内的裂缝分布情况,而后围绕以下内容进行调查报告:

(1)对既有线现状进行全面调查是制定穿越工程施工控制标准及技术措施,保证既有线运营安全和新建隧道施工安全可靠的必须工作。

(2)对既有线进行现状调查,除调查既有线的线路条件、隧道结构的形式和尺寸、轨道结构的类型和尺寸外,还应对既有线隧道内的供电设备、信号设备等受环境变形敏感性的设备进行调查和分析。

(3)通过隧道结构现状调查确定,新建隧道下穿既有隧道施工过程中,隧道结构变形监测和控制标准中的项目必须包括:隧道结构沉降(隆起);施工缝处差异沉降;隧道结构水平位移;现状裂缝张开度监测。既有线监控量测的范围也随之确定。其中,隧道结构沉降(隆起)和施工缝处差异沉降应予以特别关注。

(4)对当前结构承载力,既有线结构的各种力学参数,如弹性模量、泊松比等进行相关测定,若无变化可按设计值选取。

(5)关于隧道结构变形控制标准,需要兼顾地区范围内适用的相关标准,建议取其中的小者作为穿越施工中的隧道结构变形控制标准。

(6)轨道结构变形控制标准主要应满足既有线路运营养护的要求,建议取经常保养轨道变形允许差值的 50% 作为现场监护时的控制指标。由于施工缝的存在,除轨距、高低、水平外,还应关注三角坑的变化。建议增加隧道结构与轨道道床结构脱开变形的监测。

1.2.4 既有建筑调查

盾构掘进过程会导致地层的变形,从而对邻近建筑物和构筑物造成破坏,主要表现为:建筑物和构筑物倾斜过大、变形、断裂,从而导致其不能满足正常生活的基本要求。因为地表房屋及其附属建筑众多和城市内供排水、燃气、工业等管线种类众多,这些保障城市正常运行的构筑物类型千差万别,使用相同的控制标准难免对于某些地理位置可能不符合要求,有些地方会出现过于保护从而造成资源财产损耗等现象,而有些地方则会因为标准过低而造成工程质量不佳,甚至可能造成不可磨灭的损失。地面下沉或者地陷的控制参考值一般应考虑以下几个因素:周围的建筑物、地下管线、地层、地下水和结构稳定性等。通过以上因素确定允许的地面沉降值,最终以最小值作为控制参考值,并且依据地表建筑的沉降及可允许倾斜的程度,在盾构施工时采用合理的方式使得邻近建筑物所受影响在标准控制范围内。

1. 隧道开挖影响区域

1)盾构掘进对周边建筑物的影响

在盾构施工的过程中,通常会导致3倍洞径区域内地层发生变形。该区间上的建筑物及其构造物会随着盾构开挖进程引起的地层改变而发生结构位移形变,当地层变化进一步影响建筑物的结构,则该建筑物会发生沉降倾斜,更严重的会导致开裂等。但当建筑物距离隧道超过4倍洞径范围时,其影响可以忽略。由于隧道埋深不同,隧道与建筑物所处相对位置不同,地层土质不同,地下水含量不同,建筑物结构类型不同,因此周围建筑物由盾构掘进而产生的变化形态是有差异性的。

2)盾构掘进对浅基础建筑物的影响

对于地基基础不深的建筑物来说,地层的变形对建筑物的关系不是十分明显,可以只考虑对房屋地基下端的不利因素。通常研究人员为了分析简洁化,会将建筑基础末端变形与地层变形试做一体。所以对建筑物及其构造物产生的影响通常分为以下两个方面:

(1)地层横向变形对邻近建筑物的影响

通常来说,房屋不易受到地层均匀沉降或突起隆起的影响,房屋受损的根本因素是不均匀沉降或隆起。地表沉降或增长的差异往往会致使建筑物内结构构件受弯剪变形,特别是沉降或增长的差异使得框架结构建筑物变得十分敏感。对于占地面积小但楼层较高的建筑来说地层的变形对其损害程度更大,一旦地层发生不均匀变形,高层建筑的重心偏移,导致内部强度的重新分布;当倾斜度超出其能接受的最大程度,建筑物的重心在地基之外,导致它会断裂或坠落,这是很少见的。在地层的曲率是负曲率的情况下,建筑物的地基像是一个“马鞍”,它由地基两端来进行承重,也就是说地基的受力情况是上部被压,下部被拉,这样的受力情况使得类似“八”字的缝隙在建筑物中间形成;在地表的曲率为正曲率的情况下,由建筑物的中间来进行承重,在这种情况下建筑物的下部是被压缩的,上部是被拉伸的,因此建筑物内容易形成倒“八”字的缝隙。

(2)地表纵向变形对周边建筑物的影响

对于建筑物来说无论地层的纵向变形是拉伸还是压缩其损害性都是非常大的,建筑物的抗压能力要大于建筑物的抗牵引能力。砌体结构的房屋特别容易受到地层变形而发生的地表拉伸的影响。由于门窗是房屋最薄弱的地方,因此地表拉伸最开始对建筑物产生破坏的地方一般是门窗,在这些部位很容易发生裂缝,然后被推成菱形,墙壁产生褶皱,整个砌体建筑通过接缝被拉开。

地层的沉降和隆起发生在盾构掘进过程中是不可避免的,而且盾构的掘进过程是一直在变化的,因此地层的状态也是在不断变化的。所以,盾构施工对邻近建筑物的影响也不是一成不变的,在盾构到达之前,建筑物要受到地表高程(正曲率)的影响,而后会受到下降(负曲率)的影响,下沉的程度会愈发增强。在复杂的施工过程中,建筑物的损坏通常会受到不同因素的影响,受到不同变形的叠加。

3)盾构掘进对深基础建筑物的影响

在盾构施工过程中需要下穿基础较深的建筑物时,不只建筑物底部土体的变化会对建筑物结构产生影响,地基周围土层的变化也会对建筑的结构产生影响。所以更应该格外注意,采取多种措施,时刻关注对建筑物的影响及建筑物的变化。

4)盾构掘进影响范围的确定

在具体施工过程中,可以将盾构施工对邻近影响区域分为可受影响范围与不受影响范围。通常对于不受影响范围的房屋,其受影响的程度基本可以视为不存在。其次就要根据房屋距离隧道的远近程度来确定是部分受影响区域还是全部受影响区域,要判断清楚盾构施工对房屋受影响的程度来对其采取对应的措施,保障施工对房屋不造成安全威胁。然而目前国内还没有对划分影响区域确立明确的范围。在施工过程中普遍比较认同的方式是:隧道上方扰动后远离塑性区和隧道周围土体是建筑物基础底部土体附加应力扩散的有效范围。在有效范围内应该防止塑性区土层的沉降和建筑物不能承受的不匀称沉降。

2. 变形地层与建筑物的相互作用

隧道的开挖不可避免的会对地层产生扰动,进而引发沉降。建筑物是通过基础与地层发生影响。地层首先把扰动传给基础,基础把扰动传给上层建筑物。基础是两者关联的桥梁,其本质是研究变形地层与基础的相互作用。即变形地层与建筑物基础的相互作用是隧道对建筑物影响体系中的核心部分。

(1)在隧道开挖施工过程中,每一步开挖都会使邻近的地层发生一定变形,每一次变形都会影响附近建筑物基础的外力环境,可见地基—隧道—基础—建筑物体系时刻处于运动状态。与此同时,基础与地层相互作用也在动态变化的。作为土体与建筑的连接带,地层与基础通过彼此作用,它们的内力及变形也在不断变化,都在每一步开挖过程中寻求相应的平衡状态。

(2)地层变形与基础之间的相互作用是一个连续的变化状态,并非瞬间的作用结果。由于地层变形是不断发展变化的,且需要一定时间去变化,因而地基与基础之间的相互作用也必然是一个不断变化的过程。

(3)隧道与建筑物二者位置是通过基础发生关系的,隧道的变化传给建筑物也是一个动态的作用。在两者位置关系确定的情况下,如果单纯考虑建筑物基础,那么变形地层与基础的实际作用结果主要受到基础埋深及上层建筑物刚度等参数的影响。

3. 建筑物的变形特征

一般浅基础建筑物,在隧道开挖扰动下地表变形主要包括水平方向(水平位移、拉伸和压缩变形)、垂直方向(沉降和隆起)和平面内的剪切应变等三类模式,具体表现为弯曲变形、均匀沉降、水平变形及倾斜变形,由此也将导致上部结构出现相应形式的损害。

(1)弯曲变形:地表在外界的扰动下,会出现正曲率弯曲或负曲率弯曲,这种弯曲带动上层建筑弯曲,对建筑构成了弯曲损害,最终表现为结构开裂破坏。

(2)均匀沉降:一般的均匀沉降不会对建筑物的正常使用产生影响,但是过量均匀沉降可能使建筑物受到外力环境发生改变,例如下沉到地下水线下,使建筑物基础长期浸泡在水中,这样会威胁到结构自身安全,而且仅产生完全均匀的沉降在隧道开挖中几乎是不可能的。

(3)水平变形:基本分为水平拉伸和水平压缩两种情况。在拉伸变形区的建筑物,其基础底面受到来自地层的外向摩擦力,对一般建筑物来说易造成开裂,建筑物的抗压能力远大于抗拉能力。在压缩变形区的建筑物,其基础底面受到来自地层的内向摩擦力,压缩破坏往往仅集中在结构薄弱处爆发,其破坏是灾难性的。

(4)倾斜变形:只要地表发生不均匀沉降,就会有倾斜变形发生。倾斜变形将会在建筑物内产生剪切力,墙体在这种力的作用下会产生交错裂缝,基础倾斜会引起建筑物产生差异沉降,造成局部剪切裂缝或整体弯曲裂缝而使其安全性大大降低,还会使承重结构内部产生附加应力。当倾斜过大时,建筑物在偏心作用下还将产生附加倾覆力矩,对高耸建筑物甚至会造成其整体倾覆失稳。

综上可见,对建筑危害较大的为地基倾斜、弯曲及水平拉伸,在实际中往往是几种情况同时发生作用。一般情况下地表压缩与负曲率、地表拉伸与正曲率伴随出现。当开挖的隧道与建筑物斜交时,建筑物结构中将产生复杂的扭曲变形,特别是在建筑物尺寸很大时,将会有更多不同性质的地基变形,其复合破坏特点更加突出。

4. 开挖影响下建筑物破坏形式

隧道开挖过程中,建筑物的常见破坏形式有以下几种:

(1)拉裂破坏:过大的地表曲率变形和水平拉伸变形会使上部建筑物结构出现拉裂破坏,一般出现在地表沉降槽的凸型区,如图 1-1 所示。在裂缝处,构件将失去承受拉应力的能力。

(2)压缩破坏:这是由过大地表曲率变形和水平压缩变形引起的,一般出现在地表沉降槽的凹型区。建筑物的压缩破坏一般是由于构件蓄积了大量应力产生具有突然性和爆发性的破坏,其后果一般是灾难性的。

(3)剪切破坏:多是由地表的剪切变形、扭曲变形和曲率变形引起的。这种破坏对砖混结构的建筑物破坏威力巨大,如图 1-2 所示。

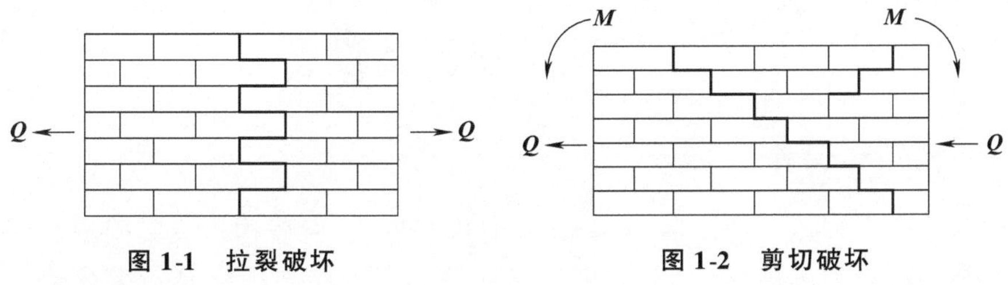

图 1-1 拉裂破坏　　图 1-2 剪切破坏

5. 邻近建筑物允许变形标准

对于盾构掘进施工造成的建筑物是否损坏目前在我国还没有统一的标准。由于地层变形通常会导致建筑物变形破坏,各个国家都对隧道开挖引起建筑物变形给予了容许值,见表 1-2。

表 1-2 各个国家建筑物容许变形值

国　别	压缩(mm/m)	拉伸(mm/m)	倾斜(mm/m)	曲率半径(m)
中国	—	2	3	5
英国	1	—	—	—
美国	0.8	0.4	3.3	—
法国	1～2	0.5	—	—
德国	1～2	0.5	—	—

在我国实际生产活动中,主要借鉴其他标准作为依据。阅读并参照了相关的文章,得出了建筑物变形的允许值,详见表 1-3。

表 1-3 建筑物的地基变形允许值

<table>
<tr><td colspan="2">变形特征</td><td colspan="2">地基土类别</td></tr>
<tr><td colspan="2">砌体承重结构基础的局部倾斜</td><td>中、低压缩性土</td><td>高压缩性土</td></tr>
<tr><td rowspan="3">工业与民用建筑相邻基桩的沉降差</td><td>框架结构</td><td>0.002L</td><td>0.003L</td></tr>
<tr><td>砌体墙填充的边排柱</td><td>0.007L</td><td>0.001L</td></tr>
<tr><td>当基础不均匀沉降时不产生附加应力的结构</td><td>0.005L</td><td>0.005L</td></tr>
<tr><td colspan="2">单层排架结构(柱距为 6 m)桩基的沉降量(mm)</td><td>120</td><td>200</td></tr>
<tr><td colspan="2">体型简单的高层建筑物基础的平均沉降量(mm)</td><td colspan="2">200</td></tr>
<tr><td rowspan="2">桥式吊车轨面的倾斜(按不调整轨道考虑)</td><td>纵向</td><td colspan="2">4‰</td></tr>
<tr><td>横向</td><td colspan="2">3‰</td></tr>
</table>

注:L 为相邻柱基的中心距离,单位为 mm。

1.3 盾构机及其设备

1.3.1 检修和保养

在盾构施工到达穿越区前 30 ~ 50 m 时应当停机，对盾构机及其附属后配套设备进行全面检修和养护，确保盾构机处于良好的工作状态下穿越运营地铁。盾构机大修、中修、例保的依据及作业内容见表 1-4。

表 1-4 盾构机修理依据及内容

修理类型	决定修理类型的综合考虑因素	作业内容界定
大修	(1)盾构机退场时，设备状态已经接近或超出各类质保期现定期限的； (2)本次大修与上次大修之间的时间间隔较长，中间已经过数次中修或例保的； (3)退场时或再次进场后掘进里程大于 2.5 km 的； (4)盾构机推进阶段存在较多故障，对后续施工有影响或风险隐患的	根据指令性意见对盾构装备进行技术改造或更新
中修	(1)盾构机退场时，设备状态已经接近或超出各类质保期规定期限的； (2)距上次大修、中修的间隔时间已接近或超出 2 年的； (3)退场时或再次进场后推进里程大于 1 km，但小于 2.5 km 的	除不拆除大轴承及驱动装置，不对盾构装备进行重大的技术改造更新外，其他修理内容同大修项
例保	(1)盾构机返场时，已经接近或超出各类质保期规定期限的； (2)距上次大修或中修间隔时间不满 2 年的； (3)退场时或再次进场后掘进里程不足 2 km 的； (4)推进阶段仅存在轻微故障，对后续施工没有影响和风险隐患的； (5)盾构机需回基地中转的	(1)根据推进阶段的故障情形及动静态勘验报告，有针对性地修复存在的问题； (2)更换钢丝刷及受损的刀具，酌情对刀盘和螺旋机进行硬质合金补焊； (3)检查螺旋机传力部件； (4)检查各液压缸性能及活塞杆表面情况，缺陷件送修或更换； (5)检查各减速机及大轴承的润滑油情形，对其进行更换或补充； (6)检查各介质的输送管路，有问题的加以修复或更换； (7)更换系统中的各类滤芯和受损的密封件，液压油取样送检； (8)对各系统部件的运动副进厅清洁、检查、修复和润滑； (9)对电动葫芦及行走机构进行检查保养或更换； (10)对皮带机、空压机进行检查保养，土压传感器及检测仪器标定； (11)电缆及接插件损坏的交换； (12)对大功率接触器、漏电开关、电器及机械安全保护装置进行检修； (13)本体、车架等部件清洁油漆

1.3.2 管理流程及相关规定

(1)制定设备定人定机检修和保养细则,其中各设备由相应的操作手及维修保养人员负责。

(2)根据维修保养表每班必需进行检查和保养,并详细记录。

(3)设备出现故障时应及时上报。

盾构机检修应遵循表1-5中的规定。

表1-5 盾构机检修内容

序号	部 件	零 件	工作内容
1	盾体	土舱门及门锁	门铰润滑
		推进油缸	润滑活塞端部的球形铰接支座
		超挖刀液压系统	外观检查、噪声检查和油位检查
2	盾体/压缩空气供应	气压调节装置	检查有无杂质污染
3	刀盘及驱动系统	旋转接头	加注油脂
		减速机	检查螺栓紧固程度、检查冷却水流量
		主轴承传动装置	抽取油样送检,测试受污和含水情况
4	管片安装器	安装器轴承	检查轴承紧固螺栓
		安装头	检查损坏和裂纹情况
5	起吊设备	储风筒吊机、油脂和发泡剂桶的吊机、起吊设备	润滑钢丝绳、卷盘、链条和轴承
6	紧急灯	电池	检查蓄电量
		车轮支座	润滑可调螺钉和车轮螺栓
7	注浆系统	注浆泵	检查润滑操作杆和铰接点,检查活动零件和砂浆活塞的紧固程度,检查螺栓紧固程度
8	液压系统	压力和流量传感器	检查动作状况和指示范围
		液压蓄能器	检查压力,必要时补充充装
9	渣土输送系统	皮带机	外观检查,齿轮油油位和轴承检查,必要时张紧皮带
		螺旋机	外观检查,润滑和检查油位
		球轴承和伸缩导轨	润滑

1.4 盾构掘进试验段

1.4.1 试验段的选取

在盾构下穿运营地铁前,应选取掘进试验段测试与匹配良好的盾构掘进参数,试验段可以选择在盾构下穿之前的施工段,也可以选择在地质条件类似的其他施工段进行,可设多个试验段。若选择在盾构下穿之前的施工段试验,宜设置在盾构下穿前10~40环范围内,长度宜为20~30环,距运营地铁隧道边缘前后各6环为盾构下穿段。

1.4.2 试验内容及安排

1)深层土体位移监测

(1)在试验段沿盾构推进轴线上每隔5环布置深层沉降监测点,埋深与运营地铁隧道底点相等,并读取初值。

(2)当盾构刀盘到达前10 m处开始监测,在刀盘到达盾尾离开监测点里程阶段加密监测,每环读取一次沉降值并详细记录当环掘进参数(尤其是土仓压力、同步注浆量及同步注浆压力等参数)。

(3)待盾尾离开监测位置后,跟踪监测后续沉降直至稳定。

2)地表沉降监测

(1)在新建隧道线路中线上每隔3环管片埋设地表沉降监测点,测点埋设在原状土内,每隔20 m布置一监测断面(监测点埋设时需破除地表地砖、混凝土、沥青路面等,将钢筋打入土层)。

(2)每天对监测点进行2次监测,并注明每次监测时的盾构掘进里程、土仓压力状态、出土量及出土状态、同步注浆量和注浆压力等相关参数。

3)同步注浆浆液配合比

(1)地面试验初步比选出几组可泵性、黏稠度、早强性、泌水性满足要求的配比。

(2)在施工现场试验段进行现场试验。

(3)根据监测数据对配比进行调整,拟定出最优配比。

4)掘进参数试验

建立扭矩、推力、刀盘转速、推进速度、土仓压力、螺旋机转速、渣土温度、泡沫参数与试验段地层的匹配关系,比选出较为适宜的推进参数配置,控制盾构施工对周围环境的扰动。

5)优化人员组织和工序安排

对施工进行全面预演,明确人员岗位责任,保证施工组织衔接有序和工程实施高效运转。

6)检验物资储备、材料运输及设备维护是否到位。

7)检验信息交流通道

保证地铁运营部门、新建隧道设计、施工和监理等单位,建设单位及相关政府部门的密切配合,形成流畅、快捷的信息共享和交流通道。

2 ▶ 邻近隧道及建筑安全控制标准

2.1 运营隧道安全控制标准

根据外部作业影响等级和结构安全控制指标确定城市轨道交通结构的安全控制标准,城市轨道交通既有结构安全控制值应满足《城市轨道交通结构安全保护技术规范》(CJJ/T 202—2013)和《地铁设计规范》(GB 50157—2013)中的有关规定。

关于隧道结构变形控制标准,需要兼顾深圳市地铁集团有限公司制定的《城市轨道交通安全保护区施工管理办法（暂行)》和深圳市地铁有限公司运营分公司企业标准《深圳地铁隧道维修规程》中的相关规定,取其中的小者作为穿越施工中的隧道结构变形控制标准。

2.1.1 隧道结构、轨道结构变形控制标准

轨道结构变形允许极限值主要取决于轨道结构的养护维修规则和扣件类型,同时需考虑在轨道可调范围内限界(包括行车、设备和建筑限界)的要求。轨道结构的变形控制指标有道床沉降控制值(包括下沉和上浮)、道床沉降速率控制值、道床不均匀沉降控制值、道床与结构的剥离控制值和轨道静态几何尺寸管理值。当轨道结构变形不影响限界时,可将根据轨道结构和维修标准确定的既有线轨道结构变形累计控制值作为轨道变形允许极限值;当轨道结构变形影响限界时,需根据限界要求修改轨道结构变形累计控制值,然后将修改后的轨道结构变形累计控制值作为轨道变形允许极限值。由于轨道结构在沉降允许极限值内是需要按照养护维修标准及时维修调整的,因此可将根据轨道维修规则确定的日变形速率控制值作为轨道变形速率允许极限值。通常,将轨道变形允许极限值考虑一定的安全储备来确定轨道结构变形控制标准。

施工期间为非常时期,需要每天对线路进行检查和保养,因此可取经常保养的轨道静态几何尺寸允许偏差管理值作为日变形极限值。允许轨道结构每天发生的变形极限值,包含穿越施工引起的轨道变形和运营引起的轨道磨损变形等。施工引起日变形控制值理论上应为日变形极限值减去运营引起的轨道磨损,但是考虑变形量过大每天的轨道维修保养工作量将会大大增加,所以在考虑适宜轨道维修

保养工作量的条件下，根据运营线路日常磨耗情况可将日变形极限值进行折减。

轨道结构的累计变形极限值可定义为通过增加扣件零部件种类和调高垫板等方法能使钢轨方向和轨面高程基本复原的轨道结构变形累计值。因此，轨道结构的累计变形极限值的大小取决于扣件的类型和扣件可调范围的大小。当轨道沉降超过经常保养管理值时，需通过调整垫片来进行轨道维修。

既有线的变形控制标准，应依从结构变形控制标准和轨道结构变形控制标准，并考虑到利于养护维护、维修可用的原则，取轨道结构累计变形控制值的 30% ~ 50% 作为日变形控制值。结构变形控制标准的确定主要涉及既有线的现状承载力和施工对既有线影响程度两方面的因素。对于二者的确定，必须经过完整的计算分析。

考虑隧道结构与轨道结构之间的相互作用，隧道结构变形控制标准必须服从于轨道结构变形控制的要求。

控制标准的制订应采用“分步、分级 ”的原则，将总指标分解到每一典型施工步骤，提出分步控制指标，分步落实。对于第一典型施工步骤，应实行“三级”控制，针对不同情况，采用预警值、报警值、控制值作为相应的警示值。

根据地铁运营线路的隧道结构、轨道结构变形特点，确定隧道结构、轨道结构日变形允许值和累积变形允许值，建立预警值、报警值和控制值三级防护制度。

轨道结构变形控制标准还应满足地铁运营线路的运营养护要求，第三方监测的实际变形值达到设计控制指标的 50% 时，向施工单位、深圳地铁总工办、深圳地铁运营管理办公室发出一级预警；当达到设计控制指标的 80% 时，须发出二级报警。各级城市轨道交通既有结构安全控制值按表 2-1 选择。轨道结构静态几何尺寸容许偏差管理值见表 2-2。

表 2-1　城市轨道交通既有结构安全控制值

安全控制指标	预警值	报警值	控制值	安全控制指标	预警值	报警值	控制值
隧道水平位移(mm)	5	8	10	轨道横向高差	2 mm/10 m	3.2 mm/10 m	4 mm/10 m
隧道竖向位移(mm)	5	8	10	轨向高差(矢度值)	2 mm/10 m	3.2 mm/10 m	4 mm/10 m
隧道径向收敛(mm)	5	8	10	轨间距	-2 mm +3 mm	-3.2 mm +4.8 mm	-4 mm +6 mm
隧道轴线变形曲率半径			15 000 m	道床脱空量(mm)	2.5	4.0	5
隧道变形相对曲率			1/2 500	振动速度(cm/s)	1.0	1.6	2.0
盾构管片接缝张开量(mm)	1	1.6	2	盾构管片裂缝宽度(mm)	0.10	0.15	0.2
隧道结构外壁附加荷载(kPa)	10	16	60	其他混凝土构件裂缝宽度(mm)	0.15	0.24	0.3

注：表中值为考虑城市轨道交通既有结构发生变形或病害情况下的安全控制值，如既有结构已发生变形或病害，则应根据现状评估取值。

表 2-2 城市轨道交通既有结构安全控制值 （单位：mm）

项目		作业验收		经常保养		临时补修	
		正线	车厂线	正线	车厂线	正线	车厂线
轨距		+6 -2	+6 -2	+8 -4	+9 -4	+9 -4	+10 -4
水平		4	5	6	8	10	11
高低		4	5	6	8	10	11
方向		4	5	6	8	10	11
三角坑（扭曲）	缓和曲线	4	5	6	7	7	8

注：轨距偏差不含曲线按规定设置的轨距加宽值，但最大轨距（含加宽值和偏差）不得超过 1 456 mm，轨向偏差和高低偏差为 10 m 弦测量的最大矢度值。

2.1.2 地铁轨道调整及车辆限速

（1）为保证车辆设备安全和运行安全，车辆应设多类限速控制功能，即线路等级速度、紧急牵引、洗车运行、后退运行、故障运行和蠕动运行六类限速控制功能，限速值及条件见表 2-3。

表 2-3 车辆限速表

序号	类型 （车辆限速控制目标速度）	限速值	条件
1	线路等级速度	80 km/h、100 km/h 或 120 km/h	非 ATO 模式下，列车运行速度接近线路等级速度
2	紧急牵引	>60 km/h	紧急牵引命令有效
3	洗车运行	3 km/h	洗车命令有效
4	后退运行	10 km/h	后退命令有效
5	故障运行	与各故障相对应	有设备故障需要进行速度限制
6	蠕动运行	15 km/h	全自动驾驶列车接收到信号蠕动命令

（2）车辆限速由车辆自动控制实现。车辆在限速控制过程中，信号系统或列车司机发出制动命令时，列车响应制动命令执行制动。

（3）各类车辆限速的限速值作为各类限速控制的目标速度，在限速控制起作用下，列车实际速度高于目标速度一定量时，由车辆自动施加制动力；列车实际速度低于目标速度一定量时，由车辆自动施加牵引力，使列车实际速度运行在目标速度上下小幅波动。牵引力、制动力的增减应满足冲动极限要求。

（4）车辆宜设限速控制失效报警。

（5）当多种限速控制要求同时存在时，执行速度值最低的限速控制。

(6)当列车运行速度超出线路等级速度一定量时,车辆应进行超速防护。车辆超速防护采用紧急制动,车辆其他限速控制不设紧急制动超速防护。

盾构下穿施工时,应对隧道沉降、变形进行实时监控,必要时应根据既有隧道沉降值对运营地铁进行限速,地铁限速值可参考表 2-4。

表 2-4 地铁限速建议值

沉降值(mm)	30	27	24	18	10	<10
列车限速值(km/h)	45	50	55	60	70	不限速

地铁运营线路的轨道调整工作应遵循如下规定:

(1)对受影响地段内的轨道全面整修,检查扣件拧紧情况,检查轨距和水平,调整后轨道状态满足线路相应维修标准的要求。

(2)对轨道几何尺寸、道床裂缝进行全面检查,并将检查结果备案。

(3)在受影响段每隔 3 对短轨枕设置一根绝缘轨距拉杆。

(4)在受影响段直线每股钢轨内侧安装防脱护轨,曲线内股钢轨内侧安装防脱护轨。

(5)在铁垫板或滑床板下方加垫调高垫板,对轨道进行轨面标高调整。

2.2 建筑结构安全控制标准

国内外建筑物结构安全控制指标常用沉降量进行控制,但累计沉降包含建筑物的整体下沉(刚体位移),相对沉降包含建筑物的整体转动(刚体转动),因此这两个参数均不与上部结构的变形及裂缝损伤直接相关。与上部结构应力状态直接相关的可测量的直观控制参数是上部结构(或填充墙)的裂缝宽度。为了更为稳妥地对隧道穿越工程中建筑结构安全性加以保证,应同时考虑对建筑物沉降、倾斜、裂缝宽度、曲率加以控制。

2.2.1 沉降控制

盾构施工影响范围可按 Peck 公式进行计算,其沉降槽示意如图 2-1 所示。

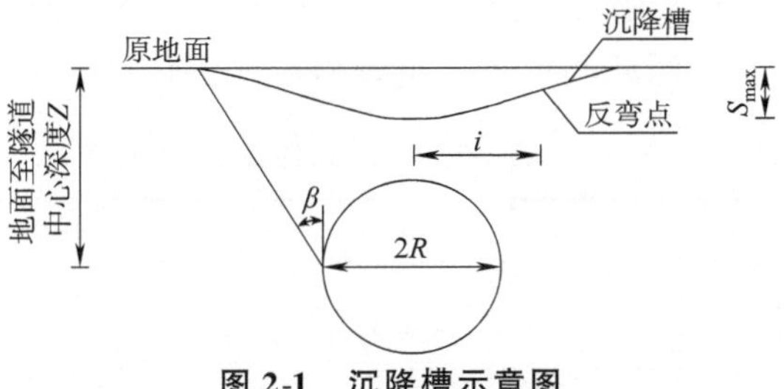

图 2-1 沉降槽示意图

建筑物沉降控制应根据其结构形式的不同进行分类,应符合现行有关行业标准:《建筑地基基础设计规范》(GB 50007—2011)、《危险房屋鉴定标准》(JGJ 125—2016)、《建筑基坑工程监测技术标准》(GB 50497—2019)、《铁路隧道监控量测技术规程》(Q/CR 9218—2015)。累计沉降允许值可参考表 2-5。

表 2-5 累计沉降变形允许值

结构形式	累计沉降(mm)
单层排架结构	200
砌体结构	150 ~ 200
框架结构	200 ~ 250(独立基础) 150 ~ 200(其他基础)
高层建筑结构	200

当采用盾构掘进措施以及壁后注浆、二次补浆的条件下,采取预警值、报警值和控制值三级警示制度时,地表及建筑物沉降控制标准与安全警示制度可按表 2-6 制定。

表 2-6 地表及建(构)筑物变形控制标准与安全警示制度

项目名称	安全警示	安全警示值(mm)	管理方法
地表变形	控制值	4	超出控制值减少计量
	预警值	-10	改进盾构掘进参数,报告业主项目工程师
	报警值	-13	改进盾构掘进参数,报告安全管理中心
	控制值	-16	超出控制值减少计量
建(构)筑物变形	控制值	4	超出控制值减少计量
	预警值	-12	实施加固措施,报告业主项目工程师
	报警值	-16	实施加固措施,报告安全管理中心
	控制值	-20	超出控制值减少计量

注:正值表示隆起,负值表示沉降。

2.2.2 倾斜控制

建筑物倾斜度控制应符合国家标准《建筑地基基础设计规范》(GB 50007—2011)中的有关要求。不同结构形式建筑倾斜度允许值可参考表 2-7。

表 2-7 倾斜允许值

结构形式	倾斜(‰)
单层排架结构	4(纵向) 3(横向)

续上表

结构形式	倾斜(‰)
砌体结构	4
框架结构	4
高层建筑结构	2.5～3(24 m＜H≤100 m); 2(H＞100 m)

2.2.3 裂缝宽度控制

建筑物裂缝宽度控制应符合国家标准《民用建筑可靠性鉴定标准》(GB 50292—2015)、《危险房屋鉴定标准》(JGJ 125—2016)中的相关规定。

当建筑物的相对沉降大于《建筑地基基础设计规范》(GB 50007—2011)规定的允许值,或建筑物倾斜速率连续3 d达到0.1‰/d,或建筑物的砌体部分出现宽度大于3 mm(对历史建筑物、人群密集、地处交通要道或有重要地下设施的建筑物,宽度大于1.5 mm)的变形裂缝,或附近地面出现宽度大于15 mm(对历史建筑物、人群密集、地处交通要道或有重要地下设施的建筑物,宽度大于10 mm)的裂缝时,应报警。

当不均匀沉降小于《建筑地基基础设计规范》(GB 50007—2011)规定的允许沉降差;或建筑物无沉降裂缝、变形或位移时,地基基础子单元评为Au级(安全性符合要求,不影响整体承载)。当不均匀沉降不大于《建筑地基基础设计规范》(GB 50007—2011)规定的允许沉降差且连续两个月地基沉降速度小于2 mm/月;或建筑物上部结构砌体部分虽有轻微裂缝但无发展迹象时,地基基础子单元评为Bu级(安全性略低于要求,尚不显著影响整体承载)。当不均匀沉降大于《建筑地基基础设计规范》(GB 50007—2011)规定的允许沉降差;或连续两个月地基沉降速度大于2 mm/月;或建筑物上部结构砌体部分出现宽度大于5 mm的沉降裂缝,预制构件之间的连接部位出现宽度大于1 mm的沉降裂缝,且沉降裂缝短期内无终止趋势时,地基基础子单元评为Cu级(安全性不符合要求,显著影响整体承载)。当不均匀沉降远大于《建筑地基基础设计规范》(GB 50007—2011)规定的允许沉降差;或连续两个月地基沉降速度大于2 mm/月且尚有变快趋势;或建筑物上部结构的沉降裂缝发展明显,砌体的裂缝宽度大于10 mm;或预制构件之间的连接部位的裂缝大于3 mm;或现浇结构个别部位也已开始出现沉降裂缝时,地基基础子单元评为Du级(安全性极不符合要求,严重影响整体承载)。

应根据构件种类进行归类,将混凝土结构构件、砌体结构构件、木结构构件的可靠性逐类予以要求。其安全性鉴定,应按承载能力、构造、不适于承载的位移或变形、裂缝或其他损伤等四个检查项目,分别评定每一受检构件的等级,并取其中最低一级作为该构件安全性等级。

2.2.4 曲率控制

在我国国家标准《建筑地基基础设计规范》(GB 50007—2011)中，建筑损坏的控制是用允许建筑变形来实现的。描述建筑变形的变量包括沉降量、沉降差、倾斜与局部倾斜，即变形参数涉及沉降量 s、沉降差 Δs 和建筑长度 L。

为了更加全面细致的分析，国外一些学者将建筑变形的描述参数增加到8个，其中比较重要的是增加了对于建筑相对扭转的控制。

过去的研究集中于对经受基础变形的建筑物建立基于其功能受影响程度的评判标准，集中于建立最大沉降、倾斜、相对扭转等变形允许值。这些标准是建立在观察建筑性状的基础上，没有强调造成损坏的原因。因此难以将此类基础变形的经验用于其他基础变形(如荷载作用下的沉降、膨胀引起的隆起、隧道工程引起的沉陷等)。

结合上述理念提出有关理论，用一榀长 L、高 H 的矩形梁来表示相同尺度的建筑物，研究的目的是用给定的基础极限挠曲比 Δ/L 来计算最大拉应变。此时必须考虑变形的不同类型，同时考虑了两种极端类型，即对中性轴的纯粹弯曲和纯粹剪切。两种情况裂缝的位置和方向都不同，前者出现在梁的底部，后者呈 45°，如图 2-2 所示。通常上述两种变形都会发生，要看哪一个处于控制状态。Burland 等人通过研究，利用深梁理论分别将 Δ/L 与纯弯状态下"梁"底部纤维的拉应变 $\varepsilon_{\mathrm{bmax}}$ 和纯剪状态下斜向拉应变 $\varepsilon_{\mathrm{dmax}}$ 之间建立了量化的关系。

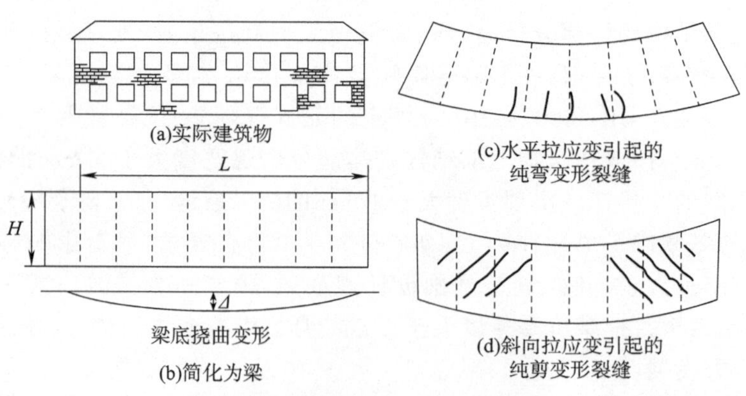

图 2-2 建筑物变形的深梁模型

在《砌体结构设计规范》(GB 50003—2001)中，提及的有关多层建筑的规定中，纳入了大量研究成果，并将梁的变形曲率半径作为控制标准。砌体结构安全控制标准参考表 2-8，其中涵盖了对曲率控制的要求。

表 2-8 砌体结构安全控制标准

<table>
<tr><th rowspan="2">损坏等级</th><th rowspan="2">损坏分类</th><th rowspan="2">建筑物损坏程度</th><th colspan="3">地表变形值</th><th rowspan="2">处理方式</th></tr>
<tr><th>水平变形（‰）</th><th>曲率（‰）</th><th>倾斜（‰）</th></tr>
<tr><td rowspan="2">Ⅰ</td><td>极轻微</td><td>砖墙上出现宽度 1 ~ 2 mm 的裂缝</td><td rowspan="2">≤2.0</td><td rowspan="2">≤0.2</td><td rowspan="2">≤3.0</td><td>不修</td></tr>
<tr><td>轻微</td><td>砖墙上出现宽度小于 4 mm 的细微裂缝；多条裂缝总宽度小于 10 mm</td><td>简修</td></tr>
<tr><td>Ⅱ</td><td>轻度</td><td>砖墙上出现宽度小于 15 mm 的裂缝；多条裂缝总宽度小于 30 mm；钢筋混凝土梁柱上裂缝长度小于 1/3 截面高度；梁端抽出小于 20 mm；砖柱上出现水平裂缝，缝长大于 1/2 截面边长；门窗略有歪斜</td><td>≤4.0</td><td>≤0.4</td><td>≤6.0</td><td>小修</td></tr>
<tr><td>Ⅲ</td><td>中度</td><td>砖墙上出现宽度小于 30 mm 的裂缝；多条裂缝总宽度小于 50 mm；钢筋混凝土梁柱上裂缝长度小于 1/2 截面高度；梁端抽出小于 50 mm；砖柱上出现小于 5 mm 的水平错动；门窗严重变形</td><td>≤6.0</td><td>≤0.6</td><td>≤10.0</td><td>中修</td></tr>
<tr><td rowspan="2">Ⅳ</td><td>严重</td><td>砖墙上出现宽度大于 30 mm 的裂缝；多条裂缝总宽度大于 50 mm；梁端抽出小于 60 mm；砖柱出现小于 25 mm 的水平错动</td><td rowspan="2">>6.0</td><td rowspan="2">>0.6</td><td rowspan="2">>10.0</td><td>大修</td></tr>
<tr><td>极严重</td><td>砖墙上出现严重交叉裂缝、上下贯通裂缝，以及墙体严重外鼓、歪斜；钢筋混凝土梁柱裂缝沿截面贯通；梁端抽出大于 60 mm；砖柱出现大于 25 mm 的水平错动；有倒塌的危险</td><td>拆建</td></tr>
</table>

2.3 邻近隧道及建筑分级防护

现有的国家及地方规范还没有相应的盾构穿越房屋的地表、建(构)筑物变形控制标准，已有的盾构掘进引起的一般地表变形控制标准难以满足盾构穿越房屋的安全或使用功能要求。考虑到苏州轨道交通 2 号线大面积穿越房屋群及苏州典型软弱土层特点，经理论分析及多个现场试验研究，在采取相应盾构掘进措施以及壁后注浆、二次补浆的条件下，确定了既能确保房屋安全，又可实现盾构穿越房屋段地表及建(构)筑物变形控制标准，并实行预警值、报警值和控制值三级警示制度，具体见表 2-6。

对于穿越工程所造成的地表建筑损伤，应根据建筑物损伤程度进行系统性分级，以此作为修缮作业参照依据，具体分级见表 2-9。

表 2-9 建筑物破坏程度分级表

破坏分级	严重程度	典型的破坏描述
0	可忽略	发现头发丝般的细裂缝,裂缝宽度小于 0.1 mm
1	非常轻微	细裂缝,正常的装修即可处理;损坏一般仅限于内墙饰面;近距离的观察会在砖石外墙发现一些裂缝;典型的裂缝宽度可以达到 1 mm
2	轻微	裂缝可容易填充,可能会需要重新装修;新发生的裂缝可能会被适当的内衬所遮盖;从外部可能会看到裂缝,为保证密闭性,可能会需要重新勾缝;门窗可能会有轻微的启闭困难;典型的裂缝宽度可以达 5 mm
3	中等	裂缝贯穿并可以堵住;砖石外墙的重勾缝,可能一小部分砖石需要重新砌筑;门窗启闭困难;供水管线可能开裂;建筑物的密闭性较差;一般裂缝为 5 ~ 15 mm 或有些大于 3 mm
4	严重	需要大修,包括打断和重新砌筑部分墙体,特别是在门窗上的墙体;门窗框变形,地板产生明显斜坡;墙体倾斜或凸出明显,梁承载能力减弱;供水管断裂;典型裂缝宽度在 15 ~ 25 mm 之间,但是也取决于裂缝的数量
5	非常严重	此类破坏需要大修,包括部分或完全重建:梁丧失承载能力,墙体倾斜严重并需要支撑;窗户由于扭曲而破坏;有失稳的风险;典型的裂缝宽度一般大于 25 mm,同时也取决于裂缝数量

2.4 盾构下穿阶段分区控制

2.4.1 运营隧道影响分区

为加强穿越工程中的过程控制,实施差别化管理,以及为正式穿越施工提供可靠的各项技术参数,对运营地铁隧道实施穿越掘进分区管理制度。盾构穿越重叠部分为危险区,危险区外侧各 6 m 范围为风险区,风险区外侧各 20 m 范围为预警区。

盾构掘进纵向影响范围也应进行分区管理,主要可分为试验段、穿越段和保护段三个区域。试验段为盾构机刀盘到达运营地铁危险区前 6 ~ 50 m 处;穿越段为盾构机刀盘进入危险区前 6 m 到盾尾脱出远离危险区后 6 m;保护段为盾构机盾尾脱出运营地铁危险区 6 ~ 50 m 处。

盾构下穿地铁运营隧道应执行正式穿越条件验收制度,在穿越影响区之前,再次对方案修改、人员安排、材料储备和设备检修情况进行最后确认,以保证各项准备工作做到万无一失。同时对既有线现状进行确认,主要有 3 项工作:完成核对表;运营隧道自动化监测初始值确认;运营隧道洞内裂缝情况三方确认。

盾构管片结构竖向、水平位移和净空收敛监测断面及监测点布设应符合《城市轨道交通工程监测技术规范》(GB 50911—2013)中的有关规定:

(1)在盾构始发与接收段、联络通道附近、左右线交叠或邻近段、小半径曲线段等区段应布设监测断面;

(2)存在地层偏压、围岩软硬不均、地下水位较高等地质条件复杂区段应布设监测断面;

(3)下穿或邻近重要建(构)筑物、地下管线、河流湖泊等周边环境条件复杂区段应布设监测断面;

(4)每个监测断面宜在拱顶、拱底、两侧拱腰处布设管片结构净空收敛监测点,拱顶、拱底的净空收敛监测点可兼作竖向位移监测点,两侧拱腰处的净空收敛监测点可兼作水平位移监测点。

2.4.2 建筑物影响分区

盾构掘进过程中引起地表及周围建筑沉降的原因主要是由于土体损失及土体固结两个方面造成的。具体到施工工艺中,将从以下十个方面具体表现:

(1)密封舱压力不足,前方土体松弛;

(2)螺旋出土器旋转速度过快,出土量过多;

(3)盾构纠偏或曲线推进时,造成过量超挖;

(4)盾构外壳拖带一层泥皮和土体,增加土体的损失;

(5)管片衬砌接缝不密封,水和泥浆渗入造成土体损失(流沙地层尤为明显);

(6)盾构外壳直径与管片拼装后隧道外径不同,产生建筑间隙,管片脱出盾尾,土体失稳坍塌;

(7)隧道衬砌变形;

(8)推进过程中土体空隙水压力变化和土体的固结沉降;

(9)土体由于施工扰动引起次固结沉降;

(10)注浆填充材料凝固收缩产生的沉降。

对于上述前5条,必须保证开挖面稳定,控制挖土速度,不断优化掘进施工参数,用信息反馈指导施工来控制;对后面5条,必须依靠同步注浆、二次注浆和后续补浆,选择合理的浆液材料和注浆方法,有效地控制土体沉降和变形。

依据理论分析和大量的实测资料,可将盾构法施工引起的地面沉降分为五个阶段:盾构到达前、盾构到达时、盾构通过时、管片脱出盾尾时以及长期变形阶段。

盾构到达前,地表已经产生变形,影响范围约在10~15 m,主要是由盾构推进土压力的波动所引起,还有地下水位下移使土层有效应力增加而引起的固结沉降。

盾构到达时的地层沉降,开挖面前的沉降或隆起,是自开挖面距观测点约3~10 m时,直至开挖面位于观测点正下方之间所产生的隆起或沉降现象。实际施工过程中设定的盾构土仓压力很难与开挖面土体原有土压力达到完全平衡,多因土体应力释放或盾构反向土仓压力引起的土层塑性变形所引起。

盾构机通过时的沉降,是盾构切口达到测点起至后尾离开测点期间发生的地表沉降。这一期间所产生的地表沉降主要是由盾壳向前移动过程中,盾构机外壳与周围土层之间形成剪切滑动面,土体被扰动所致。盾构通过时的地表沉降约占总沉降的35%~40%。

管片脱出盾尾时的沉降,是盾尾通过测点后产生的地表沉降,影响范围约在后尾通过测点后0~20 m范围。由于盾构外径大于管片外径,管片外壁与周围土体间存在空隙,往往因注浆不及时和注浆量不足,管片周围土体向空隙涌入,造成土层应力释放而引起地表变形,这一期间的地表沉降约占总沉降的40%~45%。

长期变形阶段的沉降,后期沉降是由盾尾脱出一周后的地表沉降,是由前面地层扰动引起的固结沉降和蠕变残余沉降,反映了地层沉降的时间效应。这一期间的地表沉降一般不超过总沉降的10%。

总的来说,盾构法施工过程中,盾构到达、通过及管片脱出盾尾三个阶段的地面沉降量和沉降速率较大,控制沉降也最为关键。盾构到达阶段应着重控制盾构机土仓内压力,而管片脱出盾尾阶段沉降控制应注意及时保证盾尾间隙的注浆及时性和充盈率。

盾构机是直线型钢体,小半径线路掘进不能很好地与设计曲线拟合,盾构机不断进行较大幅度纠偏可能导致管片向曲线外侧偏移,引起管片横向内外喇叭口及纵向较大的错台,管片承受千斤顶推力不均会导致管片破裂。地质条件复杂区间隧道施工中,为确保盾构顺利穿越,在土仓内或刀盘掌子面添加外加剂进行改良土体,保证地层的稳定与土仓内环境。

另一方面,区间沿线下穿众多建筑物,因此容易出现沉降过大的情况,进而导致建筑物裂缝倒塌。为保护建筑物安全,在推进前详细调查建筑物的建筑结构、埋深及隧道位置关系等。推进过程中严格控制盾构土仓压力、推进速度及每环出土量,必要时从地面打孔进行双液注浆。

对于穿越工程而言,盾构推进施工时,比较容易出现沉降大、管线接头断裂等现象,施工前进行管线检查,推进试验段摸索推进参数,重要管线设置深层观测点,加强同步注浆及跟踪注浆,要按照监测情况及时对施工参数进行调整,保证施工效果良好。

运至施工现场的盾构管片,保证管片防水面的整洁。管片拼装时把握好衬砌环面的平整度,严格保证纵环向间隙,每环要保证盾尾清洁度,保证管片聚氨酯止水条以及遇水膨胀止水条的粘贴质量控制。拼装完成后,要对千斤顶的顶力进行调整,对管片螺栓复紧情况进行控制。此外,还需要严格控制好环面平整度与相邻环高差,相邻块管片错台应小于4 mm。注浆的目的是减小施工后的变形,浆液设计性能要达到泵送的条件,注浆强度应符合各种规范的要求。可硬性浆液应用广泛,能够很好地维持隧道的稳定。浆液各种材料配比根据施工要求进行进一步调整。

盾构机掘进中派专门人员管理同步注浆,认真仔细记录注浆点的位置,每台盾构机最后一节车架后配备平板车,保证管片在盾构机台车区域内能够顺利完成间歇二次注浆。加密注浆要依据现场的施工情况进行。

盾构隧道施工产生地面沉降机理是开挖面应力释放等引起地层弹性变形,隧道施工引起地面沉降主要为支护结构背后孔隙闭合引起地面沉降。开挖过程中,周围的土体受到干扰会向土仓内涌入,进而引起地面沉降现象。运用盾构法进行隧道施工时引起的地面沉降,可以说主要是由开挖沉降和固结沉降造成的,盾构施工时有时会导致地层损失的情况,从而让土体再固结,这是出现地面沉降情况的根本原因。影响地层沉降大小的因素分为内外因素,最接近隧道拱顶的土层特性是影响地表沉降槽宽度的主要因素。地面沉降会随着盾体切口外径的增大而增大,如果覆土厚度增大,地面沉降值会随之而减小。需注意的是,诸如盾构施工中的纠偏、叩头等姿态调整也会引起多余的地层损失,刀盘切口外径与管片外径之间也存在一定的空隙,工程中普遍采用同步注浆法减小地层损失。所以,要想使盾尾后部隧道周边的土体能够保持平衡,务必要及时进行注浆。

确定盾构施工横向及纵向影响范围是制定沉降控制标准的前提。盾构穿越施工对房屋影响的研究及相关技术措施的制定,均是围绕盾构穿越房屋段沉降控制区域展开。

经应用 Peck 公式进行计算分析,以及对 1 号线相近土层条件下多个试验段的结果分析总结,并综合考虑 2 号线工程的地质条件,地表沉降横向影响范围为隧道中心线左右两侧 20 m。在横向影响区域内的房屋均定义为盾构穿越的房屋。

沿隧道轴线方向的沉降控制区域是指为确保地表及房屋沉降在一定范围内要采取相应盾构掘进措施的区域。盾构穿越房屋段纵向控制区划分如图 2-3 所示。控制区分为 A 区和 B 区,A、B 区之外为非控制区。A 区定义为盾构穿越房屋前 10 环以及盾构穿越房屋后管片脱出盾尾 10 环加上房屋本身宽度三者之和。B 区定义为盾构穿越房屋前 10 环 ~ 前 20 环之间的距离(12 m)。

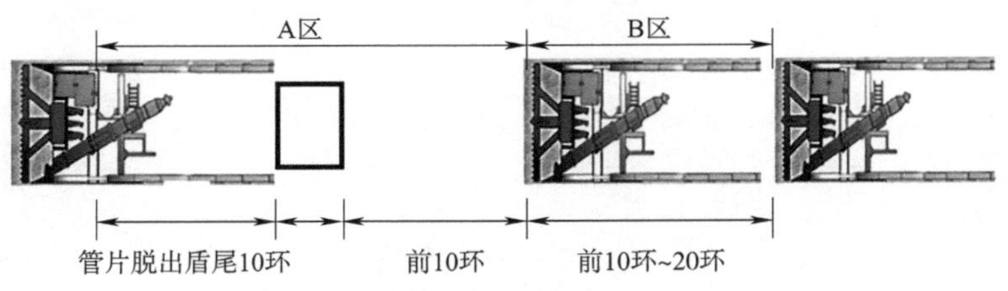

图 2-3 盾构穿越房屋纵向控制区划分示意图

2.4.3 会议及现场值班制度

对于隧道下穿工程,都应贯彻落实会议制度。一方面定期召开安全管理中心会议,其内容应涵盖例会和专题会议。例会由中心组成员主持召开,一般为两天一次;专题会议由管理中心主任主持召开,通常遇到紧急处理问题时组织召开。

另一方面应完善现场会议的开展,在施工现场,成立穿越工程相关单位、部门联合值班办公室。使各相关单位可以方便、快捷掌握既有线的变形状况和新建隧道的生产情况,以便对既有线的安全状况做出迅速判断。一旦生产出现不利情况,既有线的状态有所改变时,可迅速集合相关部门人员进行分析、讨论并做出相应对策。穿越工程相关单位和部门组成联合办公小组,在施工现场值班,及时将监测信息和施工进展反馈到各相关单位。

跨部门联合值班人员包括:地铁运营分公司领导联系人、现场联系人和抢修人员(工建车间人员)、地铁集团总部(总工办、安质部和运管办)值班人员、设计单位值班人员、监理单位值班人员、建设分公司业主代表值班人员、自动化监测单位值班人员、地表沉降第三方监测单位人员、施工单位值班人员、科研单位人员。同时,各相关单位负责人、主要技术人员联系人名单及联系方式和负责工作制成相应表格并上墙。

盾构掘进到达穿越段前30环时,现场值班人员必须到位并每天填报现场值班记录表,并且各单位必须提前上报现场值班人员安排。施工单位现场值班人员必须有现场指挥权。

3 盾构掘进参数控制

盾构施工不可避免要对上部既有线结构产生影响，但只有把这种影响降低到工程变形控制标准要求的限度内，才能保证既有线的安全和新建盾构隧道施工安全。这其中最重要，也是最根本的措施，就是将盾构施工对周围地层的扰动控制到最小。要实现这一目标，就必须对盾构各项掘进参数，如盾构的推进速度、刀盘转速、刀盘推力、盾构机推力、土仓压力等，进行优化分析，同时实施盾构隧道近接施工综合配套技术，做好壁后回填注浆及盾构机姿态控制等系列工作。

结合穿越工程的具体工程地质特征和工程环境条件，在穿越前布置地层变形测试断面，根据监测结果和穿越位置处的既有线现状情况初步确定穿越过程中的掘进参数和壁后回填注浆参数等。穿越施工过程中，按照信息化施工的原则，根据上部既有线的在线实时监测结果，动态调整盾构掘进参数、壁后注浆参数、盾构姿态控制参数等，加强盾构掘进管理（表 3-1），将盾构施工对地层的扰动降到最低。

表 3-1　盾构掘进管理一览表

项　　目	管理事项	掘进管理内容
开挖管理	开挖面稳定	保持开挖面土压平衡，对土仓压力进行实时监测，对土压设定进行试验
	开挖排渣	根据开挖面土压平衡，控制排土量
	掘进参数	对总推力、推进速度、刀盘扭矩、千斤顶压力进行监测并分析其随地层条件变化的规律
线形管理	盾构位置及姿态	对纵向振动、横向摆动、偏转、中折角度、超挖量、曲行量进行监测
注浆回填管理	注浆状况，注浆材料	对注浆量、注浆压力、稠度、泌水性、胶凝时间、强度、配比进行监测
管片拼装管理	组装、防渗、位置	对管片拼装错台、开缝、正圆度、紧固扭矩、漏水、缺损、裂缝、曲行量、垂直角度进行监测

在整个穿越工程实施过程中，盾构生产参数的变化一直处于不断优化改进的过程。无论是在其中施工段的试验，还是在穿越段试验区的试验，依据土体变形的监测、沿线建（构）筑物变形监测，还有既有线变形的在线监测，都是盾构各项生产

参数不断改进,力求将盾构施工扰动对周围环境的影响控制到尽可能小的过程。如图 3-1 所示,这个过程是建立在多维信息基础之上的目标规划,既要保证新建隧道的施工安全,又要保证既有隧道的运营安全。

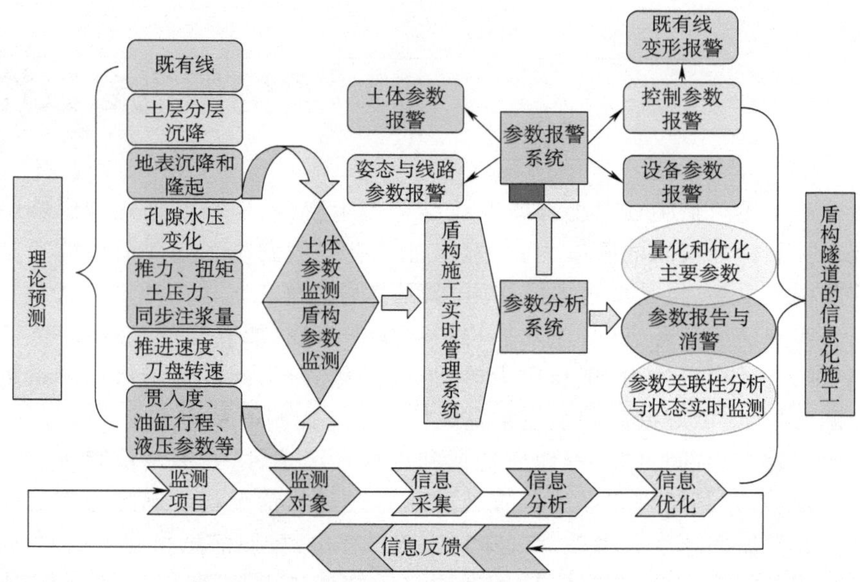

图 3-1 盾构穿越既有线施工多元信息系统

依据多次穿越工程的实践,可以总结出盾构下穿施工技术参数选取的基本原则:

(1)在“上软下硬”地层中,盾构机尽量接近满仓掘进,但仓内要留有一定的空隙;

(2)盾构机停机时,尽量保持较高的土压;

(3)盾构机在推进过程中,尽量保持匀速和较快的速度;

(4)密切关注盾构机的推力和扭矩,要与盾构机的装备能力相适应;

(5)通过渣土状态的实时监控,可动态调整加水和加泡沫的用量,力求渣土达到较好的流塑性状态。当不能满足上述要求时,执行“宁稀勿稠”的原则,坚决避免盾构结饼问题的出现。

由于土压平衡式盾构采用电子计算机控制系统,能自动控制刀盘转速、盾构推进速度及前进方向,并及时反映掘进中的施工参数。这些施工参数的确定是根据地质条件情况、环境监测情况,进行反复量测、调整和优化的过程,若发现异常需及时调整。因此,对盾构施工参数的管理应贯穿于盾构掘进过程的始终。监理在监督过程中可通过审查承包方施工报表,观察盾构机控制室内监控设备等手段,及时收集和分析有关施工参数的信息,通过信息反馈,动态掌握施工参数的变化。盾构机监控系统能反映的施工参数很多(如土压力、刀盘油压和转速、盾构掘进速度等),对于这些施工参数的管理,监理在工作中应重点关注以下几项内容。

3.1 土仓压力

土压平衡式盾构机掘进的原理是建立开挖面前后水土压力平衡。在盾构掘进的不同阶段,土压力设定是动态的,在理论上它与土体容重、覆土深度、侧向土压力系数等因素有关,施工中需要考虑千斤顶顶力、推进速度、排土量、不同土质和隧道覆土厚度的变化等因素,需要结合各项监测数据进行不断调整。实际完全保持这种动态平衡是不可能的。所以,要实现开挖面的稳定,一方面可以通过控制泥土压力与土体压力的差值大小,另一方面也可以控制排土量来达到所谓的平衡。

在理论上,采用控制排土量的方法来控制土体扰动和减少地层移动是可行的,但实际中很难掌握。因此,采取对土仓压力的监控方法来判断开挖面的稳定是切实可行的,并可通过开挖面的土压控制来保持开挖面的稳定。首先根据地层情况确定目标土压,然后在盾构推进过程中,用压力传感器来监测土压力的变化情况,再通过调节螺旋输送机的转速来维持目标土压值,确保开挖面的安全稳定。平衡土压值的设定是土压平衡式盾构施工关键,应予以重点关注,并通过计算理论土压力与实际设定土压力进行比较,判断实际设定土压力是否满足施工的需要,督促承包方合理的设定土压力。

盾构土仓压力设定值按以下规定设定:

下限值≤盾构土仓压力≤上限值

上限值=静止土压+水压+预压

下限值=主动土压+水压+预压

预压通常取值为20~30 kPa。

盾构掘进过程中,将土仓压力变动幅度控制在±5 kPa内,避免土仓压力大起大落,产生对掘削地层的过大扰动。同时,土仓压力的设定不仅关系到开挖面稳定,而且对地表的隆沉变形、盾构掘进的影响范围都有很大影响。所以,土仓压力的正确确定还必须结合地面沉降监测数据,一般地面沉降速率低于3 mm/12 h和累计沉降量不超过20 mm的土仓压力,是最佳数值。正确设置土仓压力对下穿运营地铁和房屋的安全至关重要。

土压平衡盾构以土压力为控制目标,通过将盾构土仓内的实际土压值与设定土压值进行比较,依此压差进行相应的排土管理。设定土压值应控制在以下范围内:(水压力+主动土压力)远小于(水压力+被动土压力)。施工过程中根据实时地层情况调整土仓压力不能超过设定土仓压力的10%,否则必须向业主代表提出申请。

3.2 排 土 量

排土量的控制是土压平衡盾构掘进的关键技术之一,直接影响开挖面稳定及盾构前方地表沉降的控制。理论上螺旋输送机的排土量是由螺旋输送机的转速决定的,同时与推进速度有关。渣土的排出量必须与掘进的开挖量相匹配,以获得稳定而合适的支撑压力值,使掘进机的工作处于最佳状态。当通过调节螺旋输送机的转速仍不能达到理想的出土状态时,可以通过改良渣土的流塑状态来调整。

理论排土(渣)量按下式计算:

$$Q_{出土(渣)} = K_1 \cdot V_{开挖} = K_1 \cdot \left(\frac{1}{4}\pi D^2 L\right)$$

式中 $Q_{出土(渣)}$——排土(渣)量;

K_1——地层松散系数;

$V_{开挖}$——开挖土体体积;

D——隧道开挖直径;

L——管片环宽度。

盾构掘进排土(渣)量控制流程如图3-2所示。

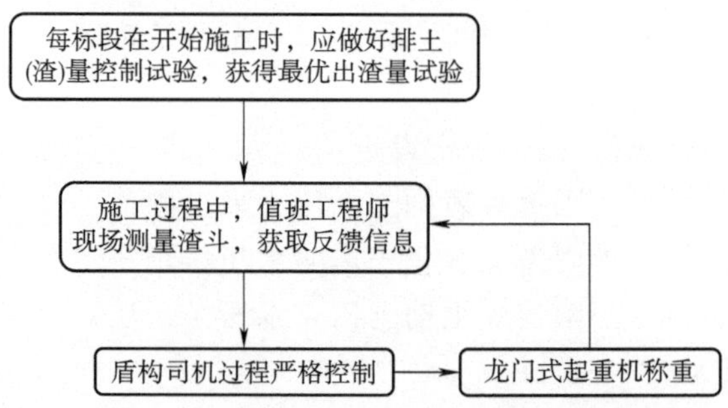

图3-2 盾构掘进排土(渣)量控制流程框图

操作人员应按照土压平衡盾构掘进排渣量预警控制标准,判断排土量是否正常,土压平衡盾构掘进排渣量预警控制标准值见表3-2。

表3-2 土压平衡盾构掘进排渣量预警控制标准

预警级别	黄色预警	橙色预警	红色预警
排渣量	实际排渣量与理论计算值的偏差在1~2 m^3	实际排渣量与理论计算值的偏差在2~3 m^3	实际排渣量与理论计算值的偏差超过3 m^3

3.3 掘进速度

推力是盾构法施工中对周围土体扰动的最主要的原因之一,因此推力的大小反映了盾构机对正面及四周土体的扰动程度。在盾构机到达观测断面前,地表的轻微隆起就是盾构机对土体的推力过大形成的。因而推力的大小会对最终地表沉降的大小有较大的影响。

在盾构穿越运营地铁和房屋段时,应根据地质条件合理设定掘进速度,力求匀速推进。一般情况,掘进速度越慢,掘进相同的距离所需时间越长,对地层扰动的时间也越长,引起的沉降就越大;特别是在富水粉细砂地层,易产生局部坍塌,即超挖现象,使沉降更无法控制。当掘进速度过快,会使刀盘转速、排土量、螺旋输送机转速增加,这种较大负荷的工作无法长时间维持,不利于地表及建筑物的变形控制。

根据深圳地铁施工经验,宜保持均衡连续掘进作业,当出现异常情况时(如遇到阻碍、不良地质、盾构姿态偏离较大等),应及时停止掘进,立即封闭正面土体,查明原因后采取相应的措施处理。

推进速度还应与同步注浆能力相匹配,土压平衡盾构在下穿施工过程中不宜刻意提升或降低掘进速度,掘进速度宜控制在 20 ~ 40 mm/min。

3.4 盾构姿态控制

盾构姿态控制与纠偏是指通过合理操作,使盾构机沿着隧道设计轴线掘进。当盾构轴线偏离设计轴线时应使其回到设计轴线上。盾构姿态控制的好坏,不仅影响到地表变形控制,而且影响管片拼装质量。只有良好的盾构姿态控制,才有良好的地层变形控制的可能。进行纠偏时必须有计划有步骤地进行,要求盾构机在穿越运营地铁和建筑之前调整姿态,进行自检,使之符合《地下铁道工程施工质量验收标准》(GB/T 50299—2018)中相关规定的要求,以避免盾构机在运营地铁和建筑下面猛纠偏。

1. 盾构掘进方向控制

(1)自动导向系统和人工测量辅助:盾构下穿期间每环须进行人工测量,以校核自动导向系统的测量数据并复核盾构机的位置、姿态,严格控制盾构掘进姿态。

(2)分区操作盾构机推进油缸:根据线路条件所做的分段轴线拟合控制计划、导向系统反映的盾构姿态信息,结合地层情况,每组油缸都有一个带行程测量和推力计算的推进油缸,根据需要调节各组油缸的推进力,控制掘进方向。推进油缸的

行程差应控制在 ±50 mm。

(3)姿态控制参数:盾构中心与隧道设计高程的偏差应控制在 ±30 mm 以内,平面偏差应控制在 ±30 mm 以内,盾尾间隙应控制在不小于 6 mm。

2. 盾构机姿态控制

(1)盾构机姿态控制人员

盾构机操作人员必须熟悉盾构机的机械性能及操作规程,并严格按照掘进指令进行操作。

(2)盾构机姿态控制指令

根据盾构机姿态测量的结果,及时正确地下达掘进技术指令,掘进技术指令应包含以下内容:

①盾构机当前的姿态及其与隧道理论轴线的偏差;

②后期(后一环或后一班)衬砌管片的形式和姿态调整的要求;

③盾构机土仓压力的要求;

④盾构机掘进速度的要求;

⑤各区域推进千斤顶的油压和行程差值;

⑥姿态调整时,楔形管片的形式;

⑦管片拼装操作的要求;

⑧壁后注浆的注浆孔位置、压力和注浆量的要求。

3. 盾构机正常掘进时的线形控制

(1)合理选用千斤顶编组

在用千斤顶编组施工时应注意:千斤顶的个数应尽量多,以减少对成形管片的施工应力;管片纵缝处的骑缝千斤顶一定要用,以保证环面平整;盾构机纠偏是一个缓慢的过程,纠偏数值不得超过操作规程的规定值。

(2)合理控制盾构机"蛇行"偏差

为了保证盾构掘进有良好的姿态,蛇行曲线需要不断修正以接近隧道设计轴线。在推进施工中必须由每环的实测结果,计算出盾构姿态及成环隧道中心与设计轴线的偏差,绘制成图,并及时、连续、缓慢的纠偏。每推进 1 环,用高精度经纬仪和水准仪进行三角网贯通测量校核。

(3)正确选用刀盘正反转模式

盾构机的旋转偏差一般可通过改变刀盘的旋转方向,施加反向的旋转力矩进行修正。实际操作过程中,必须根据旋转角的测量数据在一定调整范围内正确选用。

(4)控制管片拼装质量

要求其环面不平整度小于 3 mm,相邻环高差不大于 4 mm,环纵缝张开量小于 2 mm。

4. 盾构机姿态控制的注意事项

(1)在进入曲线推进前,应提前调整好盾构机的姿态,尽量减少盾构机推进轴线与隧道理论轴线的夹角和偏移量;

(2)加强盾构机姿态的人工测量,校核盾构机自动测量系统的结果并及时调整;

(3)合理运用盾构机的仿形刀具"控制好超挖量",尽量使盾构机靠近曲线内侧推进;

(4)为防止拼装好的管片移动错位,要求千斤顶油缸推力差尽量减小,并尽量缩短同步注浆浆液的胶凝时间;

(5)在切换刀盘转动方向时,应保留适当的时间间隔,切换速度不宜过快;

(6)根据开挖面地层情况及时调整推进参数以调整推进方向;

(7)蛇行的修正应以长距离缓慢修正为宜;

(8)精确计算每一推进循环的偏移量与偏转角的大小,合理调整推进油缸的推力、分区及组合方法。

5. 盾构姿态的纠偏

(1)纠偏常用方法

①采用千斤顶推力修正

调整盾构推力大小和合力作用点位置控制盾构轴线。

②采用楔形衬砌环修正

盾构机在转弯或纠偏时,除了安装不同方向的楔形管片外,还可在管片背对千斤顶一侧环缝凹处分段粘贴不同厚度的低压石棉橡胶板,以达到转弯和纠偏的目的。

③注浆孔压力修正

注浆过程中,可根据实际需要确定注浆孔位及每个注浆孔的注浆压力和注入量。特殊情况下,可以采用不对称注浆,利用注浆压力对管片与盾构机的相对位置进行调整改变管片姿态。

(2)纠偏量的确定

①方向修正量

在决定盾构方向修正量时,应进行盾构位置、方向变化的模拟,必须明确偏离修正的方案。

②推进中方向变化管理

方向修正量,就平面方向而言,通常是把方向角变化量,或者切削面至盾尾偏移量的变化量换算成左右推进千斤顶行程的变化量。

(3)纠偏注意事项

①严格控制盾构以较低的速度匀速掘进,并且要注意避免纠偏时由于单侧千

斤顶推力过大对管片造成的破损；

②盾构纠偏应及时、连续，不要过量纠偏；

③在纠偏过程中，根据成熟的施工经验，必须适当降低掘进速度，即降低千斤顶总推力；

④当盾构机偏离设计轴线较大时，不得猛纠猛调；

⑤根据测量数据以及盾构检测装置反映的数据，盾构操作人员进行千斤顶选择，一般是盾构机偏向哪一侧，则选择同侧的千斤顶进行推进。

3.5 同步注浆

同步注浆是指在盾构掘进过程中，盾尾空隙形成的同时进行注浆，使浆液及时填充盾尾建筑空隙，如图 3-3 所示。同步注浆应遵循“坍落度，不堵管，准厚浆；搅拌匀，延时注，二次补”十八字方针。

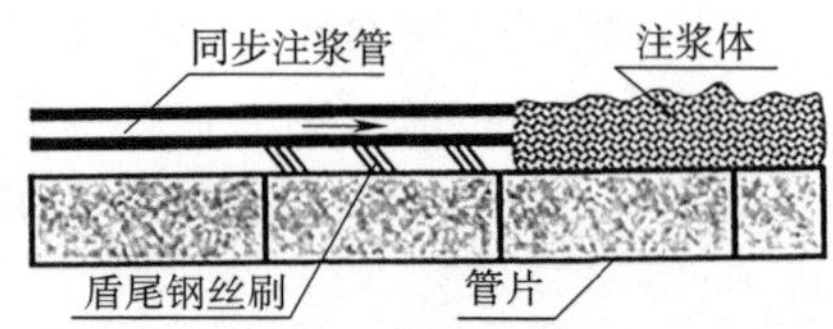

图 3-3 同步注浆示意图

1. 施工流程及控制

一般通过盾构机自带的注浆泵进行注浆，并在每个注浆孔出口设置分压器，以便对各注浆压力和注浆量进行检测与控制，从而获得对盾尾空隙对称均匀压注。

2. 注浆材料

可硬性浆液由水泥、膨润土、粉煤灰、砂、水等拌和而成。要求采用强度等级不小于 42.5 的普通硅酸盐水泥，细砂必须过 5 mm 筛孔后方可使用。

3. 浆液性能

课题组进行了一系列室内试验研究，根据试验结果，对浆液性能指标做出如下规定：稠度 10 ~ 13 cm，凝结时间 7 ~ 8 h，7 d 强度不小于 0.4 MPa，14 d 强度不小于 1 MPa。

4. 注浆压力与注浆量

注浆压力必须克服地下水压力、土压力及管道摩阻力才能将浆液注入盾尾空隙中。施工过程中应根据实际情况及时调整注浆压力，使每环 4 m^3 浆液均匀注入。

5. 管理措施

若临时出现浆液注入量不足 4 m^3，必须经现场值班人员协商同意后方可实施；若长期调整注浆量小于 4 m^3，必须经安全管理中心同意后方可实施。

盾构施工中壁后注浆材料的种类可分为两类：单液浆和双液浆，盾构下穿工程宜采用双液浆。壁后注浆的注浆量 Q 可按下式进行估算：

$$Q = V\alpha$$

$$V = \frac{1}{4}\pi(D_1^2 - D_2^2)L$$

$$\alpha = \alpha_1 + \alpha_2 + \alpha_3 + \alpha_4$$

式中 α——同步注浆注入率；

Q——注浆量；

V——壁后空隙体积；

D_1——刀盘开挖外径；

D_2——管片外径；

L——管片环宽；

α_1——土质系数；

α_2——超挖系数；

α_3——压密系数；

α_4——施工损耗系数。

确定同步注浆注入率 α 取值见表 3-3。在砂性地层条件下，由于同步注浆压力在地层中消散很快，施工时宜按同步注浆量进行控制。

表 3-3 注入率系数经验取值表

符号	影响因数		可变更范围	取值
α_1	土质		1.1～1.6	1.35
α_2	超挖		1.1～1.2	1.15
α_3	压密	加气	1.3～1.5	1.4
		不加气	1.05～1.15	1.1
α_4	施工损耗		1.1～1.2	1.1

3.6 二次补浆

二次补浆是指通过管片中的注浆孔对管片背面的空腔进行补充，弥补同步注浆未填充的部分和土体体积减小的部分，从而减少盾构机通过后土体的后期沉降，减轻隧道的防水压力，提高止水效果。如图 3-4 所示，可通过管片上预留的注浆孔进行二次补浆。

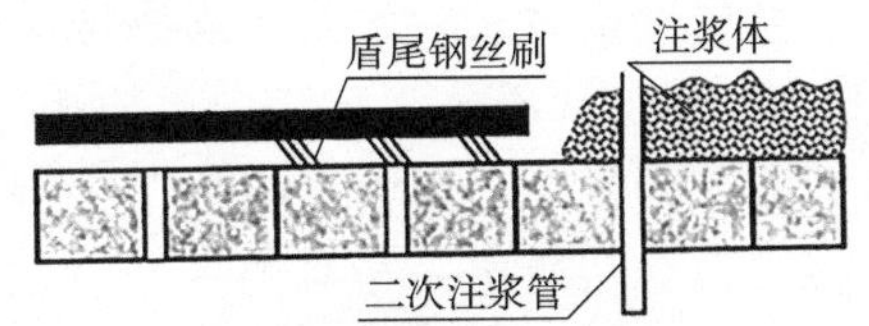

图 3-4 二次补浆示意图

1. 注浆材料

根据技术要求，二次补浆必须采用水玻璃、水泥浆混合双液浆。水泥采用普通硅酸盐 42.5 水泥，水玻璃浓度 40% ~ 45%，模数 2.4 ~ 3.3。

2. 浆液配比

水玻璃∶水稀释 = 1∶3，水泥浆水灰比为 1∶1，水泥浆与水玻璃体积比为 1∶1。

3. 注浆开始时间

若太早实施二次补浆（比如管片脱出盾尾 3 环），注浆口离盾尾刷太近，有可能击穿盾尾刷从而造成浆液窜到盾构机内。若太迟实施二次补浆（比如管片脱出盾尾 10 环），地层变形已发生大半，达不到注浆控制地层变形的效果。

4. 注浆量控制措施

二次补浆注浆量严格要求每环不小于 1.2 m^3，但对注浆方式并无严格要求，施工单位可根据实际情况采取逐环注入 1.2 m^3 或隔环注入 2.4 m^3 等方式。

若二次补浆量不到 1.2 m^3/环的情况下注浆压力过大，达到可能损伤盾尾刷的压力值（一般为 0.6 MPa），或地表监测值为隆起，必须经现场值班人员协商同意后方可适当减少注浆量，并视后续监测数据进一步调整二次注浆量。

在盾构下穿区域需要通过管片预留的注浆孔及时进行二次注浆，并遵循如下规定：

①工程实施过程中应通过现场试验，对最优配合比进行确认或作必要的调整。

②二次注浆时机应在盾尾脱出后 3 ~ 10 环进行，覆土越浅越应该缩短与同步注浆的时间差，且应结合运营隧道监测及排土量控制等情况进行判断。

③二次注浆压力应控制在 0.3 ~ 0.5 MPa 范围内，宜采用注浆压力和注浆量同时进行控制，二次注浆的注浆量和注浆速度应根据实时监测进行确定。

④注浆位置主要在拱顶和邻接块，遵循多点、对称补浆原则。

⑤当二次注浆不能满足运营隧道沉降控制要求时，应依据变形监测结果通过管片上预留的注浆孔及时进行三次乃至多次注浆。每增加一次补浆，注浆孔的深度宜适当增加。

3.7 盾尾密封

盾尾密封是为了防止周围地层的土砂、地下水及背后的填充浆液、掘削面上的泥水、泥土从盾尾间隙流向盾构掘削舱而设置的密封措施。对泥水盾构，盾尾密封装置尤为重要。因为盾构外壁充满压力泥水，一旦密封装置损坏或密封不良，压力泥水便会从盾尾内与衬砌环结合处大量涌入盾构内，使盾构无法操作。由于盾构不断顶进，盾尾内壁与衬砌环外圈间摩擦力很大，极易将密封损坏。盾尾密封由盾尾钢丝密封刷和盾尾油脂组成。

盾尾密封形式很多，尾封通常使用钢丝刷、尿烷橡胶或者两者的组合。盾尾密封性能的好坏对管片的拼装精度的影响较大，通常要求即使在错位和曲线部位等管片易发生偏心的场合下,也必须保证尾封的质量。盾尾密封装置要能适应盾尾与衬砌间的空隙,由于施工中纠偏的频率很高,因此,要求密封材料要富有弹性、耐磨、防撕裂等,其最终目的是能够止水。

目前常用的是采用多道、可更换的盾尾密封装置,盾尾的道数根据隧道埋深、水位高低来定,一般取 2 ~ 3 道。由于钢丝为优质弹簧钢丝,钢丝束内充满了油脂,使其成为一个既有塑性又有弹性的整体,油脂保护钢丝免于生锈损坏。采用专用的盾尾油脂泵加注油脂,随着盾构机的推进,盾尾油脂持续地打进每道盾尾钢丝密封刷和管片外周边所形成的空腔内,始终保持管片外周边与盾壳之间的间隙密封良好。

盾尾密封刷应遵循以下规定:每次盾构始发前,无论盾尾刷的新旧程度如何,都必须重新更换 3 道新的盾尾刷,且选用在国内有良好信誉的进口知名品牌。预购盾尾刷品牌必须报安全管理中心审批,否则不能通过盾构机验收。

盾尾密封由盾尾钢丝刷和盾尾油脂组成,它对防止地下泥水、土砂和注浆浆液从盾尾侵入盾构机内有重要作用。

随着盾构推进,盾尾油脂持续地打进 3 道盾尾钢丝刷和管片外周边所形成的两个腔内,始终保持管片外周边与盾壳之间的间隙密封良好。

盾尾油脂应遵循以下规定:在盾构穿越运营地铁和建筑段,盾尾油脂必须满足盾尾密封要求,必须使用进口或国产知名品牌盾尾油脂,禁止使用劣质油脂。

盾构出洞及进洞前 20 环所用油脂应不低于 22 元/kg,用量应不小于 35 kg/环;控制区内必须使用 25 元/kg 以上的油脂,每环用量必须不小于 35 kg;其他非控制区内所用油脂应不低于 22 元/kg,用量应不低于 30 kg/环。

4 ▶ 渣土改良

4.1 渣土改良的目的

土压平衡式盾构施工中开挖出来的土体充满刀盘和隔板之间的压力仓，一方面开挖土作为支撑开挖面稳定的介质，其土性对开挖面的稳定起着决定性的作用。另一方面，它有源源不断地由螺旋输送机向外排出，它的土性好坏直接影响着出土的顺利与否。为维持土仓内土压力的稳定和方便渣土的排出，土仓内的渣土应该具有可塑性强、流动性好、密度低、内摩擦小、渗水性弱等特性。由于掘进地层的复杂多样，在有些情况下，尤其是软硬不均地层，由于地层黏性、内摩擦角较大，使得渣土难以具备以上特性。

国内诸多施工案例表明，土压平衡盾构施工成功的关键就是要将从开挖面上切削下来的土体在压力仓内调整成一种比较理想的状态，使土体的性质满足一定的基本条件后，盾构开挖和排土才能顺利地进行。当开挖土的状态不能满足这一要求时，就会给施工带来困难，这种施工困难主要表现为以下几种：

1. 刀具磨损严重

在黏聚性和内摩擦角较大的土体中掘进时，刀具要承受非常高的工作压力。由于摩擦力较大，会导致刀具温度较高，恶劣的工作条件会使得刀具磨损严重，容易破坏、脱落，大大降低刀具的使用寿命。

2. 刀盘及压力仓的结饼和堵塞

当开挖土体缺乏流动性时，在盾构推力和高温的作用下，在压力仓内容易发生压密、固结排水，形成坚硬“泥饼”的现象。若不及时采取补救措施，泥饼将不断扩大从而使整个压力仓发生堵塞，导致刀盘转矩过大，开挖困难或无法进行，甚至出现主轴承损坏的严重后果。

3. 土压平衡难以建立

由于有些地层的塑流性较差，设定的工作压力不能顺利地传递到开挖面，不易实现连续的动态平衡，使开挖面稳定难以保持，导致地表隆沉幅度增大。

4. 螺旋输送机出口处喷涌

土压平衡式盾构机在砂砾层等强透水层地基施工时，开挖面过高的水压力会导致盾构机螺旋输送机出口发生地下水大量流失,严重时会发生涌水、涌砂和开挖面失稳问题,影响掘进效率。

5. 盾构卡机

由于刀具、刀盘与土体间的摩擦因数大,扭矩及推力也相应地增大,导致油压增大,甚至发生机械故障等现象。若开挖面不能保持平衡,开挖面前上方发生坍塌,或遇到卵石块较多的情况,就会发生卡机事件。

根据国内外工程经验,土压平衡盾构在软硬不均的地层时,渣土改良是保证盾构施工安全、顺利、快速的一项不可或缺的重要技术手段,渣土改良主要有以下作用:

(1)使渣土具有较好的土压平衡效果,利于开挖面的稳定从而控制地表沉降;

(2)使渣土具有较好的止水性,可防止地下水流失;

(3)使渣土具有较好的和易性,切削下来的渣土易于快速进入土仓并顺利排土,可有效防止刀盘结泥饼;

(4)可有效降低刀盘扭矩,改善土体对刀盘、刀具和螺旋输送机的磨损。

因此,为扩大土压平衡盾构机对地层的适应范围,必须采用渣土改良技术来对开挖后的渣土进行改良,使其具有可塑性强、流动性好、密度低、内摩擦小、渗水性弱等特性。土体改良技术作为土压平衡盾构法施工的一个重要组成部分,对盾构法隧道的发展有着深远影响。纵观目前国内各盾构的使用工况,不难发现,土体改良技术的应用情况,对降低工程造价和加快工程施工进度都有着决定性作用。

4.2 渣土改良机理

渣土改良就是通过盾构配置的专用装置向刀盘面、土仓内或螺旋输送机内注入水、泡沫、膨润土、高分子聚合物等添加剂,利用刀盘的旋转搅拌、土仓搅拌装置或者螺旋输送机选择搅拌使添加剂与土渣混合,使盾构切削下来的渣土具有好的流塑性、合适的稠度、较低的透水性和较小的摩阻力。

为避免施工问题的出现,盾构施工中已经开发出多种土性改良添加剂。从工程应用的效果来看,目前工程中常用的添加剂主要有 3 种类型:膨润土泥浆、高分子聚合物和泡沫。另外,在工程中,这些添加剂常配合在刀盘前方加水或肥皂水使用,以达到较好的改良效果。

4.2.1 膨润土泥浆的改良机理

膨润土的主要成分是蒙脱石,具有层状结构,易吸水膨胀,并具有润滑性,土压平衡盾构施工中也大多采用钠基膨润土作为盾构用泥浆的主要组成成分。主要原因是钠基膨润土相比钙基膨润土的晶体结构层间间距、吸附量的能力以及膨胀率均更好。

膨润土泥浆对降低砂卵石体渗透性的作用机理主要有两个方面:一方面,膨润土遇水时具有很好吸湿性和膨胀性,随着水化作用的增强,其密度和膨胀率增加,使得砂卵石中的渗流通道变窄,进而降低土体的渗透系数。另一方面,为泥膜的阻断效应,即往土仓或刀盘注入泥浆时,泥浆注入压力相对较大,加压后的泥浆会在地层中渗透;由于泥浆中含有大量的不均匀颗粒成分,泥浆在经过地层空隙时,地层颗粒就像筛网一样将大部分膨润土颗粒阻断,而自由水则在压力作用下渗出。它可以在工作面上形成低渗透性的泥膜,这样有利于给工作面传递密封仓的压力,以便平衡更大的水土压力,也可以改变密土仓内渣土的和易性,提高砂性土的塑性,便于排渣,减少喷涌。盾壳周边充满膨润土,可以减少盾构推进力,提高有效推力,降低扭矩,节约能耗。

膨润土系统主要包括膨润土箱、膨润土泵、气动膨润土管路控制阀及连接管路。有的设备将膨润土系统与泡沫系统共用一套注入管路。需要注入膨润土时,膨润土被膨润土泵沿管路向前泵至盾体内,根据需要,将膨润土加入开挖室、泥土仓或螺旋输送机中。为保持盾构施工的生产能力,膨润土泥浆的用量较大,膨润土泥浆添加剂的广泛应用常受到制浆设备生产能力的限制。另外,高含水率的膨润土泥浆和开挖土的混合物在对环境保护措施严格的国家被认定为污染物,其处理价格昂贵,有时会引起公害,在实际生产中应慎用。

4.2.2 高分子聚合物的改良机理

聚合物是一种长链分子的有机化合物。聚合物一般由多种碳氢化合物的单体结构聚合而成,大多数的聚合物及其制成的材料不溶于水,如塑料、橡胶、聚氨酯等。在土压平衡盾构施工中采用聚合物作为渣土改良剂时,聚合物的注入一般通过泵注入土仓或刀盘前方,因此需要聚合物具有较好的水溶解性能和泵送性能。而水溶性的高分子聚合物溶于水,其中常见的水溶性聚合物类型有纤维素类、多糖类、生物胶以及淀粉类,如羧甲基纤维素钠、聚丙烯酰胺、黄原胶、瓜尔胶等。水溶性聚合物大都具有增稠性、减摩性以及絮凝性等特征,聚合物由于价格昂贵很少单独作为渣土改良剂使用。

综合聚合物的性能特征及其在实际施工过程中的应用效果,聚合物作为渣土改良剂使用时,主要具有高吸水性、黏聚性、悬浮性以及抗磨损性。具体地,高吸水性的聚合物的主要作用机理在于聚合物可以通过吸收土体中富余水分的同时填充土体空隙,使得土体中的含水率降低、孔隙率减小,最终增强了土体的塑性和抗渗性,降低喷涌发生的频率。

聚合物的黏聚性和悬浮性主要与黏度有关,聚合物的黏度越大,对土体颗粒的黏聚性以及悬浮性的改良效果相对越好，其具体作用机理在于聚合物的长链分子在水溶液中主要呈现团状，且溶解性较好、分子量较大的聚合物黏度相对较高，这种结构也使得不同土体颗粒之间的束缚性增强，进而提高了土体颗粒间的内聚力。当聚合物与渣土混合时，聚合物的分子就会附着在土的颗粒表面，当这些颗粒相互碰到一起时，聚合物的分子就将颗粒黏结在一起。

此外，聚合物的抗磨损性能与泡沫剂作用机理相似，水溶性聚合物作为一种增稠效果比较好的表面活性剂，其较好的黏附性及结构稳定性，对于降低刀具切削土体过程中的摩擦起到了较好的“润滑、冷却”效果。

4.2.3 泡沫剂的改良机理

1. 泡沫剂的作用和优点

泡沫剂是一种均质的液体泡沫剂，经管道输送到泡沫发生器产生泡沫，从而增加渣土的黏滞性，改善刀盘的工作环境，增加土仓的密封和便于渣土的运输。渣土里的泡沫在使用后几天之内就会完全分解，当泡沫消失后，注入过泡沫的渣土又恢复到原来的状态。

在泡沫装置中，泡沫原料与水混合后形成混合液，然后将混合液与压缩空气一起送入起泡器(泡沫枪)，起泡器内混合液在压缩空气的作用下体积膨胀形成泡沫，从起泡器流出的泡沫被注入土体，从而对土体进行改良。泡沫呈白色流液状，外观类似剃须泡沫，其气泡平均直径约0.2 mm，但强度较好，受到挤压后会被压缩而不易破碎。细小的气泡进入土体后，充满在土体颗粒的间隙中，并将土体颗粒包围，从而起到以下几个作用：

(1)润滑。气泡将土体颗粒包围后，起到轴承作用，润滑性加大，能有效地降低刀盘和螺旋机的转矩，减少刀具的磨损。

(2)稳定土仓内的土压。由于泡沫中的气泡具有较强的压缩性，能减少土仓压力的波动，较好地建立土压平衡，维持开挖面的稳定。

(3)改善土体的塑流性。对于黏性大的黏土，能降低其黏性，使其不易黏附在刀盘和土仓壁上，产生堵仓现象；对于内摩擦角大、流动性差的砂土，能增加其塑性流动性。

(4)阻水。由于气泡填充了土体颗粒间的空隙，使得渗透系数减小，止水性能提高。

泡沫经过2 ~ 3 h后会自行消泡，土体恢复原状。由于泡沫原料无毒无害，所以不会污染环境。使用泡沫以后，土压平衡式盾构对土质的适应范围得以扩大，其设备造价低、控制操作容易、使用场地小、弃土处理方便等优点有了更大的发挥余地。总之，泡沫技术的应用代表着土质改良剂的发展方向。泡沫具有如下优点：

(1)泡沫中90%是空气,另外10%中的90%~99%是水分,剩下的才是发泡剂。数小时内,渣土中泡沫里的大部分空气就会逃逸而恢复原来的黏结状态,更便于运输。

(2)由于气泡的润滑效果,减小了渣土的内摩擦角,提高了渣土的流动性,从而减小了刀盘的扭矩,改善了盾构作业参数。

(3)减少渣土的渗透性,使整个开挖土体传力均匀,工作面压力变动小,有利于调整土仓压力,保证盾构掘进姿态,控制地表沉降。

(4)减少渣土的黏性,使之不附着于盾构及刀盘上,有利于出土机出土。

(5)可以防止可重塑的黏土形成泥饼。原理是黏土块外面形成薄膜,从而阻止了块与块之间的黏结。

(6)泡沫无毒,在2 h后可自行分解消失,对土壤环境无污染。

(7)盾构通过向开挖面注入泡沫,使得开挖土获得良好的流动性和止水性,并保持开挖面稳定,降低摩擦力,节约能耗,扭矩明显下降,扭矩是核定扭矩的20%~50%。

(8)添加泡沫剂后,渣土流动性增加,便于螺旋输送器出土,加到工作面上的泡沫,会形成一个不透水层,对工作面起到保护作用。

(9)在黏性土层中,由于其内摩擦角小,易流动,泡沫只起到活性剂作用,防止土黏在刀具和土仓内壁上,减少对刀具的磨损,提高了出土速度和掘进速度。

2. 泡沫参数

泡沫混合液浓度(混合液中所含泡沫原料的比例)、发泡倍率 E 和注入率 I 是3个主要参数。混合液浓度在2%~5%之间,通常取2%~3%。发泡倍率计算如下:

$$E=\frac{V_F}{V_L}$$

式中 E——发泡倍率,一般取8~15;

V_F——泡沫体积量;

V_L——混合液量。

注入率计算如下:

$$I=\frac{V_{FG}}{V_S}$$

式中 I——注入率,一般取5%~65%;

V_{FG}——泡沫注入体积量;

V_S——开挖土方体积量。

而所需的混合液流量 Q_L 和压缩空气量 Q_A 为

$$Q_L=\frac{A\cdot v\cdot I}{E}$$

式中 A——隧道开挖面积;

v——盾构推进速度。

$$Q_A = A \cdot v \cdot I(P+1)\left(1-\frac{1}{E}\right)$$

$$Q_A = Q_L(P+1)(E-1)$$

式中 P——空气支持动力(相对压力),一般取 0.3 MPa。

计算混合液流量 Q_L 和压缩空气流量 Q_A 是为了掌握泡沫装置和空气压缩机的设备能力,以保证提供所需的泡沫量。同时,也可以计算泡沫原料的用量。

使用泡沫时,混合液浓度、发泡率和注入率 3 个参数中,混合液浓度与发泡率和注入率成正比关系,当发泡率和注入率高时,溶液浓度应大一些;发泡率 E 与土的粒径有关,粒径大时发泡率取大一些。注入率 I 可根据土的颗粒级配曲线图按下式计算:

$$I(\%) = \frac{a}{2}[(60-4X^{0.8})+(80-3.3Y^{0.8})+(90-2.7Z^{0.8})]$$

其中,X 为 0.074 mm 粒径土重含量的百分比,当 $4X^{0.8} \geq 60$ 时,取 $4X^{0.8}=60$;Y 为 0.42 mm 粒径土重含量的百分比,当 $3.3Y^{0.8} \geq 80$,取 $3.3Y^{0.8}=80$;Z 为 2.0 mm 粒径土重含量的百分比,当 $2.7Z^{0.8} \geq 90$,取 $2.7Z^{0.8}=90$。当颗粒级配的不均匀系数 $C_u<4$ 时,$a=1.6$;$4 \leq C_u<5$ 时,$a=1.2$;$C_u \geq 5$ 时,$a=1.0$。当用于防止盾构黏附时,I 取 20%~40%。

图 4-1 为在不同土质中的泡沫注入率。

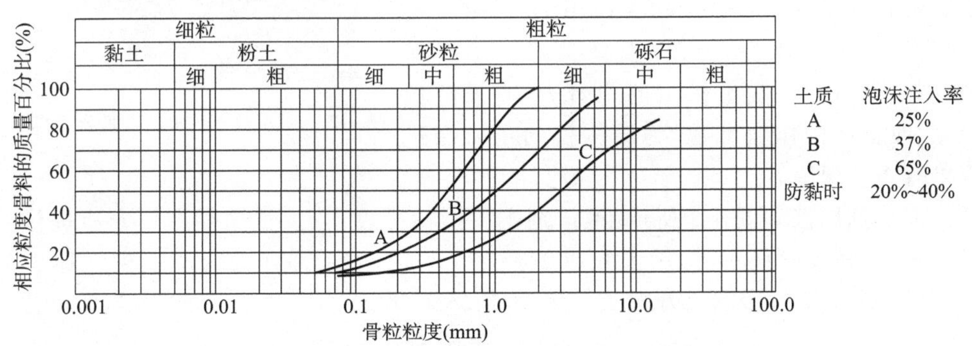

图 4-1 不同级配与泡沫注入率的关系

使用泡沫时,应注意以下几点:

(1)首先要检查发泡情况,混合液是否全部变成气泡。可以将泡沫收集在容器内,然后慢慢倒出,观察流出的是否全是泡沫,如容器底部留有液体,说明混合液未全部变成气泡。混合液只有发成泡沫后对土体才具有改良作用,而含有泡沫原料的水和普通的水作用是一样的,这样不仅浪费了泡沫原料,也影响了使用效果。

此时可加大膨胀率或检查设备有无故障。

(2)一般情况下,泡沫主要通过盾构刀盘正面注入土体,泡沫渗入土体后在刀盘的搅拌作用下与土体混合,从而使土体得到改良,改良后的土体再进入土仓内,通过螺旋机排走。由于泡沫在 2 ~ 3 h 后会自行消泡,土体即恢复原状,当盾构停机时间较长重新启动时,可向土仓和螺旋机内也注一些泡沫。

(3)水中杂物过多会堵住起泡器(泡沫枪),所以应保持水质干净。

4.3 渣土改良添加剂参数优化试验

4.3.1 泡沫参数优化试验

1. 试验材料

试验泡沫剂选用 ELCO SF-301 型泡沫剂,根据施工单位及实际经验判断,ELCO SF-301 型泡沫剂在发泡效果和泡沫稳定性方面要优于其他同类产品,该产品是由起泡剂、稳泡剂等多种表面活性剂和其他润滑材料调制而成,是专门针对土压平衡盾构在隧道施工中的一种辅助材料,对不同土壤的适用性强。该型泡沫剂能使砂岩类土层得到良好的止水性和润滑作用,并具有一定的支撑作用;对黏性土可以发挥良好的润滑作用,减少壳体与刀盘上黏土的附着力,有效降低扭矩、改善盾构作业参数,为盾构机的正常掘进提供有力的保障。

图 4-2 ELCO SF-301 型泡沫剂原液

泡沫剂原液如图 4-2 所示,泡沫剂主要指标见表 4-1。根据生产厂家所提供的资料显示,在实际使用时,用水配成 2% ~ 8% 的稀释液,稀释液与压缩空气比例为(1∶15) ~ (1∶40),泡沫占开挖土体体积的 25% ~ 60%。

表 4-1 ELCO SF-301 型泡沫剂主要指标

项 目	指 标
外观	无色透明液体
水溶性	完全溶解
密度,25 ℃(g/cm^3)	1.01 ±0.02
pH 值	7 ~ 8
起泡能力(罗氏泡沫仪)(mm)	≥220

2. 泡沫稳定性试验

泡沫稳定性通过半衰期来衡量，而半衰期是指消泡率达到 50% 时所需要的时间，消泡率的计算见下式：

$$F_s = \frac{M_g}{M_0}$$

式中 F_s——消泡率；

M_g——已消散部分的气泡质量（近似等于消散后泡沫剂溶液的质量）；

M_0——泡沫的初始质量。

泡沫稳定性通过半衰期来衡量，那么测量的关键在于消泡后液体与泡沫的分离，分离是否及时直接决定测量的精确。参考国内外其他学者的相关研究成果，决定采用自制的漏斗进行半衰期测量。

试验步骤：①将发好的泡沫直接注入漏斗中，泡沫占漏斗体积 2/3 即可；②在天平上放置一个体积为 2 L 的量杯，并清零；③开始计时，并每隔 2 min 记录一次质量变化；④直到泡沫完全衰败为止，记录最终衰败后泡沫剂溶液的总质量。

目前关于泡沫半衰期的测量尚无规范的方法，国内外学者大多采用类似该试验中的漏斗进行试验。根据试验的经验做出以下几点建议：①建议采用统一尺寸的漏斗进行测量，减少仪器产生的误差。②漏斗筒径以 15 cm 左右为宜，筒径过小则容积偏小，所能容纳的泡沫过少，误差较大；筒径过大则不利于液体漏出，会造成所测半衰期偏长，筒高以 15 ~ 20 cm 为宜。③漏斗下方的扇面坡度以 45°左右为宜，利于液体及时排出，漏斗的小孔孔径以 8 ~ 10 mm 为宜，过大则会有泡沫流出，使所测半衰期偏小；过小则液体不能及时排出，所测半衰期偏大。

图 4-3 为常温（约 15 ℃）下发泡压力为 0.4 MPa 时不同泡沫剂浓度的泡沫在空气中的衰败规律曲线。

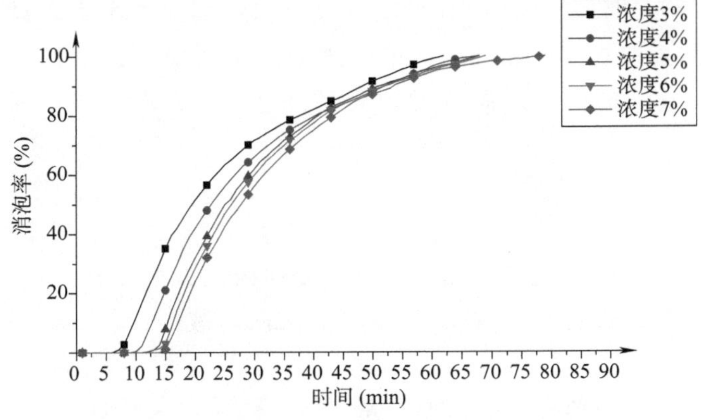

图 4-3 常温下不同泡沫剂浓度泡沫的衰败规律曲线

从图 4-3 中可以看出，在前期 5 ~ 15 min 时间段内，泡沫基本不衰败或衰变非常小，而业内普遍认为，初期 3 min 以内基本不衰败即可，该型 ELCO SF-301 远远超过该指标；中期 10 ~ 30 min 时间段内为衰败较快的时期；而 30 min 以后衰败又变缓慢，最终完全消泡的时间在 1 h 以上。泡沫半衰期普遍在 15 ~ 30 min 之间，行业内对泡沫半衰期的要求为 5 ~ 10 min 即可，该型泡沫剂明显远远满足这一指标。整体上泡沫稳定性明显优于业内其他同类型产品，完全满足盾构施工的要求。

图 4-4 为常温(约 15 ℃)常压下泡沫半衰期与泡沫剂浓度的关系曲线。

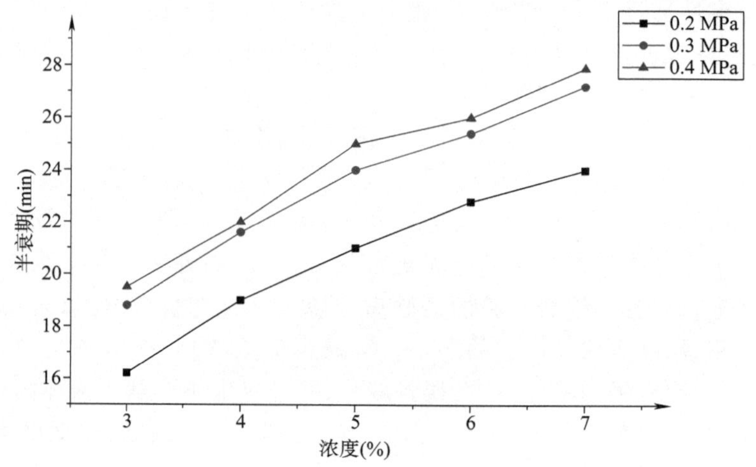

图 4-4　不同发泡压力下半衰期与浓度的关系曲线

从图 4-4 中可以看出，发泡压力越大，泡沫半衰期越长，泡沫稳定性越好。发泡压力在 0. 3 ~ 0. 4 MPa 之间时发泡效果相差不大，泡沫稳定性较好。而泡沫剂浓度对泡沫半衰期的影响极为明显。浓度越高，则泡沫半衰期越长，稳定性越好，泡沫半衰期普遍在 16 min 以上，证明该型泡沫剂稳定性良好，远远超过泡沫半衰期大于 10 min 的标准。而浓度较高时，泡沫半衰期在 25 min 以上，稳定性极好。

3. 泡沫发泡倍率试验

泡沫的发泡倍率是衡量发泡质量的又一重要指标，理论上如果泡沫的气泡直径相同，则发泡倍率越大，证明发泡越充分，发泡效果越好。在相同掺入比的条件下，采用发泡倍率更高的泡沫，有利于减少泡沫剂溶液的消耗，从而达到节约成本的目的。

试验步骤：①用天平称量量杯的质量，并清零；②将发泡机产生的泡沫直接注入容积为 2 L 的量杯中，注满为止；③称量装满泡沫的量杯的质量，因第一步天平清零,此次称量结果即为泡沫的质量;④由于泡沫剂溶液与水的密度十分接近,近似取 1 g/mL,根据质量守恒,泡沫质量即为泡沫剂溶液的质量,然后可以计算出溶液体积,进而泡沫体积与溶液体积之比即为发泡倍率。

图 4-5 为常温(约 15 ℃)常压下发泡倍率与泡沫剂浓度的关系图,为泡沫发泡倍率与泡沫剂浓度和发泡压力的综合关系图。相关规律与半衰期类似,发泡压力在 0.3 ~0.4 MPa 时发泡效果较好,而发泡压力在 0.2 MPa 时发泡效果要稍差一些。最大发泡倍率普遍在 15 ~30 倍之间,满足业内认为发泡倍率不小于 10 倍的标准,最大发泡倍率与泡沫剂浓度成正相关关系。综合半衰期规律来看,泡沫剂浓度越高,则泡沫的发泡倍率越大,泡沫稳定性越好。但实际施工还需考虑成本因素及其他改良需求,发泡倍率及半衰期满足要求即可,并非越高越好。

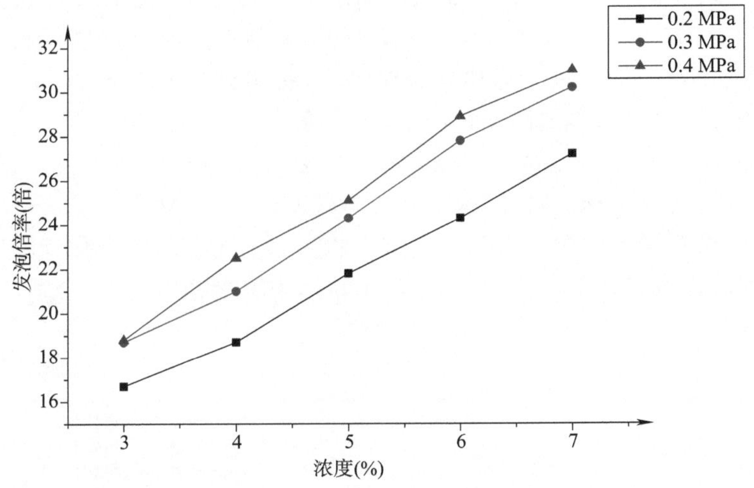

图 4-5 不同发泡压力下发泡倍率与浓度的关系曲线

4.3.2 膨润土参数优化试验

1. 试验材料

膨润土主要矿物成分是蒙脱石,含量在 85% ~90%,膨润土的一些性质也都是由蒙脱石所决定的。蒙脱石在水中呈悬浮状,水少时呈糊状,其性质和它的化学成分与内部结构有关,膨润土在膨化后具有改良土体力学性状的作用。膨润土的层间阳离子种类决定膨润土的类型,层间阳离子为 Na^+ 时称钠基膨润土,层间阳离子为 Ca^+ 时称钙基膨润土。研究表明,在砂卵石土中加入适量膨润土泥浆可以降低土体的抗剪强度和内摩擦角,同时提高土体的流动性并减小其渗透系数。但膨润土泥浆的膨化过程需要一定的时间，且配制泥浆时膨润土与水的质量比对其膨化效果有很大影响，所以在进行改良试验之前找出膨润土泥浆的最优泥浆体积分数及最佳膨化时间是必不可少的过程。

试验为比较膨润土的膨化效果，分别进行了钠基膨润土和钙基膨润土的膨化效果比较，其中钠基膨润土选择了两个厂家的产品，产品一产自河南，产品二产自江苏，钙基膨润土产自江苏。

2. 泥浆黏度试验

不同的膨润土具有不同的膨化效果，测试膨润土泥浆膨化效果最直观最简便的方法是对比其黏度，泥浆黏度测量方法主要有两种：泥浆黏度测量计法和旋转黏度计法。

试验中对产自河南和江苏的两种钠基膨润土和一种钙基膨润土进行了两种方法的黏度测量试验，为确定最优的膨润土与水的质量比以及最佳膨化时间，选择土水质量比为1∶3、1∶4、1∶5、1∶6、1∶8、1∶10、1∶14几种不同质量比进行试验，每进行3 h膨化后对膨润土泥浆进行搅拌并测定黏度，每组试验共进行24 h的测试。泥浆黏度测量计法试验结果如图4-6～图4-8所示。

旋转黏度计法测量结果如图4-9～图4-13所示。由于膨润土泥浆属于非牛顿流体，并且具有剪切变稀的特性，这就导致当转速较大时，黏度计读数较小，这是正常现象，并非试验误差导致。而不同质量比的膨润土泥浆黏度变化范围较大，因而所需的量程跨度较大，不能仅用统一的转子转速来测量，必须变换合适的量程来进行测量。

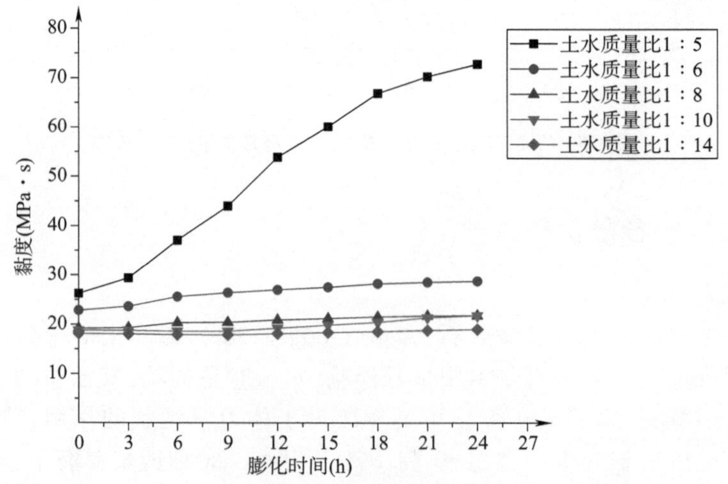

图4-6　河南产钠基膨润土泥浆黏度测量计法试验结果

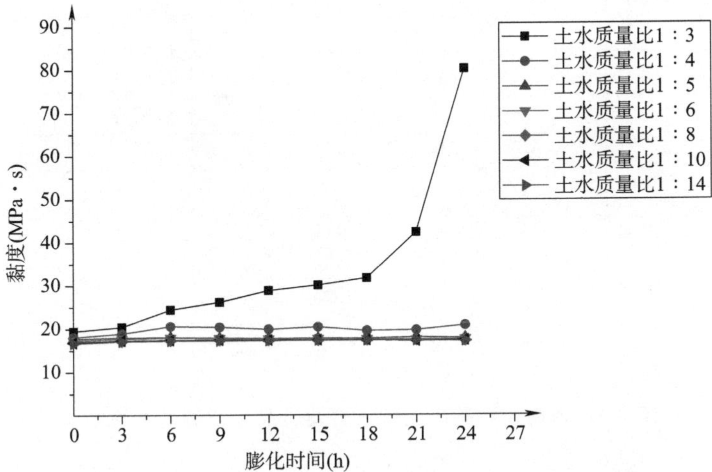

图 4-7　江苏产钠基膨润土泥浆黏度测量计法试验结果

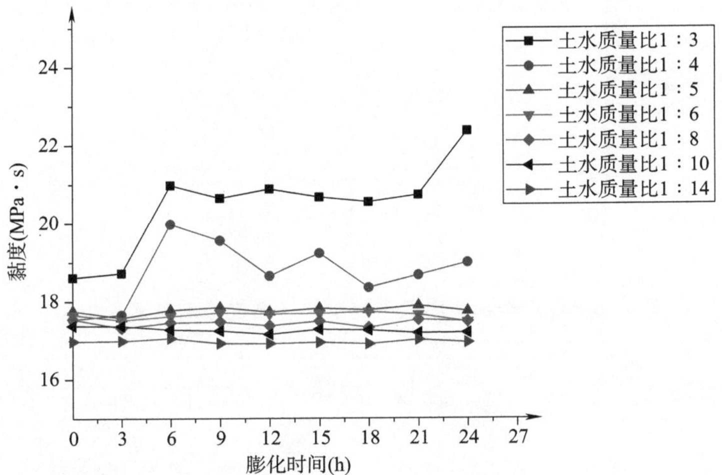

图 4-8　江苏产钙基膨润土泥浆黏度测量计法试验结果

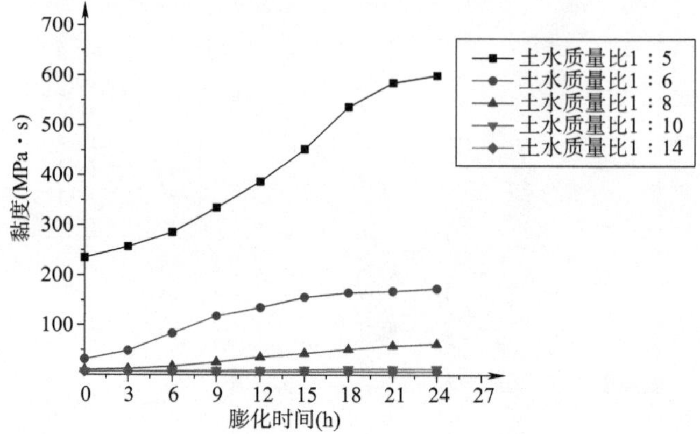

图 4-9 河南产钠基膨润土泥浆旋转黏度计测量试验结果

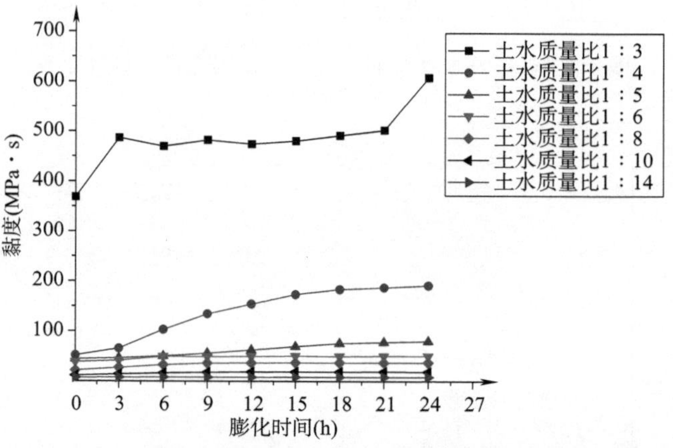

图 4-10 江苏产钠基膨润土泥浆旋转黏度计测量试验结果

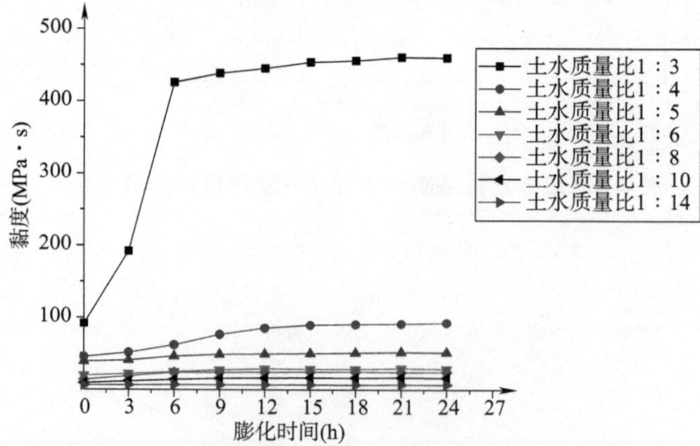

图 4-11 江苏产钙基膨润土泥浆旋转黏度计测量试验结果

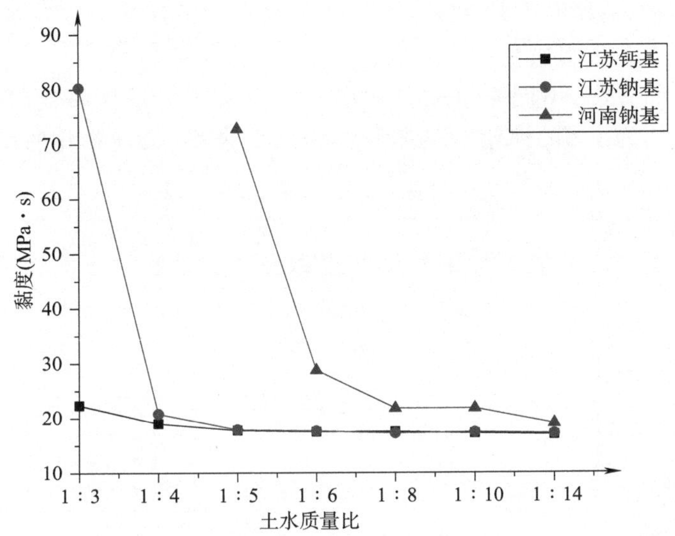

图 4-12　泥浆黏度计法测得不同质量比的膨润土发酵 24 h 后黏度对比

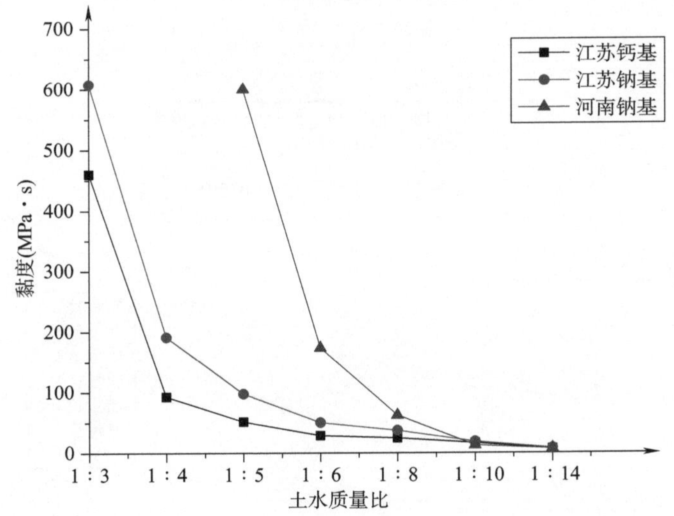

图 4-13　NDJ-5S 旋转黏度计测得不同质量比的膨润土发酵 24 h 后黏度对比

两种测量黏度方法对比来看,黏度整体变化趋势是相同的,而在黏度值较低时,采用旋转黏度计法更为精确。由于膨润土泥浆属于非牛顿流体,并且具有剪切变稀的特点,因而当采用旋转黏度计法进行测量时,采用不同转子不同转速时黏度结果会有差别,这是流体本身的特点决定的,并非由于试验误差导致。

根据试验结果来看,钠基膨润土黏度普遍高于相同土水质量比下的钙基膨润土,而河南产的钠基膨润土黏度高于相同土水质量比下江苏产的钠基膨润土,河南产的钠基膨润土在土水质量比为1:5时即可达到较高的黏度。

在膨化时间方面,不同土水质量比的膨润土所需的最佳膨化时间不尽相同。对于土水质量比为1:5的河南产钠基膨润土泥浆来说,最优膨化时间在21~24 h范围。

3. 泥浆比重试验

对产自河南和江苏的两种钠基膨润土和一种钙基膨润土测试其泥浆比重变化,试验采用NB-1型泥浆比重计,试验结果如图4-14~图4-16所示。

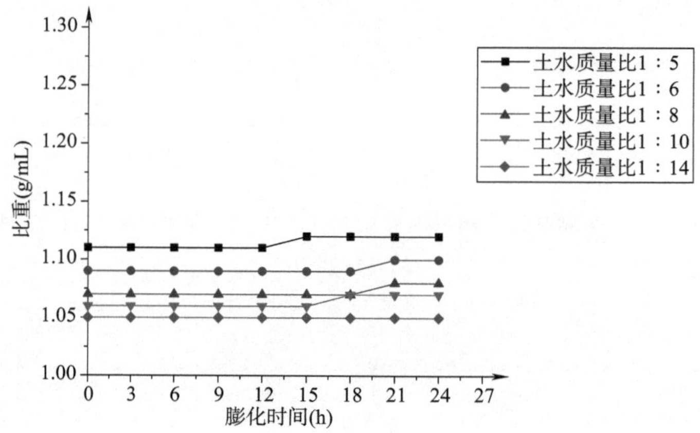

图4-14 河南产钠基膨润土膨化过程中比重变化

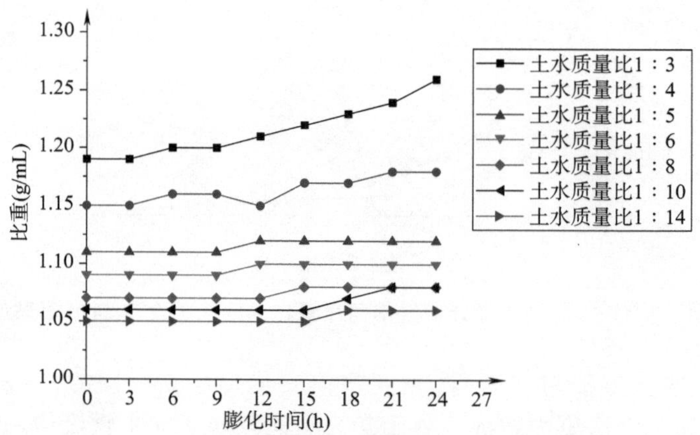

图4-15 江苏产钠基膨润土膨化过程中比重变化

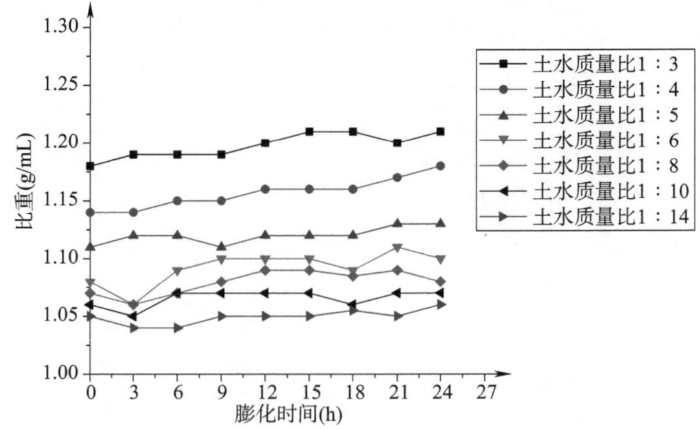

图 4-16 江苏产钙基膨润土膨化过程中比重变化

根据泥浆比重试验结果,可以发现泥浆比重随着时间有缓慢增长的趋势,特别是对于高土水质量比的泥浆,变化趋势更为明显。

综合泥浆比重试验与泥浆黏度试验结果,决定选用土水质量比为1∶5的河南产钠基膨润土进行后续渣土改良试验。

4.3.3 高分子材料参数优化试验

1. 试验材料

水溶性高分子聚合物在水中会发生溶胀过程,即高分子聚合物在溶剂中体积发生膨胀的现象。溶胀阶段进行得快慢不仅与温度有关,而且与高聚物的分子量和支化度有关,同时还与溶剂有关。分子量越高,支化度越大,溶胀越慢。但考虑到施工时的使用效率,溶胀过程必须维持在比较短的时间内。因此需要对不同高分子材料的溶液浓度和溶解时间进行试验和优化。

主要选择两种市场上较为常见的高分子聚合物材料进行试验,材料一为羧甲基纤维素(CMC),材料二为羟丙基甲基纤维素(HPMC)。高分子聚合物在溶解时需要边加入边搅拌,切忌一次性直接加入,否则会引起聚合物抱团现象,严重延长聚合物溶解时间。

2. 高分子聚合物黏度试验

为探究高分子聚合物的溶解时间,需要对混合物进行黏度测试,采用 NDJ-5S 数显式旋转黏度计对黏度变化实时监测。根据初步尝试的结果,拟定进行 HPMC 浓度为 0.5%、1%、1.5% 和 CMC 浓度为 1%、1.5%、2% 的黏度测试,试验结果如图 4-17 ~ 图 4-22 所示。

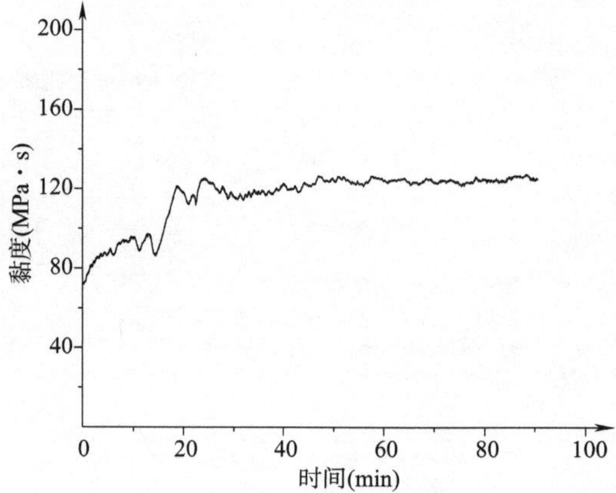

图 4-17　浓度 0.5% 的 HPMC 溶解过程中黏度—时间变化曲线

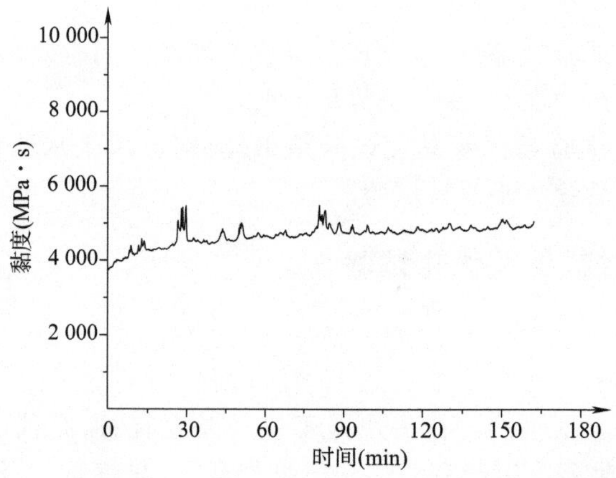

图 4-18　浓度 1% 的 HPMC 溶解过程中黏度—时间变化曲线

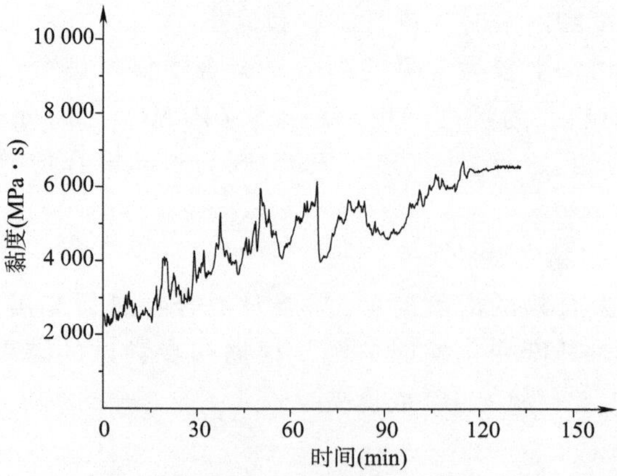

图 4-19　浓度 1.5% 的 HPMC 溶解过程中黏度—时间变化曲线

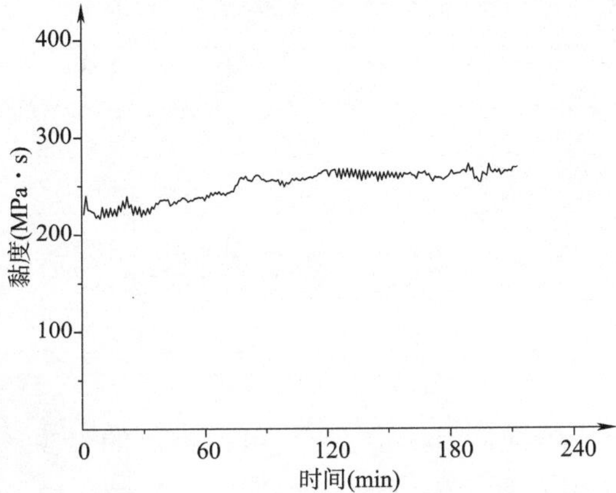

图 4-20 浓度 1% 的 CMC 溶解过程中黏度—时间变化曲线

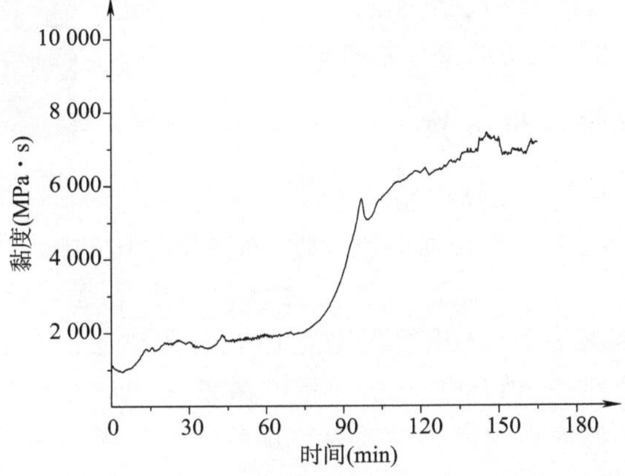

图 4-21 浓度 1.5% 的 CMC 溶解过程中黏度—时间变化曲线

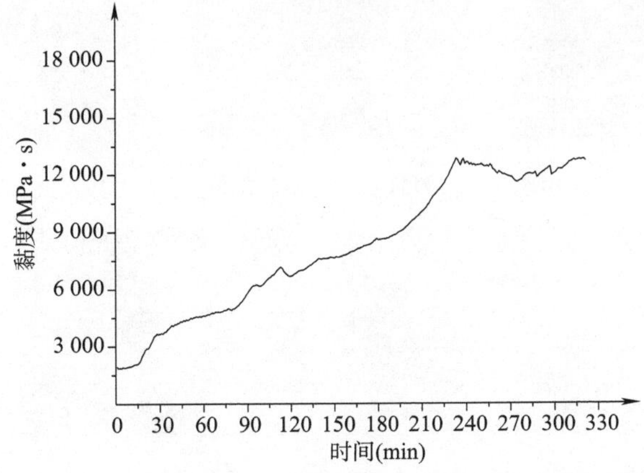

图 4-22 浓度 2% 的 CMC 溶解过程中黏度—时间变化曲线

以上所有黏度试验环境温度均在 27 ℃左右。根据黏度试验结果发现，HPMC 在浓度为 1% 时即可取得较高的黏度，而 CMC 在浓度为 1.5% 时取得较高的黏度；并且 HPMC 较 CMC 溶解更快，HPMC 在 1 h 以内基本完全溶解，而 CMC 完全溶解则需要 2 h 以上。

4.4 砂土渣土改良试验

4.4.1 试验材料

砂土选用中国 ISO 标准砂，国际标准化组织提出的标准砂（ISO R679～68）由粗、中、细三级配成。主要技术指标有：①二氧化硅（SiO_2）含量大于 96%；②烧失量不得超过 0.40%；③含泥量（包括可溶性盐类）不得超过 0.20%。图 4-23 为试验所用的 ISO 标准砂。

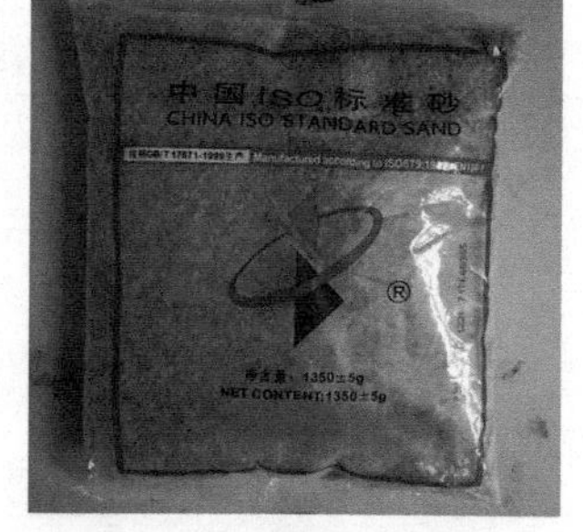

图 4-23 试验用标准砂

4.4.2 砂土流动性改良试验

1. 泡沫和膨润土联合改良试验

根据现有研究，泡沫具有较强的流动性，而高质量比的膨润土具有较好的黏结力，加入泥浆过多时，砂土流动性也会随之增加。根据这一特点，选定质量比为 1∶5 的钠基膨润土泥浆，泥浆体积掺入比为 15%，此时砂土已经有一定黏聚力，但仍比较松散易碎、流动性差，然后加入不同量的浓度为 7% 的泡沫，每次掺入比增加梯度为 10%，直至达到理想的流动性效果。试验结果如图 4-24 和图 4-25 所示。

（a）膨润土 15% 加泡沫 10%

（b）膨润土 15% 加泡沫 20%

（c）膨润土 15% 加泡沫 30%

（d）膨润土 15% 加泡沫 40%

（e）膨润土 15% 加泡沫 50%

图 4-24 添加泡沫和膨润土联合改良坍落度试验结果

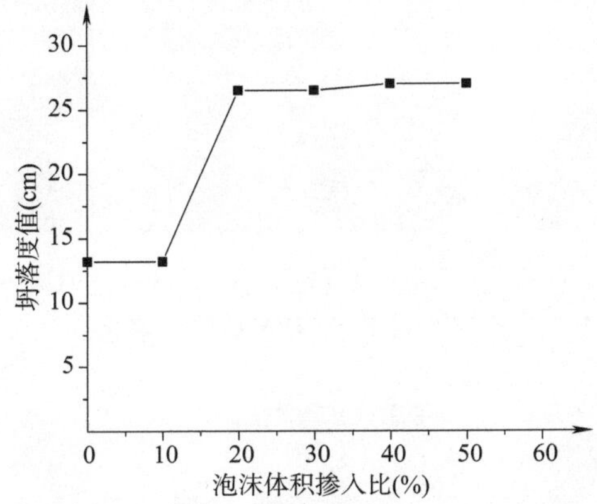

图 4-25 泡沫和膨润土掺入比对砂土坍落度的影响(掺 15% 膨润土)

仅添加 15% 膨润土时,沙土仍然处于比较松散的状态,而继续添加了 10% 泡沫之后,砂土就可以达到比较好的流塑性。

根据膨润土与泡沫联合改良试验结果,对满足理想坍落度值的材料掺入比区域做出推断,图 4-26 中阴影区域可取得较为理想的坍落度结果。

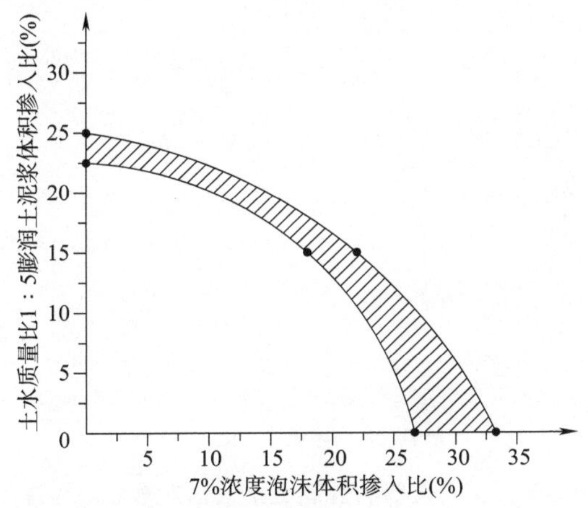

图 4-26 泡沫与膨润土联合改良坍落度试验结果(砂土坍落度为 10 ~ 15 cm)

2. 膨润土和高分子聚合物联合改良试验

选择添加 15% 的钠基膨润土,然后通过改变高分子聚合物的添加量,每次增加的梯度为 5%,直至达到理想的改良效果。高分子材料选用浓度 1% 的 HPMC 溶液和浓度 1% 的 CMC 溶液。试验结果如图 4-27 ~ 图 4-29 所示。

(a)膨润土 15% 加 HPMC5%　(b)膨润土 15% 加 HPMC10%　(c)膨润土 15% 加 HPMC15%

图 4-27　添加膨润土和 HPMC 联合改良试验结果

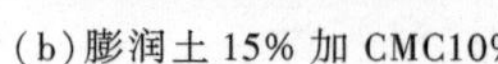

(a)膨润土 15% 加 CMC5%　(b)膨润土 15% 加 CMC10%　(c)膨润土 15% 加 CMC15%

图 4-28　添加膨润土和 CMC 联合改良试验结果

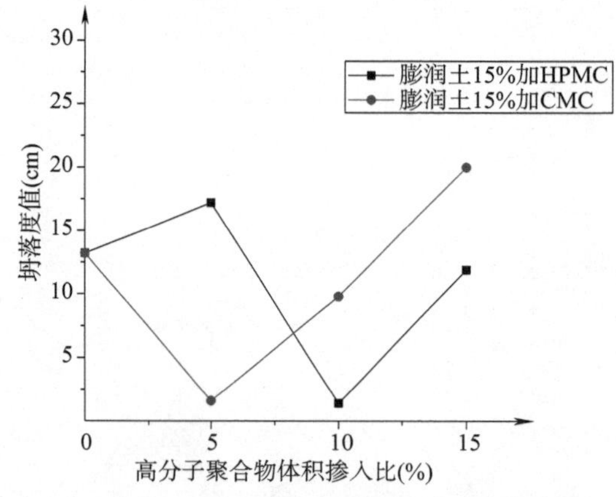

图 4-29　高分子聚合物和膨润土掺入比对砂土坍落度的影响

从试验结果可以看出,加入 15% 的膨润土泥浆后,再加入 10% ~ 15% 的高分子聚合物,即可达到理想的坍落度值。而只加高分子聚合物时,体积掺入比为 10% ~ 15%,也可达到理想的坍落度值。这说明在这一联合改良过程中,膨润土的加入对坍落度的影响很小。

根据高分子材料与泡沫联合改良试验结果对满足理想坍落度值的材料掺入比区域做出推断,如图 4-30 和图 4-31 所示。图中阴影区域可取得较为理想的坍落度结果。

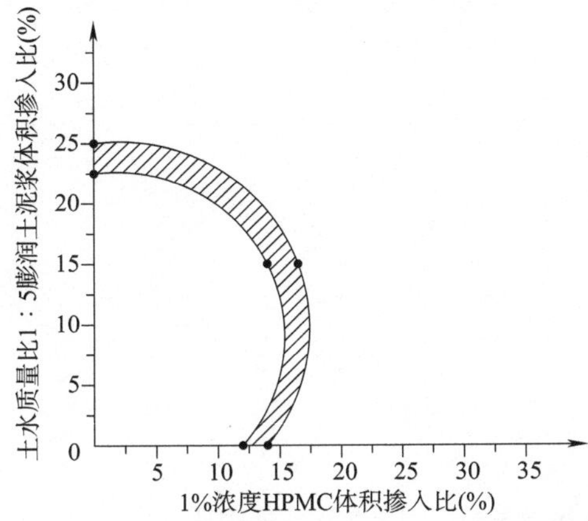

图 4-30 HPMC 与膨润土联合改良坍落度试验结果(砂土坍落度为 10 ~ 15 cm)

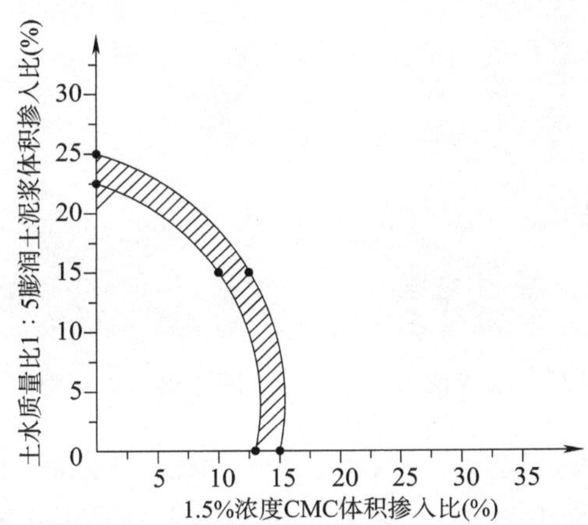

图 4-31 CMC 与膨润土联合改良坍落度试验结果(砂土坍落度为 10 ~ 15 cm)

4.4.3 砂土渗透性改良试验

1. 泡沫和膨润土联合改良试验

为与坍落度试验保持一致的材料掺入比,仍将膨润土的掺入量定为 15%,而泡沫的掺入量定为 10%、20%、30%、40%,试验结果如图 4-32 ~ 图 4-34 所示。

添加泡沫后,砂土土样变得更加蓬松,反而加速了膨润土泥浆的流失。从渗透系数来看,添加泡沫后渗透系数整体效果不如仅添加膨润土浆液,但较仅添加泡沫要好一些。

2. 膨润土和高分子材料联合改良试验

根据坍落度试验结果及高分子聚合物渗透试验结果,HPMC 抗渗性能较 CMC

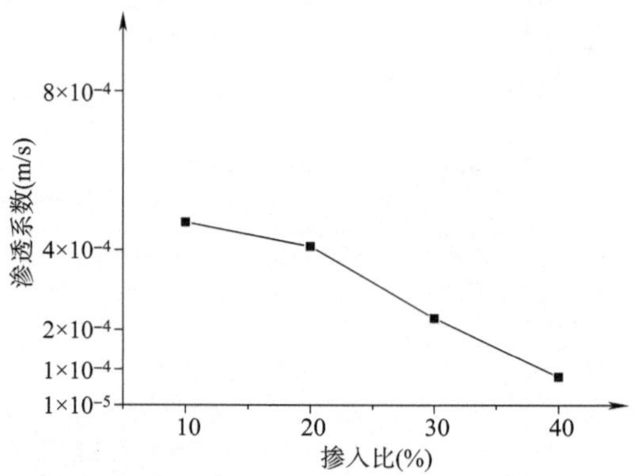

图 4-32 添加泡沫和膨润土变水头渗透试验结果(掺 15% 膨润土)

图 4-33 打开后的土样图

图 4-34 土样膨润土浆液流失严重

更好一些,所以联合改良高分子材料选用 HPMC。将膨润土掺入量定为 15%,而 HPMC 掺入量定为 10%、15%、20%,试验结果如图 4-35 ~ 图 4-37 所示。

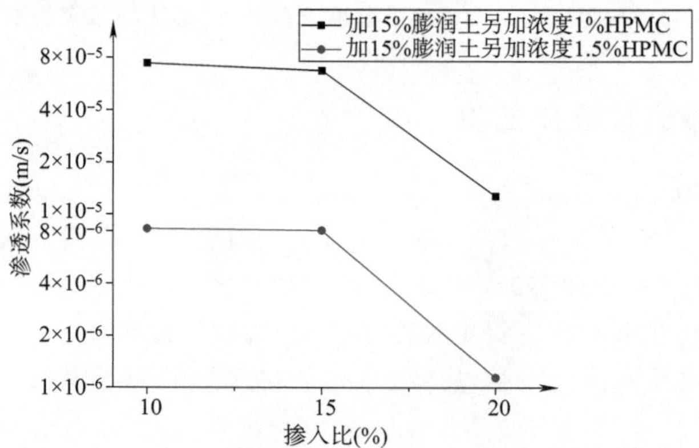

图 4-35 添加膨润土和 HPMC 变水头渗透试验结果

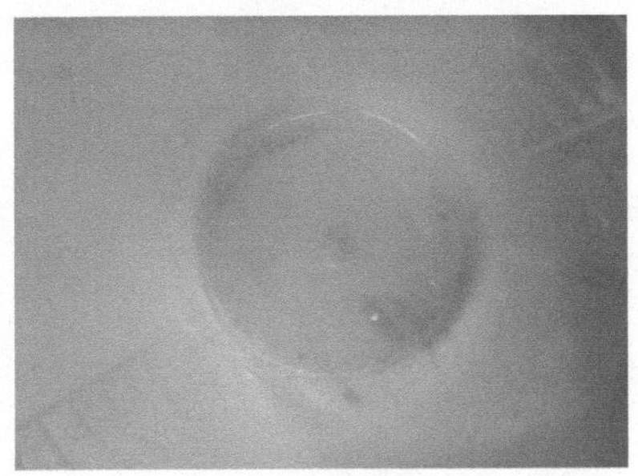

图 4-36 渗透流出的水

图 4-37 渗透出的水十分清澈

从试验结果来看,膨润土与高分子聚合物联合改良取得了很好的抗渗效果,添加15% 膨润土后继续添加浓度 1.5% 的 HPMC 可以将渗透系数控制在 1×10^{-5} cm/s 以下;在 HPMC 掺入比为 20% 时,渗透系数接近 1×10^{-6} cm/s,对于砂土来说,渗透系数已经相当小。而且从试验结束后土样状态来看,渗透出的水中没有白色膨润土浆液存在,这说明 PHMC 很好地将膨润土颗粒保存在土样内,这对阻止渗流是十分有利的。

4.4.4 砂土剪切强度改良试验

1. 添加泡沫剪切强度改良试验

为探究泡沫对剪切强度的影响,主要研究两方面内容:①泡沫剂浓度对剪切强度的影响;②泡沫掺入比对剪切强度的影响。选定泡沫剂浓度为 3%、7% 两种,掺入比定为 20%、40%、60% 三种,直剪试验结果如图 4-38 和图 4-39 所示。

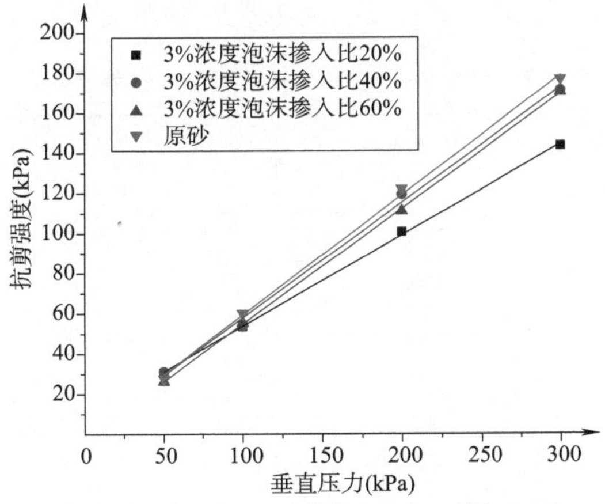

图 4-38 含水率 5% 添加浓度 3% 泡沫抗剪强度与垂直压力关系曲线

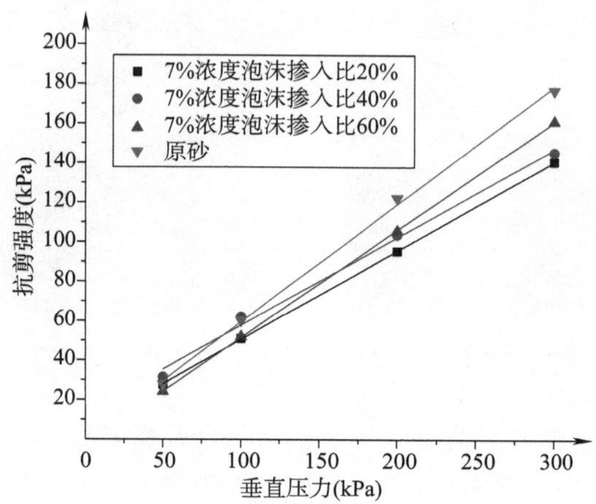

图 4-39 含水率 5% 添加浓度 7% 泡沫抗剪强度与垂直压力关系曲线

对比两种浓度泡沫的试验结果,浓度 7% 的泡沫具有更好的减小摩擦的效果,而掺入比过高对减小摩擦反而是不利的。试验中添加 60% 的泡沫后,抗剪强度曲线十分接近原砂,这主要是由于直剪试验为排水剪切,在压力状态下,添加过多的泡沫反而更易排出,而导致泡沫失去应有的作用,最终导致抗剪强度变大。而泡沫掺入比在 20% 时,砂土的抗剪强度最低,改良效果较好。

表 4-2 为砂土添加泡沫后黏聚力及内摩擦角计算结果,添加泡沫可减小砂土的内摩擦角,泡沫剂浓度对内摩擦角影响很小,添加浓度 3% 和浓度 7% 时内摩擦角减小量基本相同。泡沫掺入比为 20% 时,内摩擦角由原砂 30°减小至 24°;而泡沫掺入比为 60% 时,内摩擦角仅能减小至 29°,而黏聚力则有少量提升。

表 4-2 砂土添加泡沫改良后直剪试验结果汇总

土　　样	掺入比	黏聚力(kPa)	内摩擦角(°)
原砂	0	-0.251	30.824 53
泡沫剂浓度 3%	20%	8.470 7	24.384 79
	40%	0.571	29.855 82
	60%	-2.343 6	29.881 68
泡沫剂浓度 7%	20%	5.458 9	24.251 56
	40%	13.114	24.041 65
	60%	-3.2	28.656 6

2. 添加膨润土剪切强度改良试验

膨润土选用河南产钠基膨润土,土水质量比为 1∶5,掺入比定为 15%、20%、

25%，试验结果如图 4-40 所示。

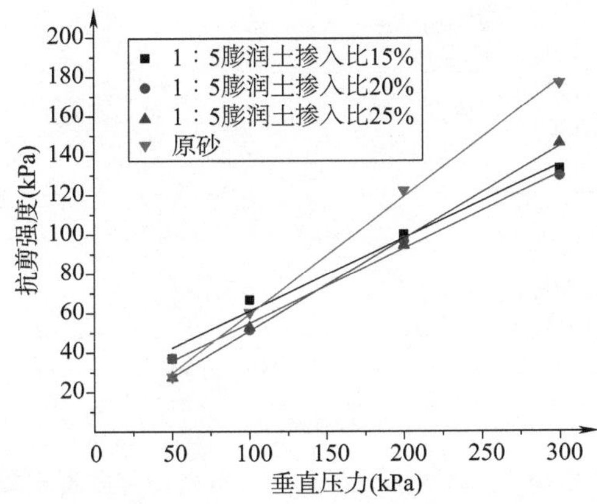

图 4-40 含水率 5% 添加 1:5 膨润土抗剪强度与垂直压力关系曲线

表 4-3 为砂土添加膨润土改良后直剪试验结果，添加质量比 1:5钠基膨润土泥浆，掺入比为 15%、20% 时，内摩擦角仅为 20°；而掺入比为 25% 时，内摩擦角为 25°。膨润土泥浆可以起到较好的润滑作用，同时在剪切过程中不易被排除，泥浆与砂土黏结较好。

表 4-3 砂土添加膨润土改良后直剪试验结果汇总

土样	掺入比	黏聚力(kPa)	内摩擦角(°)
原砂	0	-0.251	30.824 53
膨润土质量比 1:5	15%	23.655	20.440 42
	20%	16.7	20.861 84
	25%	4.100 4	25.093 69

3. 添加高分子材料剪切强度改良试验

根据坍落度试验结果(图 4-41)，浓度 1% 的 HPMC 和浓度 1.5% 的 CMC 在掺入比为 15% 左右时取得理想的坍落度值，因此仅对这两种材料进行直剪试验，掺入比统一定为 15%。

表 4-4 为砂土添加高分子材料改良后直剪试验结果，添加 15% 的浓度 1.5% 的 CMC 溶液，内摩擦角为 28°；而添加 15% 的浓度 1% 的 HPMC 溶液，内摩擦角为 25°。HPMC 改良效果较 CMC 更好。从膨化时间、渗透性、剪切强度来看，HPMC 较 CMC 都更有优势。

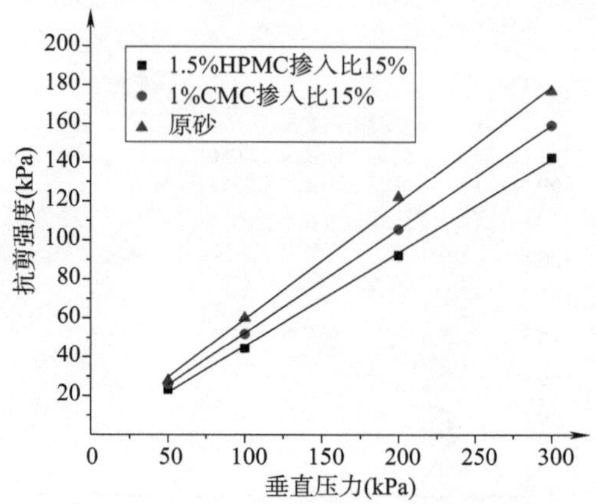

图 4-41　含水率 5% 添加高分子材料抗剪强度与垂直压力关系曲线

表 4-4　砂土添加高分子材料改良后直剪试验结果汇总

土　　样	掺入比	黏聚力(kPa)	内摩擦角(°)
原砂	0	−0.251	30.824 53
HPMC15%	15%	−2.321 6	25.608 4
CMC15%	15%	−1.160 8	28.102 22

5 盾构同步注浆技术

5.1 引　　言

当拼装好的管片衬砌脱出盾尾后，由于盾构钢壳原来占据的空间、为衬砌的拼装操作所留的空隙和盾构推进时部分土体被黏附于盾构外壳上，在衬砌环背面与实际开挖的洞壁间留有环形空隙，使土体处于无支护状态，该空隙即为盾尾空隙。盾尾空隙的大小是由盾构钢壳的厚度和盾尾操作空间决定的，一般在 10 ~ 20 cm 之间。由于管片脱出盾尾时出现的管片及围岩土体处于临时无支撑的悬空状态，致使土体向盾尾空隙移动产生变形，或者局部崩塌，围岩松散范围扩大，是盾构施工引起地层变形和沉降的主要因素。

在盾构掘进过程中，盾尾空隙形成的同时进行注浆（简称“同步注浆”），使浆液及时、均匀、密实地注入、充填盾尾建筑空隙，这对控制地层变形、确保土压力均匀作用于管片衬砌至关重要。盾构施工中同步注浆主要有以下目的和作用：

(1)防止地层变形。盾尾空隙如果不及时得到填充，势必造成地层损失，引起地层变形，使得相邻地表建筑物沉降或隧道本身偏移。因此，同步注浆最重要的目的就是及时填充盾尾空隙，减少地层应力释放和地层变形。

(2)提高隧道的抗渗性。同步注浆的浆液固结硬化后，一般都有一定的抗渗性能，可作为隧道的第一道止水防线，从而提高隧道的整体抗渗性能。

(3)具备一定早期强度的浆液及时填充盾尾空隙，可确保管片衬砌的早期和后期稳定性。

同步注浆是目前盾构施工最常用的注浆方式，通过内置在盾构机尾部（一般为 3 号盾体）的注浆管进行注浆，如图 5-1(a)所示。内置方式一般为外凸式和内凹式，如图 5-1(b)所示，采用何种方式主要是从盾构机设计上考虑的。外凸式可在一定程度上减小盾构外径，从而减小盾尾空隙厚度，但使盾壳非圆，不利于盾构的进出洞，且在土体强度较高时易磨损；内凹式虽在一定程度上增大了盾构外径和盾尾空隙，但不易磨损，对地层适应性更好。注浆过程中应遵循“坍落度，不堵管，准厚浆；搅拌匀，延时注，二次补”十八字方针。

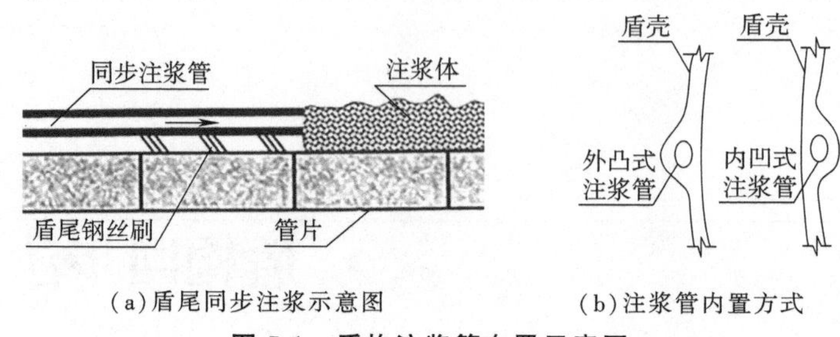

(a)盾尾同步注浆示意图　　(b)注浆管内置方式

图 5-1　盾构注浆管布置示意图

5.2　同步注浆施工流程及控制

1. 同步注浆施工流程

同步注浆施工工艺流程如图 5-2 所示,浆液在地面拌和站搅拌好以后,一般依靠浆液自重通过管道溜到电瓶车的砂浆斗(有搅拌叶片)中,运输至隧道内并通过其自带转运泵泵送到台车浆斗内,或直接泵送至台车浆斗内。注浆管路连接好后,设定注浆压力和流量,一般通过 4 个砂浆泵进行注浆,并在每个注浆孔出口设置分压器,以便对各注浆压力和注浆量进行检测与控制,从而获得对盾尾空隙对称均匀压注。若与水玻璃相结合注入则可实现双液浆注浆工艺。

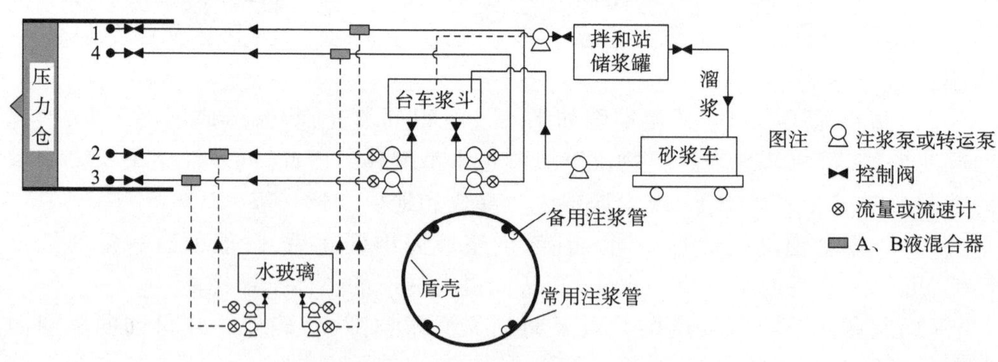

图 5-2　盾构同步注浆施工工艺流程图

2. 同步注浆施工控制

(1)手动控制。可任意按下各注浆点的控制按钮,注浆泵开启进行注浆,注浆压力可通过压力传感器监测显示。当所有注浆点控制阀关闭时,注浆泵就自动停止;而当再循环阀打开时,泵再启动并空载循环。

(2)自动控制。此时注浆控制阀与压力传感器相连,注浆控制阀由压力传感器控制,当任一只传感器检测到设定的最低压力时,注浆控制阀就自行开启进行注浆。当其达到最高设定压力时,就自行关闭,并自动转换到打开下一个最低压力的注浆点控制阀,依次持续进行循环注浆。

(3)程序控制。各注浆点按预编程序自动循环注浆,直到所有注浆点都达到最高压力为止,泵就自动切换到再循环运行,直到泵自动停止。

5.3 注浆材料

为了实现同步注浆的目的和满足盾构施工要求,除浆液的注入必须迅速、饱满地充填盾尾空隙外,同步注浆的浆液工程特性必须满足下列要求:

(1)具有良好的充填性,且不易流窜到盾尾空隙以外的其他区域(不漏失到掘削面及围岩土体中去);

(2)浆液应具有良好的和易性、流动性,且离析少;

(3)浆液应具有适当的稠度,不易被地下水稀释;

(4)材料稳定性好,不易分层,以便能长距离压送;

(5)同步注浆填充后,应能及早凝结约束管片,并且早期强度最好与原状土的强度相当;

(6)浆液硬化后的体积收缩率和渗透系数要小;

(7)无公害、价格便宜。

其中,最为重要的工程特性是充填性、流动性、强度和收缩性能,满足这些工程特性是实现同步注浆目的的关键。

盾构施工中同步注浆材料的种类可分为两类:单液浆和双液浆,单液浆又可分为惰性浆液和硬性浆液。惰性浆液即浆液配制材料中没有水泥等胶凝物质,凝结时间较长,早期强度和后期强度均很低的浆液;一般由熟石灰、粉煤灰、砂、膨润土(黏土)、水、外加剂等组成。而硬性浆液即在浆液中掺加了水泥等胶凝物质,一般由水泥、粉煤灰、砂、膨润土(黏土)、水、外加剂等在搅拌机中一次拌和而成,具备一定早期强度和后期强度的浆液。根据配合比的不同,凝结时间可在一定范围内调整。双液浆通过 A 液(单液浆)和 B 液(一般为水玻璃类)按一定的体积比混合,根据实际需要,其凝结时间可在几秒到几十秒调节;这种浆液的早期强度和后期强度一般较单液浆高。

合适的浆液凝结时间至关重要。若凝结时间过长,浆液越易发生向开挖面泄漏和土体内流失的情况,也易被地下水和从开挖面后窜的泥浆稀释,也就越不容易约束管片,控制地层位移。但凝结时间太短,则会造成盾尾空隙还未充填完全时,浆液就失去了流动性,且还易造成堵管现象,当施工不顺利时,这种情况更易发生,这时对施工控制管理要求较高。

各类型注浆材料具体优缺点对比见表5-1。一般工程中最常用的同步注浆材料为硬性浆液。

表5-1 各类型注浆材料优缺点对比表

浆液类型	优点	缺点
惰性浆	不易堵管;注浆效率高;成本低	凝结时间长;不利控制沉降及管片稳定;强度很低;防水效果差
硬性浆	后期强度较高;成本较低;设备简单;堵管易清洗	凝结时间较长;浆液易流失,对盾尾密封要求高
双液浆	凝结时间快;可调节;浆液不易流失;早期强度高;可堵漏	设备复杂;成本高;易堵管,且不易清洗;对施工管理要求高

5.4 浆液性能

1. 浆液性能要求

工程中常用的可硬性同步注浆材料是由水泥、粉煤灰、膨润土、细砂、外加剂、水搅拌制作而成。根据工程经验和相关规范对浆液性能及对应参考指标要求见表5-2。

表5-2 同步注浆浆液性能基本要求

浆液考虑性能	对应参考控制指标	指标要求范围
流动性	稠度	10~13 cm
保水性	泌水率	<3.5%
稳定性	分层度	<6 mm
有效利用性	结石率	>95%
抗水分散性	水陆强度比	≥0.65
早期强度	1 d立方体抗压强度	≥0.2 MPa
最终强度	28 d立方体抗压强度	≥2.5 MPa

2. 浆液性能试验设计

开展同步注浆浆液正交试验,研究浆液各成分含量对其物理性能指标(密度、稠度、稠度损失、抗剪切屈服强度、泌水率、结石率、凝结时间、抗压强度等)的影响规律。性能指标测试按照表5-3所示规范要求进行。试验采用五因素五水平正交试验设计,五因素分别为水胶比(水:胶凝材料)、胶砂比(胶凝材料:细砂)、膨水比(膨润土:水)、添胶比(外添剂:胶凝材料)、泥灰比(水泥:粉煤灰),胶凝材料指水泥、粉煤灰。正交试验设计见表 5-4。试验使用原材料见表 5-5。

表 5-3 同步注浆浆液性能指标测试

测试内容	测试仪器	参考标准
密度	容量筒	
稠度	砂浆稠度测定仪	
分层度	分层筒	《建筑砂浆基本性能试验方法标准》(JGJ/T 70—2009)
凝结时间	砂浆凝结时间测定仪	
立方体抗压强度	压力试验机	
泌水率	量筒	《盾构法隧道同步注浆材料应用技术规程》(T/CECS 563—2018)
结石率	量筒	

表 5-4 同步注浆浆液正交试验设计

试验号	因素				
	A 水胶比	B 胶砂比	C 膨水比	D 泥灰比	E 添胶比
1	0.60	0.50	0.10	0.60	0.007
2	0.60	0.55	0.15	0.65	0.008
3	0.60	0.60	0.20	0.70	0.009
4	0.60	0.65	0.25	0.75	0.010
5	0.60	0.70	0.30	0.80	0.011
6	0.70	0.50	0.15	0.70	0.010
7	0.70	0.55	0.20	0.75	0.011
8	0.70	0.60	0.25	0.80	0.007
9	0.70	0.65	0.30	0.60	0.008
10	0.70	0.70	0.10	0.65	0.009
11	0.80	0.50	0.20	0.80	0.008
12	0.80	0.55	0.25	0.60	0.009
13	0.80	0.60	0.30	0.65	0.010
14	0.80	0.65	0.10	0.70	0.011
15	0.80	0.70	0.15	0.75	0.007
16	0.90	0.50	0.25	0.65	0.007
17	0.90	0.55	0.30	0.70	0.008
18	0.90	0.60	0.10	0.75	0.009

续上表

试验号	因素				
	A 水胶比	B 胶砂比	C 膨水比	D 泥灰比	E 添胶比
19	0.90	0.65	0.20	0.80	0.010
20	0.90	0.70	0.15	0.60	0.011
21	1.00	0.50	0.30	0.75	0.009
22	1.00	0.55	0.10	0.80	0.010
23	1.00	0.60	0.15	0.60	0.011
24	1.00	0.65	0.20	0.65	0.007
25	1.00	0.70	0.25	0.70	0.008

表 5-5 同步注浆浆液原材料

材料名	材料介绍
水	自来水,pH 值 7.0~7.5,江苏×××有限公司
水泥	普通硅酸盐水泥,P·O 42.5,常州×××水泥厂
粉煤灰	F 类Ⅱ级,常熟×××有限责任公司
膨润土	钠基膨润土(外观黄白),×××有限公司
细砂	天然砂,江西赣江,细度模数 1.8,表观密度 2 560 kg/m³,堆积密度 1 540 kg/m³
外加剂	SJJ®-M(Ⅰ)(增强、保水)水泥砂浆增塑剂,江苏×××有限公司

3. 试验结果分析

(1)正交试验共测试了 25 组不同配比同步注浆材料的密度值,试验结果见表 5-6 和图 5-3。在试验设计范围内测得浆液密度最大值为 2 077.5 kg/m³,最小值为 1 815 kg/m³。

表 5-6 浆液密度测试值 (单位:kg/m³)

配比号	试验次数		试验均值	配比号	试验次数		试验均值
	1	2			1	2	
1	2 055	2 100	2 077.5	6	2 010	2 040	2 025
2	2 070	2 080	2 075	7	2 000	2 030	2 015
3	2 070	2 080	2 075	8	1 980	1 985	1 982.5
4	1 995	2 000	1 997.5	9	1 975	1 990	1 982.5
5	1 990	1 990	1 990	10	1 925	1 955	1 940

续上表

配比号	试验次数		试验均值	配比号	试验次数		试验均值
	1	2			1	2	
11	1 955	1 975	1 965	19	1 890	1 895	1 892.5
12	1 945	1 950	1 947.5	20	1 880	1 885	1 882.5
13	1 945	1 955	1 950	21	1 895	1 900	1 897.5
14	1 890	1 895	1 892.5	22	1 880	1 870	1 875
15	1 900	1 905	1 902.5	23	1 850	1 865	1 857.5
16	1 950	1 950	1 950	24	1 820	1 815	1 817.5
17	1 895	1 920	1 907.5	25	1 815	1 815	1 815
18	1 865	1 860	1 862.5	—	—	—	—

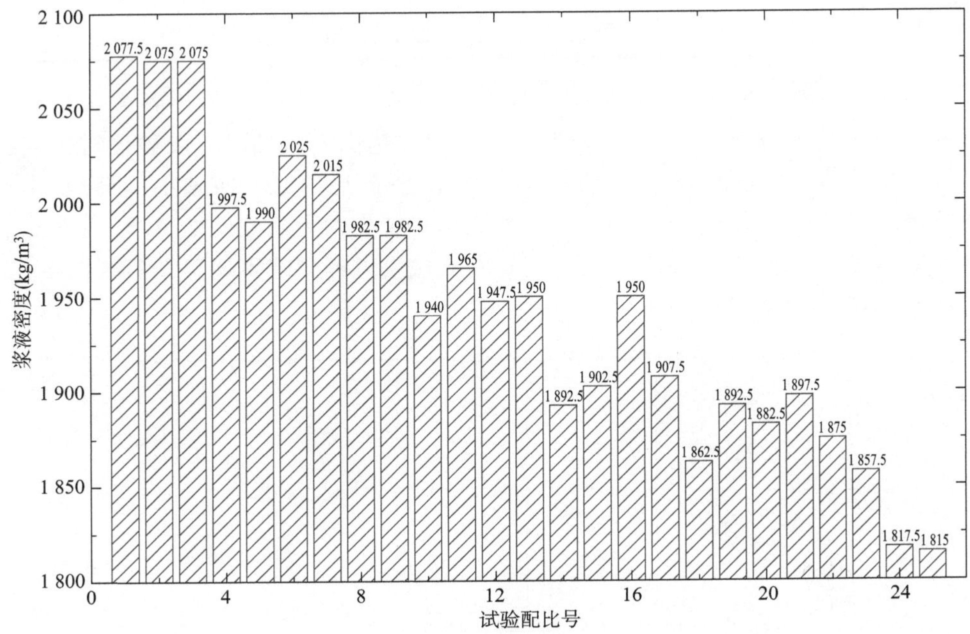

图 5-3　浆液密度值测试结果

对正交试验所测密度值进行极差分析，研究不同因素（水胶比、胶砂比、膨水比、泥灰比、添胶比）对密度值变化的影响。首先，分别计算得到不同因素、不同水平下的密度均值，然后分别计算出不同因素下五水平均值的极差。极差值越大，代表该因素对密度值变化影响越大，也就是浆液密度值对该因素比较敏感，计算结果见表 5-7。

极差分析表明，水胶比、胶砂比、膨水比、添胶比、泥灰比对浆液密度值的影响作用依次变弱。对密度值起决定作用的是水胶比，胶砂比次之；其他三个因素相对而言影响不大。若要通过调节配比来降低或增大浆液密度值，应当考虑调节水胶比、胶砂比。

表 5-7　浆液密度极差分析　（单位：kg/m^3）

密　度	因　素				
	A 水胶比	B 胶砂比	C 膨水比	D 泥灰比	E 添胶比
均值 1	2 043	1 983	1 929.5	1 949.5	1 946
均值 2	1 989	1 964	1 948.5	1 946.5	1 949
均值 3	1 931.5	1 945.5	1 953	1 943	1 944.5
均值 4	1 899	1 916.5	1 938.5	1 935	1 948
均值 5	1 852.5	1 906	1 945.5	1 941	1 927.5
极差	190.5	77	23.5	14.5	21.5

为更清晰地了解同步注浆浆液密度受各因素影响情况，描绘出各因素与浆液密度关系图，如图 5-4 所示。由该图可知，在研究范围内，水胶比、胶砂比对浆液密度有着相同的影响趋势，浆液密度随着水胶比、胶砂比的增大而减小；而膨水比对浆液密度的影响不明确，随着膨水比的增大出现了先增大后波动的情况；泥灰比的增大使得浆液密度先减后增；添胶比起初对浆液密度的影响不明显，当增加到一定值时，会使密度值减小。

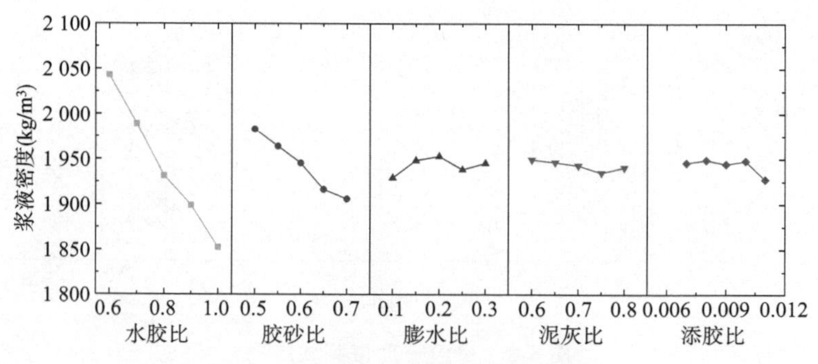

图 5-4　各因素与浆液密度关系图

(2)正交试验测得 25 种不同配比的同步注浆浆液泌水率范围为 0.8% ~ 8.26%，试验结果见表 5-8 和图 5-5。泌水率反映着砂浆材料的保水性能，对于工程所需的注浆材料，泌水率越小越好，一般要求泌水率小于 5%。

表 5-8 浆液泌水率测试值

配比号	泌水率(%)	配比号	泌水率(%)	配比号	泌水率(%)
1	2.17	10	3.42	19	2.92
2	1.32	11	1.89	20	4.20
3	1.40	12	1.82	21	1.29
4	1.64	13	1.23	22	8.26
5	0.95	14	6.22	23	5.42
6	3.49	15	3.70	24	2.98
7	1.68	16	0.84	25	1.67
8	0.80	17	0.83	—	—
9	0.84	18	6.88	—	—

对正交试验所测得浆液泌水率值进行极差分析,分析各因素对泌水率的影响力,分析结果见表 5-9。膨水比、水胶比、添胶比、胶砂比、泥灰比对砂浆泌水率的影响依次减弱。

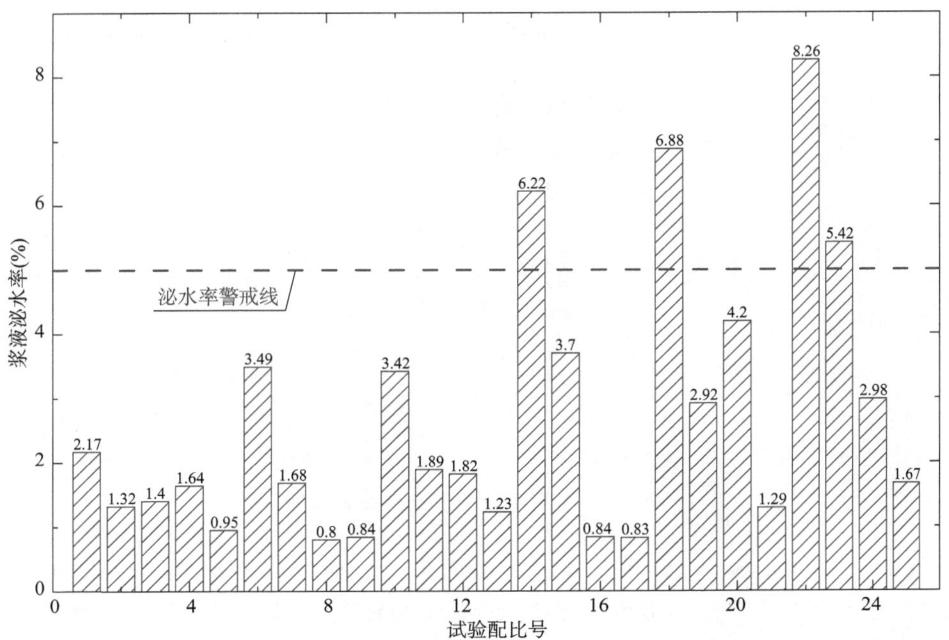

图 5-5 浆液泌水率测试结果

表 5-9 浆液泌水率极差分析

均　　值	因　　素				
	A 水胶比	B 胶砂比	C 膨水比	D 泥灰比	E 添胶比
均值 1	1. 50%	1. 94%	5. 39%	2. 89%	2. 10%
均值 2	2. 05%	2. 78%	3. 63%	1. 96%	1. 31%
均值 3	2. 97%	3. 15%	2. 17%	2. 72%	2. 96%
均值 4	3. 13%	2. 92%	1. 35%	3. 04%	3. 51%
均值 5	3. 92%	2. 79%	1. 03%	2. 96%	3. 69%
极差	2. 42%	1. 21%	4. 36%	1. 08%	2. 38%

为更清晰地了解浆液泌水率受各因素影响情况,描绘出各因素与浆液泌水率关系图,如图 5-6 所示,在研究范围内,浆液泌水率随着水胶比的增大而增大,随着膨水比的增大而减小。对于泥灰比和添胶比,浆液泌水率出现先减后增的变化趋势。而胶砂比使得浆液泌水率先增后减。

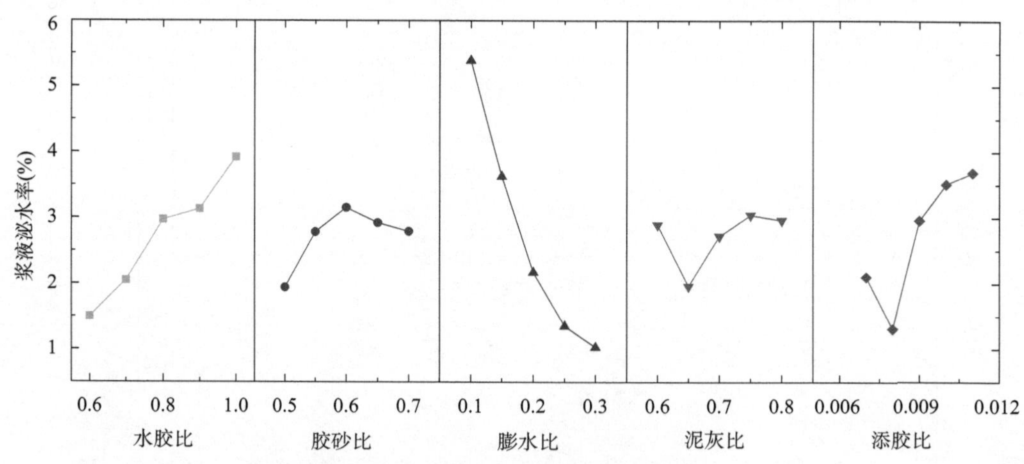

图 5-6 各因素与浆液泌水率关系图

(3)正交试验测得 25 种不同配比的同步注浆浆液结石率范围为 89. 67% ~ 98. 77%,试验结果见表 5-10 和图 5-7。结石率为注浆材料稳定硬化后的体积与刚拌制完成时流体体积的比值,反映着砂浆材料的收缩性能。对于工程所需的注浆材料,结石率越大越好,一般要求结石率大于 95%。

表 5-10 浆液结石率测试值

配比号	结石率(%)	配比号	结石率(%)	配比号	结石率(%)
1	97.39	10	95.73	19	96.67
2	98.68	11	97.64	20	94.96
3	97.66	12	97.27	21	98.28
4	98.12	13	98.77	22	89.67
5	98.57	14	92.95	23	93.33
6	97.38	15	96.30	24	97.02
7	97.48	16	98.33	25	97.92
8	98.80	17	98.75	—	—
9	98.74	18	91.09	—	—

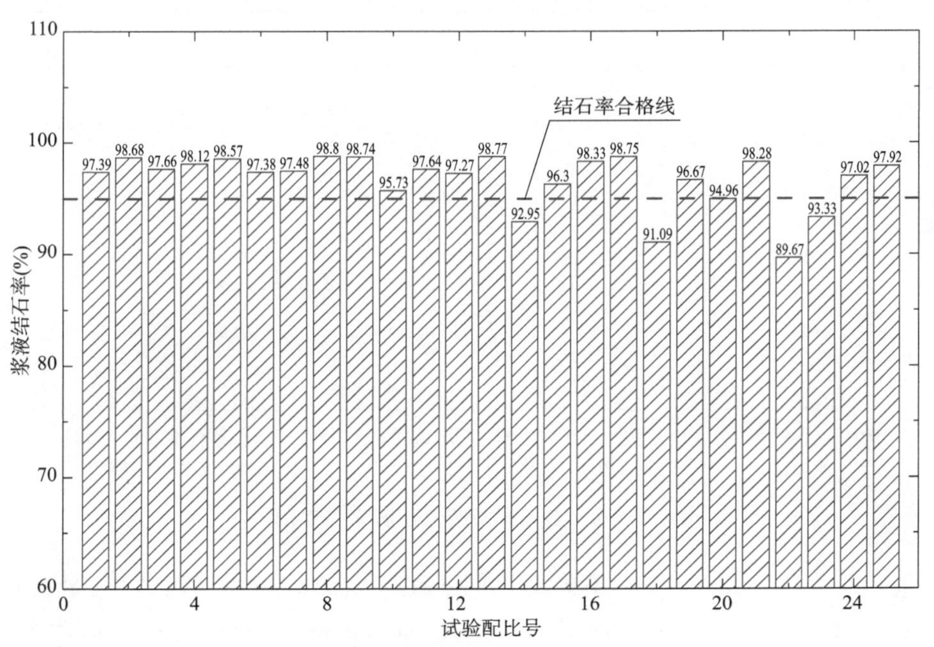

图 5-7 浆液结石率测试结果

对试验测得的结石率进行极差分析,分析结果见表 5-11。膨水比、添胶比、水胶比、胶砂比、泥灰比对砂浆结石率的影响依次减弱。

为更清晰地了解浆液结石率受各因素影响情况,描绘出各因素与浆液结石率关系图,如图 5-8 所示。由该图可知,在研究范围内,砂浆结石随着水胶比的增大而减小,随着膨水比的增大而增大。对于泥灰比和添胶比,泌水率出现先增后减的变化趋势。而胶砂比使得泌水率先减后增。

表 5-11　浆液结石率极差分析

均　值	因　素				
	A 水胶比	B 胶砂比	C 膨水比	D 泥灰比	E 添胶比
均值 1	98.09%	97.80%	93.37%	96.34%	97.57%
均值 2	97.62%	96.37%	96.13%	97.70%	98.35%
均值 3	96.58%	95.93%	97.29%	96.93%	96.01%
均值 4	95.96%	96.70%	98.09%	96.25%	96.12%
均值 5	95.24%	96.69%	98.62%	96.27%	95.46%
极差	2.85%	1.87%	5.25%	1.45%	2.89%

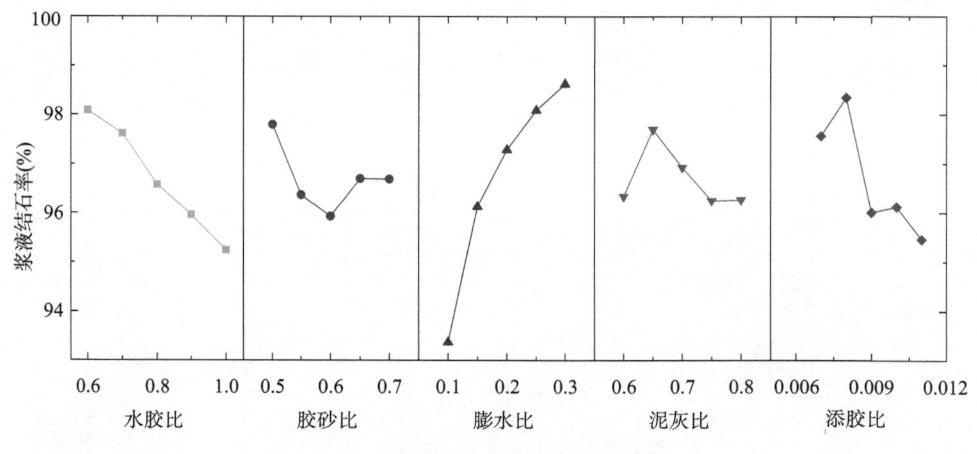

图 5-8　各因素与浆液结石率关系图

(4)正交试验测得 25 种不同配比同步注浆浆液的初始稠度值中,最大值为 13.5 cm,最小值为 8.6 cm。详细结果见表 5-12,浆液初始稠度值如图 5-9 所示。稠度反映了同步注浆浆液的流动性,稠度值越大,代表浆液的流动性能越好,在注浆过程中,可泵送性就越好。一般工程施工中要求稠度值在 10 ~ 13 cm。另外,为研究浆液保持流动性的能力,测试了 5 h 浆液稠度值,计算得到这段时间砂浆稠度的损失情况,稠度损失如图 5-10 所示。

表 5-12 水泥砂浆稠度测试值 （单位:cm）

配比号	稠度值		稠度损失(%)	配比号	稠度值		稠度损失(%)
	初始	5 h			初始	5 h	
1	9.7	9.7	0	14	12.6	12.6	0
2	10.3	8.4	18.93	15	12.4	12.4	0
3	9.6	8.2	14.66	16	11.5	10.5	8.73
4	9.5	6.5	31.22	17	11.1	9.1	18.1
5	8.6	5.2	39.77	18	12.7	12.6	1.18
6	11.8	10.9	7.23	19	12.0	12.0	0
7	10.0	9.7	3.5	20	12.6	12.5	0.8
8	9.9	9.5	4.55	21	10.8	10.3	4.65
9	11.7	9.8	16.31	22	12.7	12.6	0.79
10	13.1	12.7	2.68	23	12.7	12.2	3.95
11	13.5	12.1	10.74	24	12.4	11.1	10.48
12	12.5	10.5	16	25	11.9	10.4	12.61
13	11.3	9.4	16.44	—	—	—	—

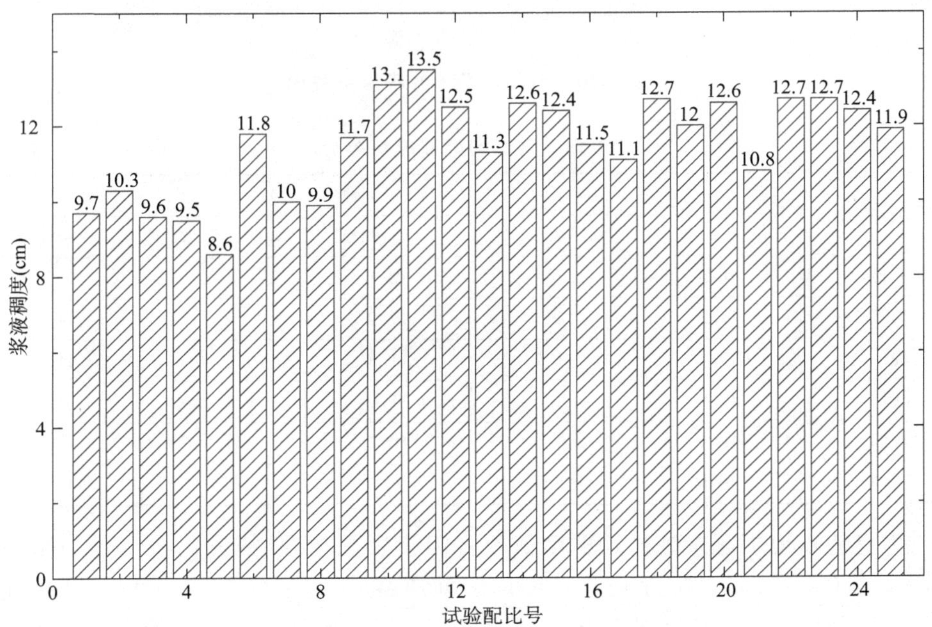

图 5-9 水泥砂浆初始稠度值测试结果

对测得浆液初始稠度值进行极差分析,分析结果见表 5-13。分析得出,水胶比、膨水比、泥灰比对浆液稠度的影响依次减弱;胶砂比、添胶比对浆液稠度值的影响作用相当,在五种因素中影响力最弱。对浆液稠度值起决定作用的是水胶比,膨水比次之。要想调节浆液的稠度值,适当调节水胶比、膨水比是最有效的手段。

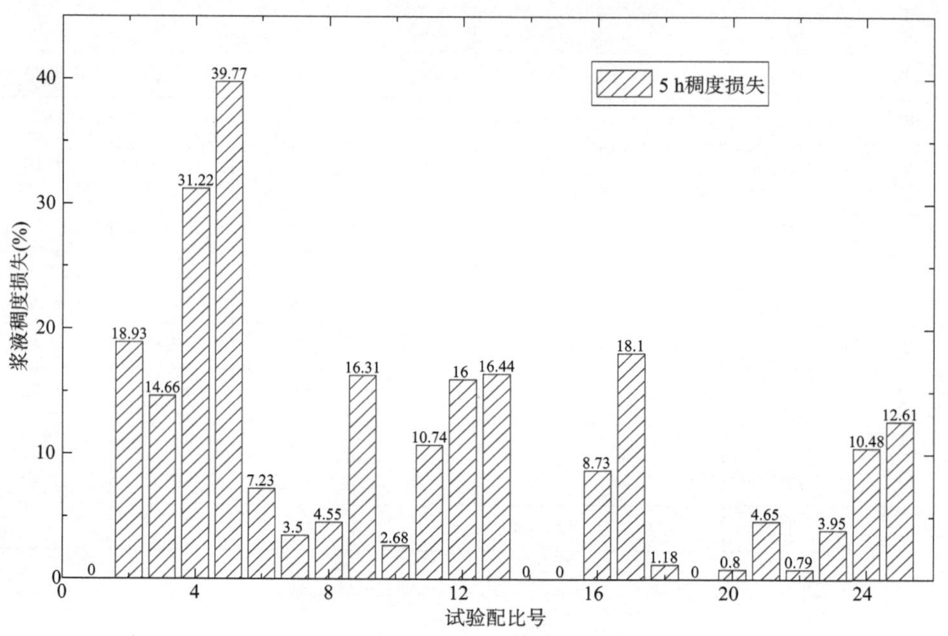

图 5-10　水泥砂浆 5 h 稠度损失图

表 5-13　浆液初始稠度极差分析　(单位:cm)

均　值	因　素				
	A 水胶比	B 胶砂比	C 膨水比	D 泥灰比	E 添胶比
均值 1	9.5	11.4	12.1	11.8	11.2
均值 2	11.3	11.3	11.9	11.7	11.7
均值 3	12.5	11.2	11.5	11.4	11.7
均值 4	11.9	11.6	11.0	11.1	11.4
均值 5	12.1	11.7	10.7	11.3	11.3
极差	3.0	0.5	1.4	0.7	0.5

为更清晰地了解浆液初始稠度值受各因素影响情况,描绘出各因素与浆液初始稠度值关系图,如图 5-11 所示。由该图可知,在研究范围内,膨水比的增大使得浆液初始稠度值呈现递减的趋势,胶砂比、泥灰比的增大使得浆液稠度初始值呈现先减后增的趋势,而添胶比的增大使得浆液初始稠度值呈现先增后减的趋势。对

于水胶比,随着其值的增大,浆液初始稠度值整体上呈现增大的趋势。

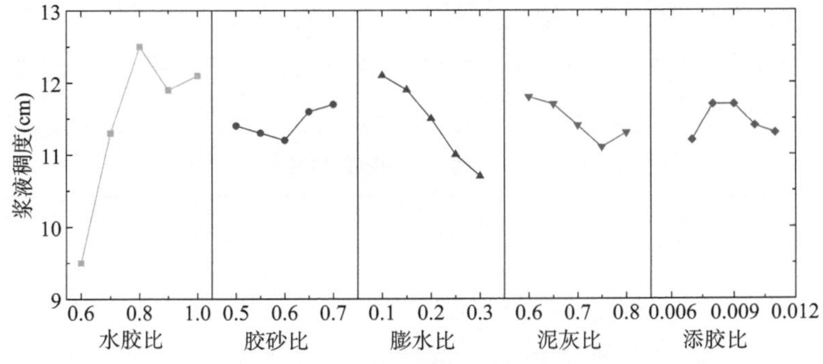

图 5-11 各因素与浆液初始稠度关系图

对浆液稠度损失进行极差分析,由表 5-14 可知膨水比、水胶比、添胶比、胶砂比、泥灰比对浆液稠度损失的影响依次减弱。

表 5-14 浆液稠度损失极差分析

均 值	因 素				
	A 水胶比	B 胶砂比	C 膨水比	D 泥灰比	E 添胶比
均值 1	20.92%	6.27%	0.93%	7.41%	4.75%
均值 2	6.85%	11.46%	6.18%	11.45%	15.34%
均值 3	8.64%	8.16%	7.88%	10.52%	7.83%
均值 4	5.76%	11.60%	14.62%	8.11%	11.14%
均值 5	6.50%	11.17%	19.05%	11.17%	9.60%
极差	15.16%	5.19%	18.12%	4.04%	10.59%

为更清晰地了解浆液稠度损失受各因素影响情况,描绘出各因素与浆液稠度损失关系图,如图 5-12 所示。由该图可知,在研究范围内,膨水比的增大使得砂浆稠度损失呈现增大的趋势,其他因素对砂浆稠度损失的影响关系不明确。

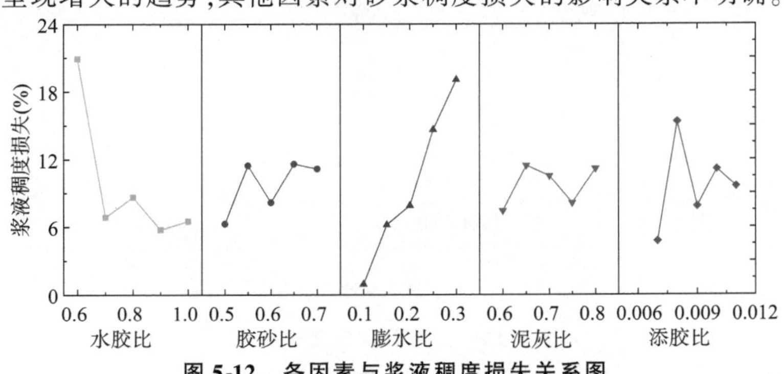

图 5-12 各因素与浆液稠度损失关系图

(5)正交试验测得25种不同配比同步注浆浆液的分层度,测试最大值为4.1 cm,最小值为0,测试具体结果见表5-15和图5-13。分层度反映了注浆浆液的均匀性和稳定性。分层度较小,说明砂浆比较均匀、保水性能好;一般要求水泥砂浆分层度小于6 mm。

表5-15 浆液分层度测试值

配比号	分层度	配比号	分层度	配比号	分层度
1	0.0	10	0.1	19	0.1
2	4.1	11	0.4	20	0.1
3	0.6	12	0.4	21	0.8
4	1.7	13	1.8	22	0.0
5	0.3	14	0.0	23	0.1
6	1.3	15	0.0	24	0.0
7	2.0	16	0.3	25	0.0
8	0.5	17	0.3	—	—
9	1.6	18	0.0	—	—

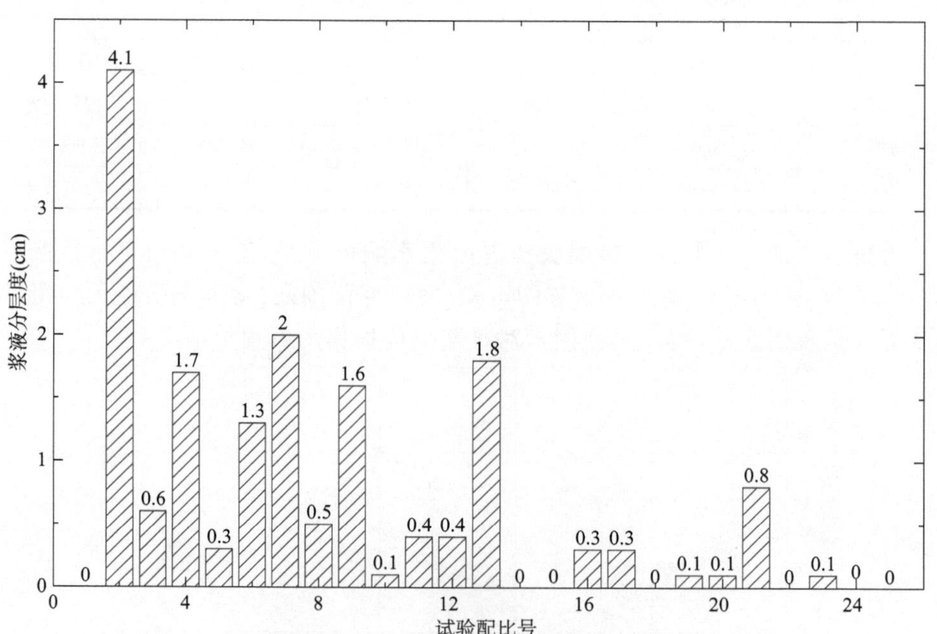

图5-13 浆液分层度测试结果

对测得分层度值进行极差分析，分析结果见表5-16。结果显示水胶比、胶砂比、膨水比、泥灰比、添胶比对分层度的影响作用相差不大，胶砂比略大于添胶比，水胶比、膨水比、泥灰比影响作用相当且很弱。

表5-16 浆液分层度极差分析 （单位：cm）

均 值	各影响因素下的分层度				
	A 水胶比	B 胶砂比	C 膨水比	D 泥灰比	E 添胶比
均值1	1.3	0.6	0.0	0.4	0.2
均值2	1.1	1.4	1.1	1.3	1.3
均值3	0.5	0.6	0.6	0.4	0.4
均值4	0.2	0.7	1.0	1.4	1.4
均值5	0.2	0.1	1.0	0.3	0.5
极差	1.1	1.3	1.1	1.1	1.2

为更清晰地了解浆液分层度受各因素影响情况，描绘出各因素与浆液分层度关系图，如图5-14所示。由该图可知，在研究范围内，水胶比的增大使得浆液分层度呈现递减的趋势，而胶砂比、膨水比、泥灰比和添胶比对浆液分层度的影响趋势不明确。

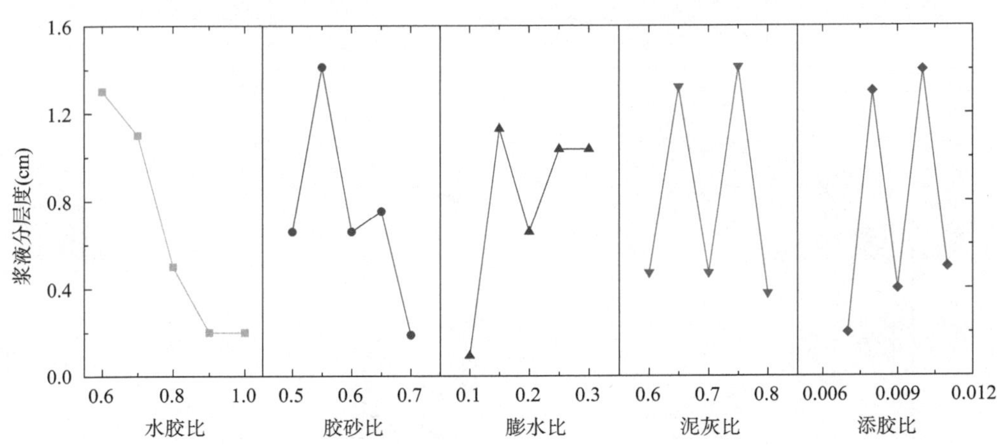

图5-14 各因素与浆液分层度关系图

(6)正交试验测得25种不同配比同步注浆浆液的抗剪切屈服强度值，最小值为0.79 Pa，最大值为15.33 Pa，具体结果见表5-17和图5-15。

表 5-17 浆液抗剪切屈服强度测试值 （单位：Pa）

配比号	抗剪切屈服强度	配比号	抗剪切屈服强度	配比号	抗剪切屈服强度
1	11.86	10	1.26	19	2.57
2	9.25	11	2.22	20	6.21
3	10.31	12	7.65	21	3.94
4	13.77	13	3.45	22	0.97
5	15.33	14	0.79	23	1.09
6	8.01	15	2.17	24	5.46
7	8.82	16	2.54	25	7.07
8	3.75	17	4.31	—	—
9	2.89	18	1.44	—	—

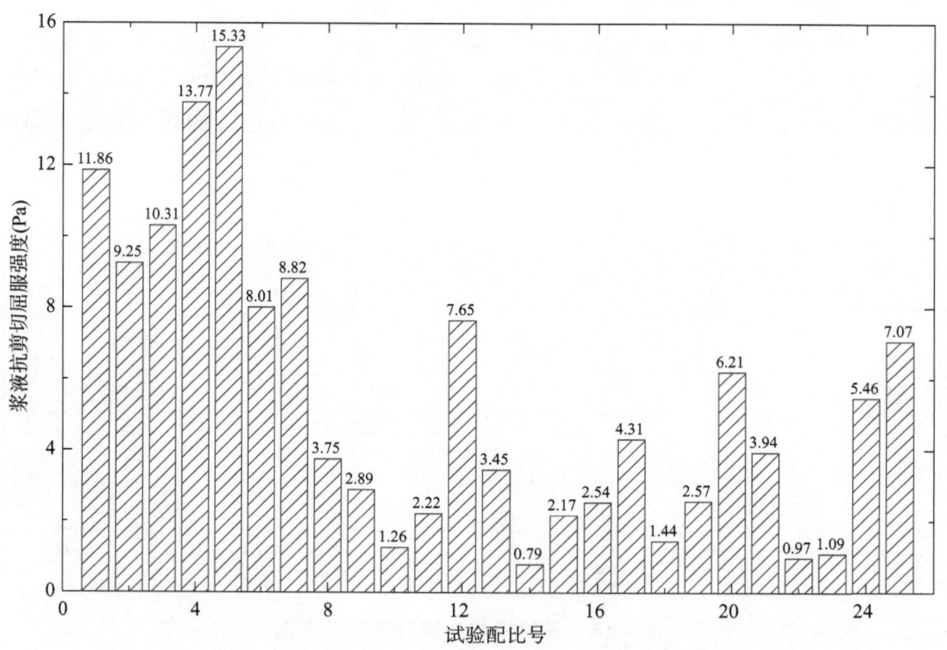

图 5-15 浆液抗剪切屈服强度测试结果

对试验测试结果进行极差分析，分析结果见表 5-18。分析可知水胶比、膨水比、胶砂比、泥灰比、添胶比对浆液抗剪切屈服强度的影响作用逐渐减弱，水胶比起绝对作用。想要改变浆液的抗剪切屈服强度,调节水胶比、膨水比见效较快。

为更清晰地了解浆液抗剪切屈服强度受各因素影响情况,描绘出各因素与浆液抗剪切屈服强度关系图,如图 5-16 所示。由该图可知,在研究范围内,水胶比、添胶比的增大使得浆液的抗剪切屈服强度呈现先减后增的变化趋势,而膨水比的增大使得浆液的抗剪切屈服强度呈现先增后减的变化趋势,胶砂比、泥灰比对浆液抗剪切屈服强度的影响并不清晰。

表 5-18 浆液抗剪切屈服强度极差分析 (单位:Pa)

均 值	因 素				
	A 水胶比	B 胶砂比	C 膨水比	D 泥灰比	E 添胶比
均值 1	12.10	5.71	3.26	5.94	5.16
均值 2	4.95	6.20	5.35	4.39	5.15
均值 3	3.26	4.01	5.88	6.10	4.92
均值 4	3.41	5.10	6.96	6.03	5.75
均值 5	3.71	6.41	5.98	4.97	6.45
极差	8.84	2.40	3.70	1.71	1.53

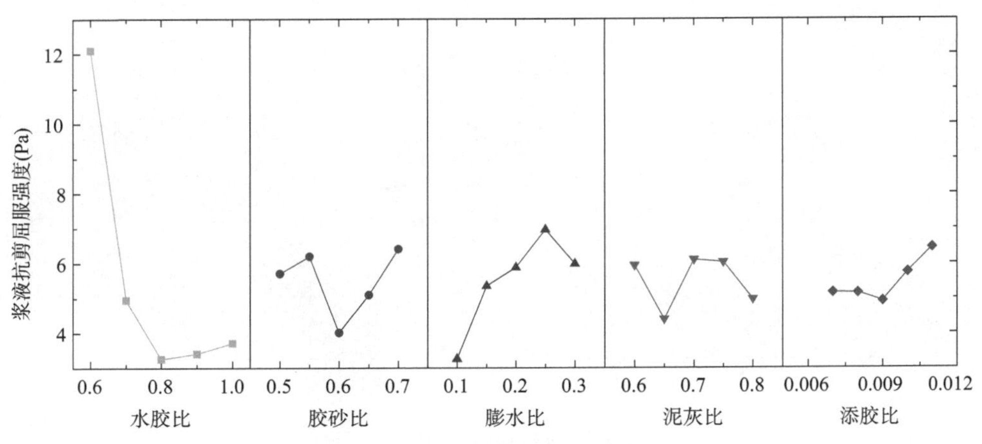

图 5-16 各因素与浆液抗剪切屈服强度关系图

(7)正交试验测得 25 种不同配比同步注浆浆液凝结时间,最小值为 431 min,最大值为 1 052 min,具体结果见表 5-19 和图 5-17。

表 5-19　浆液凝结时间测试值　(单位:min)

配比号	凝结时间	配比号	凝结时间	配比号	凝结时间
1	451	10	476	19	690
2	501	11	604	20	739
3	484	12	618	21	616
4	505	13	431	22	1 051
5	490	14	486	23	1 052
6	546	15	540	24	1 029
7	559	16	572	25	965
8	447	17	548	—	—
9	434	18	674	—	—

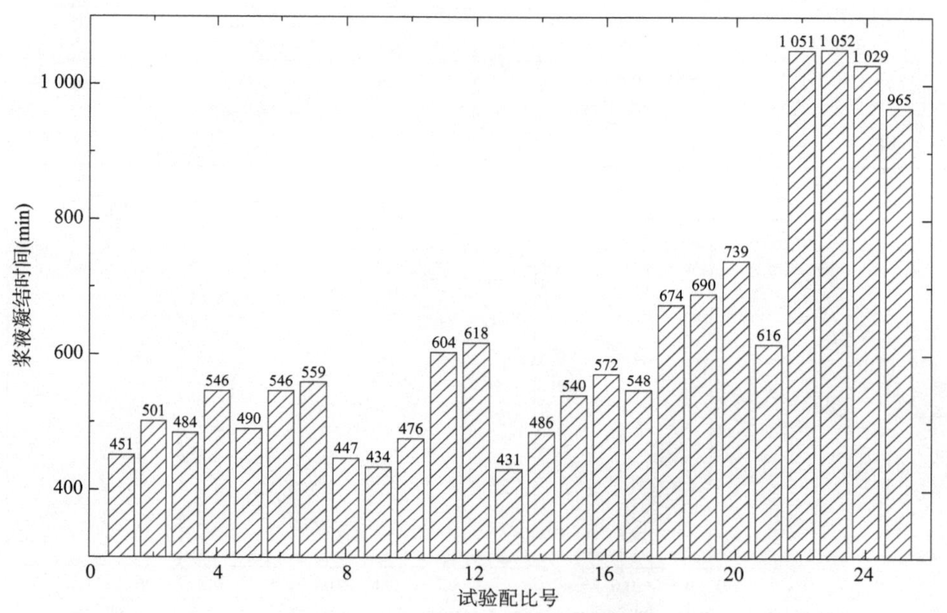

图 5-17　浆液凝结时间测试结果

对试验测试结果进行极差分析,分析结果见表 5-20。分析可知水胶比、膨水比、胶砂比、添胶比、泥灰比对浆液凝结时间的影响作用逐渐减弱,其中水胶比对砂浆的凝结时间起绝对作用。想要调节砂浆的凝结时间,调节水胶比最有效。

表 5-20 浆液凝结时间极差分析 (单位:min)

均值	因素				
	A 水胶比	B 胶砂比	C 膨水比	D 泥灰比	E 添胶比
均值 1	486	558	627	659	608
均值 2	492	655	676	602	610
均值 3	650	618	673	606	574
均值 4	644	629	629	587	653
均值 5	943	642	504	656	665
极差	457	97	172	72	91

为更清晰地了解浆液凝结时间受各因素影响情况,描绘出各因素与浆液凝结时间关系图,如图 5-18 所示。由该图可知,在研究范围内,水胶比的增大使得浆液凝结时间呈现总体上增大的趋势,膨水比的增大使得浆液凝结时间呈现先增后减的变化趋势,添胶比的增大使得浆液凝结时间呈现先减后增的变化趋势,胶砂比、泥灰比对浆液凝结时间的影响趋势不明显。

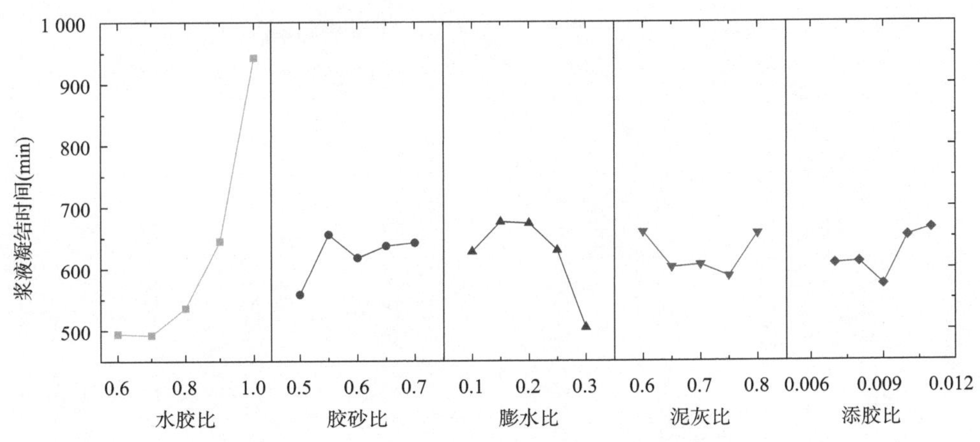

图 5-18 各因素与浆液凝结时间关系图

(8)盾构在全断面淤泥富水地层施工时,注浆浆液会因为水体的影响产生一定的强度损失,以往采用标准养护条件下的浆液立方体抗压强度代表地层中注浆层强度是不合适的,采用水养条件下的浆液立方体抗压强度比较妥当。正交试验测得 25 种不同配比同步注浆浆液的立方体抗压强度(水养),1 d 强度最大值为 1.3 MPa,最小值为 0.2 MPa;28 d 强度最大值为 18.4 MPa,最小值为 5.2 MPa。具体测试结果见表 5-21 和图 5-19。

表 5-21 浆液立方体抗压强度(水养)测试值 (单位:MPa)

配比号	1 d 强度	28 d 强度	配比号	1 d 强度	28 d 强度	配比号	1 d 强度	28 d 强度
1	0.8	13.4	10	0.3	14.7	19	0.4	8.0
2	0.8	15.8	11	0.6	11.5	20	0.3	6.9
3	0.7	16.9	12	0.5	9.7	21	0.3	7.1
4	1.3	18.0	13	0.6	9.0	22	0.4	8.7
5	1.3	18.4	14	0.4	13.5	23	0.2	5.6
6	0.8	12.7	15	0.5	12.0	24	0.2	5.5
7	1.1	14.8	16	0.4	7.7	25	0.2	5.2
8	1.2	13.9	17	0.4	7.5	—	—	—
9	0.7	11.5	18	0.5	10.3	—	—	—

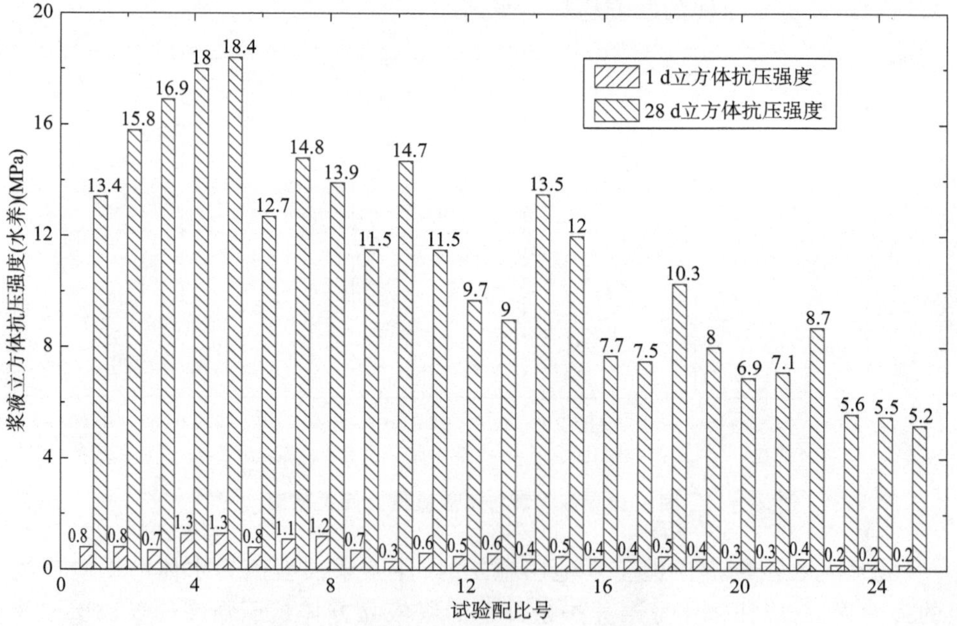

图 5-19 浆液立方体抗压强度测试结果

对试验测得浆液1 d立方体抗压强度(水养)进行极差分析,分析结果见

表 5-22。分析可知,水胶比、泥灰比、膨水比、添胶比、胶砂比对浆液 1 d 立方体抗压强度影响作用逐渐减弱,其中膨水比、添胶比影响作用相当。

为更清晰地了解浆液 1 d 立方体抗压强度受各因素影响情况,描绘出各因素与浆液 1 d 立方体抗压强度关系图,如图 5-20 所示。由该图可知,在研究范围内,水胶比的增大使得浆液 1 d 立方体抗压强度呈现减小的变化趋势,膨水比、泥灰比在一定范围内的增大会使浆液 1 d 立方体抗压强度呈现增大的变化趋势,胶砂比在一定范围内的增大会使浆液 1 d 立方体抗压强度呈现减小的变化趋势,添胶比的增大总体上会使浆液 1 d 立方体抗压强度呈现近似的先减后增的变化趋势。

表 5-22 浆液 1 d 立方体抗压强度(水养)极差分析 (单位:MPa)

均值	因素				
	A 水胶比	B 胶砂比	C 膨水比	D 泥灰比	E 添胶比
均值 1	1.0	0.6	0.5	0.5	0.6
均值 2	0.8	0.6	0.5	0.5	0.5
均值 3	0.5	0.6	0.6	0.5	0.5
均值 4	0.4	0.6	0.7	0.7	0.7
均值 5	0.3	0.5	0.7	0.8	0.7
极差	0.7	0.1	0.2	0.3	0.2

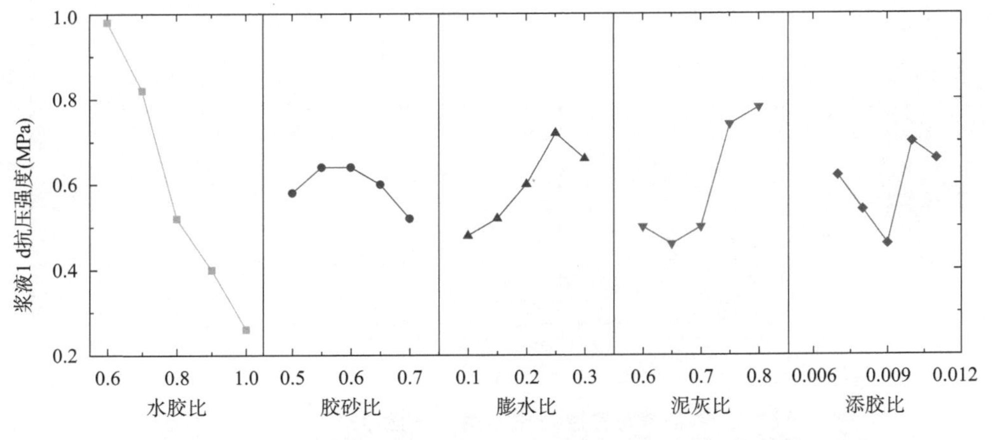

图 5-20 各因素与浆液 1 d 立方体抗压强度(水养)关系图

对试验测得浆液 28 d 立方体抗压强度(水养)进行极差分析,分析结果见表 5-23。分析表明水胶比、泥灰比、膨水比、添胶比、胶砂比对浆液 28 d 立方体抗压强度影响作用逐渐减弱,其中膨水比、添胶比影响作用相当。

表 5-23　浆液 28 d 立方体抗压强度(水养)极差分析　(单位:MPa)

均　值	因　素				
	A 水胶比	B 胶砂比	C 膨水比	D 泥灰比	E 添胶比
均值 1	16.5	10.5	12.1	9.4	10.5
均值 2	13.5	11.3	10.6	10.5	10.3
均值 3	11.1	11.1	11.3	11.2	11.7
均值 4	8.1	11.3	10.9	12.4	11.3
均值 5	6.4	11.4	10.7	12.1	11.8
极差	10.1	0.9	1.5	3.0	1.5

为更清晰地了解浆液 28 d 立方体抗压强度受各因素影响情况,描绘出各因素与浆液 28 d 立方体抗压强度关系图,如图 5-21 所示。由该图可知,在研究范围内,水胶比的增大使得浆液 28 d 立方体抗压强度呈现减小的变化趋势,泥灰比的增大使得浆液 28 d 立方体抗压强度呈现先增后减的变化趋势,胶砂比的增大使得浆液 28 d 立方体抗压强度呈现总体增加的变化趋势,膨水比的增大使得浆液 28 d 立方体抗压强度呈现总体减小的变化趋势,添胶比对浆液 28 d 立方体抗压强度的影响不清晰。

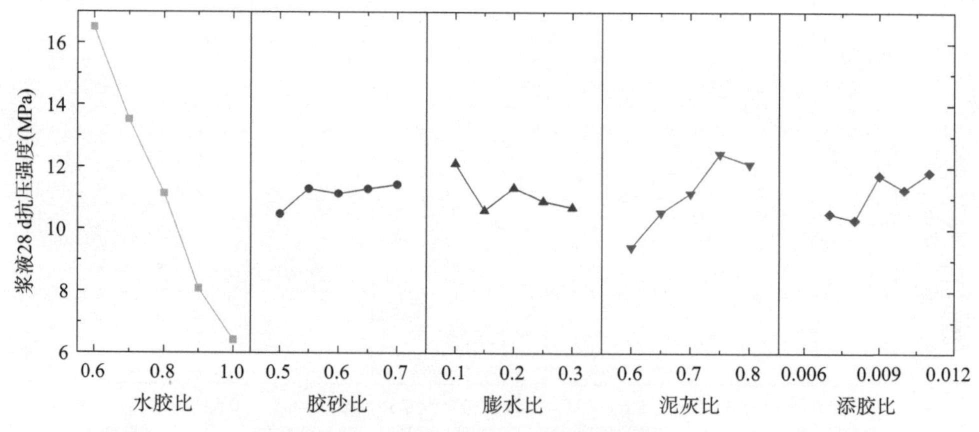

图 5-21　各因素与浆液 28 d 立方体抗压强度(水养)关系图

(9)正交试验测得 25 种不同配比同步注浆浆液的水陆强度比,其中最大值为 0.98,最小值为 0.69,具体结果见表 5-24 和图 5-22。水陆强度比反映的是注浆浆液的抗水分散性,研究水对浆液强度增长的影响。

表 5-24 浆液水陆强度比测试值

配比号	28 d 抗压强度(MPa)		水陆强度比	配比号	28 d 抗压强度(MPa)		水陆强度比
	水养	陆养			水养	陆养	
1	13.4	17.7	0.76	14	13.5	15.6	0.86
2	15.8	21.3	0.74	15	12.0	12.2	0.98
3	16.9	21.3	0.79	16	7.7	11.1	0.69
4	18.0	20.6	0.88	17	7.5	10.0	0.75
5	18.4	19.8	0.93	18	10.3	13.0	0.79
6	12.7	16.2	0.79	19	8.0	10.6	0.76
7	14.8	17.6	0.84	20	6.9	9.9	0.70
8	13.9	16.7	0.83	21	7.1	8.2	0.87
9	11.5	13.5	0.85	22	8.7	9.3	0.93
10	14.7	17.1	0.86	23	5.6	6.5	0.86
11	11.5	12.9	0.89	24	5.5	6.6	0.84
12	9.7	10.4	0.93	25	5.2	6.8	0.78
13	9.0	12.0	0.75	—	—	—	—

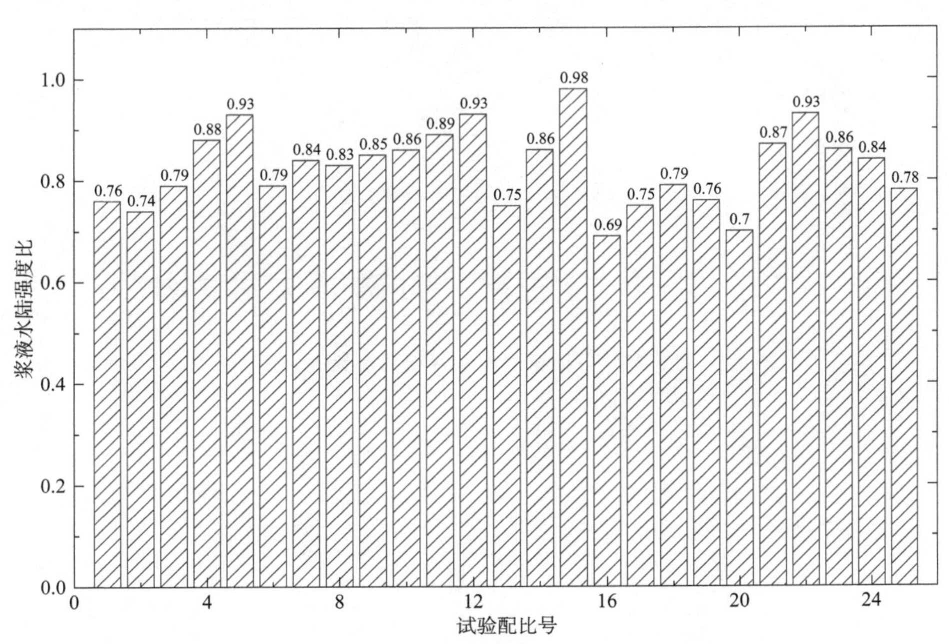

图 5-22 浆液水陆强度比测试结果

对试验测得数据进行极差分析,分析结果见表5-25。分析表明水胶比、泥灰比、膨水比、添胶比、胶砂比对浆液水陆强度比影响作用逐渐减弱,其中膨水比、添胶比影响作用相当。

表5-25 浆液水陆强度比极差分析

均值	因素				
	A水胶比	B胶砂比	C膨水比	D泥灰比	E添胶比
均值1	0.82	0.80	0.84	0.82	0.82
均值2	0.83	0.84	0.81	0.78	0.80
均值3	0.88	0.80	0.82	0.79	0.85
均值4	0.74	0.84	0.82	0.87	0.82
均值5	0.86	0.85	0.83	0.87	0.84
极差	0.14	0.05	0.03	0.09	0.05

为更清晰地了解浆液水陆强度比受各因素影响情况,描绘出各因素与浆液水陆强度比关系图,如图5-23所示。由该图可知,在研究范围内,膨水比、泥灰比的增大会使浆液水陆强度比呈现先减后增的变化趋势,其他因素对水陆强度比的影响关系不清晰。

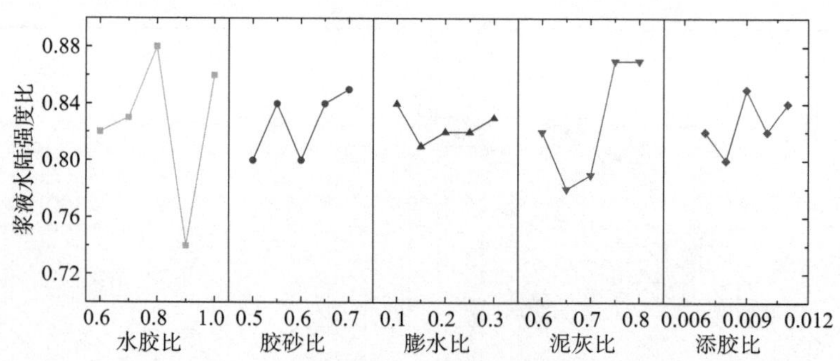

图5-23 各因素与浆液水陆强度比关系图

6 地铁运营隧道辅助保护技术

6.1 一般规定

盾构下穿运营地铁和建筑时应预先评估下穿完成后的隧道结构、轨道结构以及附属设施的安全状态，若附加沉降或荷载无法满足控制要求应采取辅助施工技术保证工程安全。

盾构下穿运营地铁和建筑的辅助施工技术应根据工程地质、周边环境、作业空间，经技术、经济比选后确定。盾构下穿运营地铁和建筑辅助施工技术的应用必须符合《盾构隧道工程设计标准》(GB/T 51438—2021)相关规定。

加固施工必须保证施工人员、既有线运营、施工设备的安全，施工单位应与业主、铁路运营单位等相关部门进一步加强沟通并落实有关既有线施工安全等问题，既有线加固应在新建隧道开挖之前施工完毕。

6.2 地层注浆加固

6.2.1 超前注浆加固

超前注浆加固是一种改善围岩结构，提高围岩整体性和自承能力，降低支护成本，提高支护效果的有效方法，利用浆液把围岩周围的各种弱面充实、重新胶结起来，改善围岩的物理力学性能，从而提高围岩的整体稳定性和抗渗性。在隧道内进行地层超前加固，避免了传统加固方法从地表钻孔注浆的施工过程，极大地降低了施工过程对周围水土环境的影响，尤其避免了对地表设施的破坏。

超前加固注浆时宜采用前进时分段注浆工艺，注浆顺序应按“由外及内、由上到下、间隔跳孔、逐渐加密，先注无水区，后注有水区”的原则进行，以达到控域注浆，挤密加固的目的。

注浆材料以快硬硫铝酸盐水泥单液浆为主，辅助普通水泥—水玻璃双液浆，宜采用超细水泥进行注浆加固。

注浆压力影响注浆效果，其大小决定于涌水压力(静水压力、突水的动压力)、裂隙大小和粗糙度、浆液的性质和浓度、要求的扩散半径等。合理的注浆压力既能避免压力过高造成的不利影响，又能保证浆液的结石强度和不透水性，有利于形成良好的隔水帷幕。注浆加固参数控制应遵循以下规定：

(1)严密监测泵压和流量的变化，若发生吸浆量过大、压力突降或注浆压力长时间不上升，应检查漏浆情况，必要时采用间歇低压注浆，以达到控域注浆目的。

(2)注浆过程中压力突然升高，应及时查找原因，若因浆液凝胶时间过短，则应停用水玻璃，只注水泥浆，待泵压恢复正常后再进行双液注浆。

(3)若钻孔过程中遇到突水、涌泥，则应立即停止钻孔进行注浆，并调整后续钻注分段长度。

(4)注浆结束标准采用定压和定量相结合，以定压为主的原则。

严格按照前进式注浆设计的段长进行分段注浆，不得任意延长分段长度，必要时可进行重复注浆，以确保注浆质量。注浆加固质量应满足如下要求：

(1)按照不少于总注浆孔的10%设计检查孔，检查孔需满足不坍孔、不涌砂等要求，出水量不大于0.1 L/(min · m)。

(2)严格进行注浆效果检查评定，符合要求时才能结束注浆作业。当未达到注浆结束标准时，应进行补孔注浆。

6.2.2 超前管棚加固

超前管棚支护是在拟开挖的隧道、地下洞室等开挖外轮廓周边上，间隔一定的间距，沿洞轴以一定的外插角钻孔，安装惯性矩大的钢管，然后进行注浆固结的一种预支护措施。其工作原理为：(1)通过管棚注浆，使拱顶预先形成加固的保护环。而加固环发挥“承载拱”的作用，承受拱上部的地面荷载和岩层重量，使拱内部围岩仅承受拱部围岩的形变压力，从而创造了理想的开挖条件。(2)当超前管棚沿隧道开挖轮廓周边密布时，加固环的变形变小，传递给隧道支护结构的上部荷载大大减小，同时通过环形固结层与管棚，将拱部围岩的形变应力传递给支撑拱架。由于支撑拱架间的相互连接，形成整体支护，有效地保证了掘进施工和初期支护的安全。

超前管棚是广泛应用于山岭隧道不良地质的地层加固措施，当隧道穿越洞口段，破碎带，松散软弱地层，涌水、涌沙等地段时，管棚及其超前注浆会对隧道的稳定起到保护作用。管棚超前加固可以起到“扁担梁”的作用，盾构施工过程中抑制既有隧道变形。

在新建隧道拱顶与既有线隧道拱底之间布置弧形方向的大管棚，为满足新建隧道掘进限界条件，大管棚应尽量贴近新建隧道拱顶，将穿越施工的扰动区域限定在最小范围，同时根据需要，大管棚可以设置一层或多层。

对于特殊困难地段,隧道施工沿洞口上方环向打入钢管,并且在管内注浆,使钢管与钢管之间、钢管与围岩之间相互固结紧密,形成牢固的棚状支护结构。一般选用直径 70 ~ 180 mm、壁厚 4 ~ 8 mm 的无缝钢管。管棚分为 3 类:短管棚超前支护,钢管长度小于 10 m;大管棚超前支护,用较粗钢管,长度为 10 ~ 45 m;钢插板超前支护,板棚预支护用长度小于 10 m 的钢插板。

管棚钢管纵向沿隧道轴线布设,方向误差不大于 5‰,管棚钢管不得侵入区间盾构开挖范围内,根据精度要求制作管棚导向平台。钢管环向布设间距对防止上方土体塌落及松弛有很大影响,施工中须根据结构埋深、地层情况、周围结构物状况等合理选择,一般采用间距为 2. 0 ~ 2. 5 倍钢管直径。

管棚工作室宜设置在车站基坑内,管棚钻孔于地连墙施作完成后实施,管棚施工完成后应对孔口部位进行微膨胀混凝土封堵。

在管棚施工过程中,应先进行试打管,以验证相关技术参数的合理性;在地面设回灌井和水位观察井,必要时进行回灌。管棚注浆技术参数应经现场试验后的注浆效果确定。

管棚打设精度要求较高,同时注浆对止水作用有限,对于富水圆砾层,每根钢管之间可能存在注浆止水盲区,易造成盾构掘进时形成漏斗导致既有隧道下沉变形超标。

6. 2. 3 超前管幕加固

管幕法起源于日本,主要用于下穿工程,原理与管棚工法类似,属于大刚度管棚,目的是利用小口径顶管设备建造大断面地下空间。具体来说,管幕法是指在拟建隧道开挖面四周利用微型顶管技术将钢管或其他材质的管子顶入土体内部,管子之间采用锁扣连接并注入一定防水材料,形成地下水密闭空间,在周围管幕的保护下,隧道内部进行正常的开挖支护作业,并直到管幕段开挖贯通。根据隧道断面形状与地层土体情况,管幕可分为不同形状,包括半圆形、圆形、门字形、口字形等,均可以起到在隧道开挖时减小对地层扰动的作用,达到开挖时不影响地面活动,尤其在隧道埋深浅、断面大、地质条件较为复杂的情况时,管幕法的应用相较于其他工法具有无可比拟的优势。

管幕直径相对较大,主要适用于长距离下穿既有铁路线及既有轨道交通超前预支护工程。施工方法主要有跟管钻进法、拉管法、水平定向螺旋顶进法、微型盾构法。管幕铺设精度要求较高,管幕施工过程必须控制地层变形,一般先用无线导向仪进行导向孔施工,再采取挤扩拉管法进行管幕钢管铺设。

顶进施工中,应用减阻泥浆是减小顶进阻力的重要措施。顶进时通过顶管机铰接处及管节上预留的注浆孔,向管道外壁压入一定量的减阻泥浆,在管道四周外围形成一个泥浆套,改变原来的干摩擦状态,减小管节外壁和土层间的摩阻力,从而达到减小顶进力目的。减阻泥浆的性能要求相对稳定,施工期间要求泥浆不失水、不沉淀、不固结,既要有良好的流动性,又要有一定的稠度和足够的运动黏滞度,保证支撑、润滑双重作用。顶进施工前要做泥浆配合比试验,找出适合于施工的最佳泥浆配合比。

顶进时,顶管机尾部的压浆孔要及时有效地跟踪压浆,始终保持顶进过程中环状间隙泥浆压力大于土应力,对周围土体起到支撑作用,确保形成完整有效的泥浆套。为使顶管进出洞口不发生水土流失,应在进出洞口安装可靠的止水装置。管幕施工前,在前方工作面用混凝土浇筑衬墙,并在钢管入口处预留入洞口,洞口外安装有钢压环及压板。洞口外侧预留两道凹口,做两道止水圈,前一道止水圈是充气的,后一道是普通的橡胶止水圈。充气式止水圈平时不用,当第二道磨损需要更换时,对第一道充气起到止水作用就可以更换第二道橡胶止水圈。在出洞侧工作坑中预留出洞口,盾构机直接钻穿或人工凿除洞口护壁层,机头快速出洞。准备好棉纱等封口材料立即封堵空隙,开始注水泥浆充填管外环状间隙。

正常顶进条件下,顶进速度应设定为 5 cm/min 左右;如正面遇到障碍物或地基加固土,顶进速度应低于 1 cm/min。通过入洞口的凹口限制,并通过不断改变刀盘旋转方向即能防止机头旋转。管幕顶进过程中,对管外浆液泄漏危险主要采取以下应急措施:各注浆孔通过单向阀和节门形成双保险;顶进接近设计长度时,在接收洞口提前安排专人进行孔口密封与接收工作;在进出洞口准备一定数量废棉絮或棉纱,出现漏浆立即进行封堵,然后进行进一步密封处理;严格质量验证检查,确保孔口密封圈的密封效果。

管幕顶进结束后需选用流动性良好的 C30 混凝土及时对管内进行充填注浆,既可以增强管幕、滑轨刚度,又能防止钢管锈蚀后造成地面沉降。考虑到钢管较长,又处于水平状态,要达到管内混凝土灌注饱满有较大难度,因此在管内混凝土凝固后,由管道两端上部的空隙中向管内压注水泥浆并适当进行补注浆,确保管内充填密实。

管幕法是一种独特的地下空间建设方法,先让钢管提前插入土体,紧密排列形成一个具有支撑作用的钢管帷幕,在它的保护范围下进行施工,从而建造大断面的地下空间。管幕法是一种安全可靠的地下暗挖技术。管幕作为穿越道路、铁路、结构物、机场等的非开挖技术,可以大大降低施工对地面活动及其他地下设施与管道的影响,具有施工时无噪声、无振动、无须降低地下水位和大开挖不影响城市道路正常通行、可以有效控制地面沉降以及降低对周围环境的影响等优点。

6.2.4 地面注浆加固

地面加固主要通过打设竖向或斜向袖阀管对穿越区域进行注浆加固。袖阀管地层注浆加固为穿越工程中最为普遍的一种辅助处理措施,既可以在地表进行加固,也可以在既有线隧道洞内进行加固,同时可以在既有线施工前加固,也可以在既有线实施后加固,处理方式较为灵活。袖阀管注浆施工工艺如下:

(1)测量放样、钻机就位:在注浆施工前应该在指定位置预留注浆孔。注浆孔的位置要求严格,必须用水准仪、全站仪及卷尺等测量工具按要求定位,并编注每个注浆孔位置、孔径等信息,方便以后进行检查及复核。注浆孔布置好以后,准备用钻机在预定注浆孔位置钻孔。

(2)钻孔:注浆孔位置及监控量测点布置好后,用钻机进行钻孔作业。钻孔时要求钻机机身基本水平,钻孔垂直偏差小于1%,并保证注浆孔的深度、孔径以及位置等符合设计施工要求。

(3)灌注套壳料:成孔后立即灌注套壳料。套壳料在压力的作用下,通过钻杆进入钻孔底部,随着套壳料的进入,泥浆从地面孔口被置换出来。套壳料从孔口位置溢出表示灌注套壳料完毕。

(4)安设袖阀管:上一步完毕后,根据施工规范下注浆袖阀管。因套壳料的填充下管阻力较大,可以在袖阀管中灌入适当清水,以缓慢压管入孔,直至钻孔深度。

(5)注浆:注浆施工十分复杂,其过程主要是挡浆活塞、钻孔壁、套壳料、橡皮阀、出浆孔以及射浆孔的联动作用。

在注浆压力的作用下,浆液通过两组栓塞的中间经喷射口胀开橡皮套阀进入需要注浆加固的土体中,在注浆管周围的土层以及土体中形成注浆固结体,对土体及地层起到加固作用,从而达到土体加固、补偿建(构)筑物沉降的目的。当注浆效果达到技术要求时,停止注浆上提一段,进行下一段注浆,即逐段分层注浆,直至完毕全部注浆作业。

袖阀管注浆过程中注意对既有隧道的保护,控制注浆压力。地面注浆孔应梅花形布置,浆液扩散半径不小于0.7 m。钻孔和注浆顺序先外围后内部,从外围进行围、堵、截,内部进行填、压。

采用斜向袖阀管有一定加固盲区,而且加固盲区在既有线正下方即盾构穿越过程中最为敏感区域。虽然对加固盲区可采用定向钻钻孔注浆进行补充,但在富水圆砾层中定向钻施工较为困难,精度难以控制,盲区不易消除。

在注浆过程中,发生浆液从其他孔流出的现象称为串浆。发生串浆时,在有多台注浆机的条件下,应同时注浆,无条件时应将串浆孔及时堵塞,轮到该管注浆时,再拨下堵塞物,用铁丝或细钢筋将管内清除并用高压风或水冲洗(拨塞后向外流浆的注浆管不必进行此工序),然后再注浆。

单液注水泥浆压力突然升高,则可能发生堵管,应停机检查;当堵管时,要敲打或滚动以疏通注浆管,无法疏通时要补管。水泥与水玻璃双液注浆压力突然升高,则关停水玻璃泵，进行单液注浆或注清水，待泵压正常时，再进行双液注浆。

水泥浆单液或水泥与水玻璃双液注浆进浆量很大，压力长时间不升高，则应调整浆液浓度及配合比，缩短凝胶时间，进行小泵量低压力注浆或间歇式注浆，使浆液在裂隙中有相对停留时间，以便凝胶，但停留时间不能超过混合浆的凝胶时间。

关于注浆加固范围，可以为两线隧道夹土体区域，也可以为夹土体与先期隧道洞身范围，应注意尽量避免先期隧道洞身范围由于加固注浆形成复合地层。

由于注浆施工中存在地层复杂性、注浆浆液流动性等困难，在严格工艺控制的同时必须重视过程控制，施工中一般采取以下措施以保证注浆质量：

(1)注浆施工前应该通过室内试验和现场试验模拟实际的注浆过程，以确定压力泵的加压大小、注浆孔径以及注浆量等，从而保证注浆效果良好，建(构)筑物沉降及应力符合施工规范。

(2)注浆施工原则：先外后内，逐次加密。为防止注浆浆液扩散过远，外侧注浆孔的注浆量以及注浆压力不宜太大，中间注浆孔则要保证足够的注浆压力，直到不吸浆为止。

(3)注浆量过大但邻近孔没有反应时，可采用“间歇定量分序注浆法”注浆，以控制注浆浆液扩散范围、提高注浆效果。

(4)每次注浆施工完毕后，袖阀管应该用水冲洗干净，以清理管内残余浆液，提高注浆效果及质量，同时，方便下次注浆。

6.2.5 水平旋喷法(含 MJS 工法)

隧道水平旋喷法是利用钻机把带有喷嘴的注浆管钻进至土层的预定位置后，以高压设备使浆液或水成为 20 ~ 70 MPa 的高压射流从喷嘴中喷射出来，冲击破坏土体，同时钻杆以一定的速度向外退出，将浆液与土颗粒强制搅拌混合，并通过物理、化学变化形成不同形状的胶结体，以达到防渗和加固的目的。旋喷直径一般控制在 0.5 ~ 1.0 mm，根据不同的地层可进行调压确定。水平旋喷桩预加固机理是在洞内开挖面前方沿隧道开挖轮廓，利用水平旋喷按设计间距钻孔，当钻至设计长度后，高压泵开始输送高压浆液，同时钻头一边旋转一边后退，使浆液从钻头处的喷嘴中高速射出，射流切割下的砂、土体与喷出的浆液在射流的搅拌作用下混合，最后凝固成旋喷柱体，相邻柱体之间环向咬合，在开挖面前方形成整体性较好的旋喷拱。由于高压射流对固结体周围砂、土体具有挤压和渗透作用，固结体周围土层的物理力学性能得到显著改善。

水平旋喷法加固效果直观，浆液固结强度高，适用于处理淤泥、黏性土、粉土、黄土、砂土、人工填土和碎石土地等地层。当土中含有较多的大粒径块石、坚硬黏性土、大量植物根茎或有过多的有机质时，应根据现场试验结果确定适用性；对地下水流速过大和富水的工程,应慎重使用。

在旋喷过程中往往有一定数量的土颗粒随着一部分浆液沿着注浆管壁冒出。通过对冒浆的观察,可以及时了解地层情况,判断旋喷的大致效果和评定旋喷参数的合理性等。根据经验,冒浆量小于注浆量的 20% ~ 30% 为正常现象;超过 30% 或完全不冒浆时,应查明原因并及时采取措施。冒浆量过大的主要原因是有效喷射范围内注浆量大大超过旋喷固结所需浆量,可采用提高喷射压力(喷浆量不变)或适当缩小喷嘴直径(喷射压力不变),加快提升和旋转速度等措施。

当旋喷流量不变而压力突然下降时,应检查各部位的漏浆情况,必要时拔出注浆管检查密封性能。出现不冒浆或断续冒浆时,若系土质松散则视为正常现象,可适当进行复喷。若系附近有空洞,则可继续注浆或拔出注浆管待浆液凝固后重新注浆至冒浆为止,或采用速凝浆液使浆液在注浆管附近凝固。

由于旋喷注浆是采用高压浆液与土体充分搅拌后形成的复合地层,浆液压力一般不小于 20 MPa,因此建议旋喷桩在既有线隧道施工前实施。在重大风险源地段应用,如穿越既有线工程,应注意 MJS 工法喷射压力在 40 MPa 左右,应控制好加固范围以及对既有隧道的不利影响。

6.2.6 运营隧道洞内注浆技术

洞内注浆应对以“保护既有隧道”质量为原则,结合现场试验的情况,重点要防止既有隧道因注浆引起的管片姿态超限、防止管片新增渗漏水和错台及破损情况。

二次注浆孔采用管片的注浆预留孔。为防止地下承压水渗漏,应先将防喷装置安装在预留孔中,并接上单向球阀,直接将注浆无缝钢管打入到设计深度。

注浆范围宜为运营隧道区间与新建隧道交界点 10 m 范围内,通过管片腰部、底部注浆孔进行动态补偿注浆,并应遵循十二字方针“对称低压、多注少量、密集量测。”

注浆使用双液注浆泵,注浆前凿穿管片吊装孔外侧保护层,安装专用 Y 型注浆接头,浆液材料宜采用水泥—水玻璃双液浆。注浆过程中应注意如下事项:

(1)注浆作业应以压力控制为主,注浆量控制为辅,施工中严密监测隧道变形情况,结合隧道变形调整注浆压力。

(2)如果注浆压力变化异常、注浆量变化异常、设备异常以及注浆时隧道出现偏移、上浮或浆液从管片泄漏时应立即停止,分析原因采取措施后方可继续作业。

(3)注浆结束应及时按盾构操作规程将注浆设备及管路清洗干净。在注浆过程中被浆液污染的地方,要及时清理,清洗。

(4)当管道内的压力未降至零时,严禁拆卸管路。

(5)注浆施工过程中,注意对自动化监测点的保护,不应扰动监测点棱镜。

6.3 隔断法

隔断法主要是在新旧隧道之间土体设置钢板桩、搅拌桩、地下连续墙等形成隔断结构物,从而减小土体扰动向既有隧道的传递,降低盾构隧道掘进对既有隧道的影响,保证既有隧道在盾构隧道掘进过程中的安全性与稳定性。适用于埋深较大且在施工主要影响区域内的隧道。

隔断法较多用于粉、砂性土或结构物基础较浅等复杂地质条件和环境条件下隧道的开挖。根据地面的施工条件,隔断桩墙一般有以下两种施工方式:若地面条件允许,直接从地面向下打设隔离桩或通过竖向深孔注浆,地层内浆脉之间的咬合形成连续墙结构;若地面条件不允许,隔断桩可通过地表以下开挖小断面导洞创造施工条件,待隔断桩施作完成后用强度等级较低的素混凝土进行回填,导洞与隔离桩一起共同构成地下围护结构,隔断桩墙主要采用密排钻孔灌注桩、高压旋喷桩、树根桩等保护方式。

钻孔灌注桩的特点是桩的强度和刚度好,比较安全可靠,同时钻孔桩施工以后桩身强度成长快,施工过程中对原有建筑物影响很小,缺点是由于场地限制只能选用较小的设备作业,速度较慢。

高压旋喷桩的特点是施工设备灵巧,速度快,施工中对建筑物影响小,成本比钻孔灌注桩低,但其强度较低,为 4 ~ 8 MPa,施工后桩身强度成长慢。

树根桩特点是成本低,施工设备较小,施工时对原有建筑物影响小,但由于桩小,隔断效果较差。

隧道邻近结构物施工工程中,钻孔灌注桩和高压旋喷桩单独作为隔断桩墙应用较为普遍,也可进行组合应用。但树根桩因其桩径小,刚度小,隔断效果差,不单独使用,一般结合压密注浆法对邻近结构物进行隔断保护。

钻孔灌注桩和高压旋喷桩作为隔断柱墙有其自身的特点:①采用钻孔灌注桩时,一般密排布置,同时为防止隔断桩墙侧向位移,在桩墙顶部构筑冠梁连接,桩的布置深度一般是地表至隧道底部以下;②采用旋喷桩时,一般布设单排或多排旋喷桩,通过桩间咬合形成连续墙结构,由于其自身施工工艺的特点,可选择隔断桩墙加固深度,阻断隧道开挖对柱基的主要影响区域的土体变形。

隔断法由于隔断效果明显,能有效地保护邻近建筑物的安全,在城市地铁工程中得到广泛应用,尤其是在区间隧道穿越重要的建筑物如各种桥基、文物保护性建筑、高层建筑物等,并且在地面上有隔断施作条件时,是首要的保护措施。

6.4 洞内管片加固

洞内加强既有隧道刚度手段主要有两种，一是采用钢板、钢环、套拱等对既有隧道结构进行补强加固，提高穿越段管片整体刚度及抵抗不均匀变形能力。二是在既有隧道洞内壁后注入高强浆液，通过充分发挥注浆层的约束作用提高既有隧道刚度。下面以钢环加固为例说明加固工艺。

钢环加固施工工艺主要分为 3 个阶段：第 1 阶段可利用人工作业点进行道床凿除、管线改排及环纵缝处理工作。第 2 阶段需在工程车作业点使用机械手平板车依次对牛腿、环板及顶板，采用由下至上的原则进行拼装。第 3 阶段可在人工作业点施工，首先将紧邻的两块钢板进行焊接，使每环钢板连接成整环钢圈；然后对钢圈与管片之间的间隙灌注刚性环氧树脂进行填充，使钢圈与管片黏结形成良好的受力整体；最后在钢环表面喷涂聚脲弹性体涂层进行防腐，以保证钢环的长久使用性。

管片加固上，提高加固材料的刚度可明显增加衬砌的刚度和承载力已成为共识，而提高加固材料厚度是提高其刚度最有效的方法。因此，套拱加固是提高衬砌强度和整体刚度优势最明显的方法，其次为波纹钢加固法，再次为粘贴钢板法，而粘贴纤维布法更多应用于衬砌的局部补强和张拉裂缝的抑制。具体而言，套拱加固法的施工工艺和流程复杂，对交通扰动大。另外，套拱结构一般采用混凝土材料，厚度大，对隧道衬砌建筑限界影响最明显。因此，套拱主要用于加固矿山法隧道衬砌，有关其加固盾构隧道的研究未见报道。波纹钢加固法和粘钢法可以明显提高衬砌的整体强度和刚度，施工也较为方便。由于加固用钢重度大，波纹钢加固法和粘钢法主要存在以下缺点：①施工需要大型机械设备，对场地的要求比较高。②增加结构的自重。③为保证波纹钢、钢板与被加固构件的有效黏结，需要大量的额外锚固措施，对混凝土结构会造成二次损伤，锚孔也往往成了结构的薄弱环节。④影响建筑限界，特别是波纹钢加固法。受限于建筑限界要求，波纹钢加固法也尚未在盾构隧道中得到应用。

6.5 加固区范围影响分析

在新建隧道下穿既有线隧道时，不同的加固区尺寸会使得既有线隧道产生不同的力学响应，所以造成的沉降也不同。为了选取合适的加固区尺寸，达到既安全又经济的效果，建立不同的工况尺寸进行建模分析，探究既有线隧道的沉降规律。

6.5.1 模型构建

1. 模型尺寸

在均匀粉质黏土地层条件下,既有线隧道、新建隧道均为单孔圆形盾构隧道,开挖洞径 D 均为 6 m,管片的厚度均为 0.3 m,管片的宽度均为 1.5 m,与实际管片相同。上下隧道净距为 2.5 m,在既有线隧道中线位置处,垂直下穿。既有线隧道覆土厚度 8.5 m,长度取 120 m,新建隧道开挖长度为 102 m。最终建立的数值模型长 120 m(X 方向),宽 102 m(Y 方向),高 40 m(Z 方向)。该模型有 133 121 个网格节点,754 136 个网格单元。模型地层采用实体单元,用 Mohr-Coulomb 材料进行模拟;隧道管片衬砌均采用实体单元,用弹性材料进行模拟。既有线隧道(上)、加固区、新建隧道(下)的相对位置关系如图 6-1 所示。

图 6-1 既有线隧道、加固区、新建隧道的相对位置关系

2. 边界效应

模型的上表面为自由边界,其余各表面约束其法向约束。左右侧面约束(U_x)水平方向的自由度;前后侧面约束(U_y)水平方向自由度,而释放其垂直方向的自由度,以此模拟土层的沉降;模型底部表面为固定边界。

3. 开挖

施工方法为盾构开挖,循环进尺为 3 m。

4. 围岩的物理力学参数

围岩的物理力学参数见表 6-1。

表 6-1 围岩参数表

材　　料	弹性模量 E(MPa)	重度 γ(kN/m^3)	泊松比 β	黏聚力 c(kPa)	内摩擦角 φ(°)
粉质黏土	20	18	0.25	22	16

5. 管片物理力学参数

管片采用 C50 高强度混凝土制成。考虑管片接头及错缝拼装的影响,对管片刚度进行折减,折减系数取 0.2。管片物理力学参数见表 6-2。

表 6-2 管片参数表

材　　料	弹性模量 E(MPa)	重度 γ(kN/m^3)	泊松比 β
C50 混凝土	7 000	25	0.2

6. 加固区物理力学参数

加固区物理力学参数见表 6-3。

表 6-3 加固区参数表

材　　料	弹性模量 E(MPa)	重度 γ(kN/m^3)	泊松比 β
水泥浆	45	19	0.23

6.5.2 模型工况

设置加固区宽度(新建隧道方向)为 1.0D 不变,改变加固区厚度(地层方向)为 0.5D ~ 1.5D 或者改变加固区的长度(既有线隧道方向)为 1.0D ~ 2.5D,分析 12 种加固区的尺寸对于新建隧道开挖时对既有线隧道沉降的影响。具体的工况情况见表 6-4。

表 6-4 计算工况

方　　案	工　　况	厚度(m)	宽度(m)	长度(m)
Ⅰ	1	0.5D	1.0D	1.0D
	2	1.0D	1.0D	1.0D
	3	1.5D	1.0D	1.0D
Ⅱ	4	0.5D	1.0D	1.5D
	5	1.0D	1.0D	1.5D
	6	1.5D	1.0D	1.5D
Ⅲ	7	0.5D	1.0D	2.0D
	8	1.0D	1.0D	2.0D
	9	1.5D	1.0D	2.0D
Ⅳ	10	0.5D	1.0D	2.5D
	11	1.0D	1.0D	2.5D
	12	1.5D	1.0D	2.5D

6.5.3 计算结果

1. 方案Ⅰ

工况 1 模型计算得到既有线隧道沉降云图如图 6-2(a)所示,最大沉降为

8.646 mm；管片轴向应力如图 6-2(b)所示，最大拉应力为 0.142 MPa，最大压应力为 1.165 MPa。工况 2 模型计算得到既有线隧道沉降云图如图 6-2(c)所示，最大沉降 8.084 mm，管片轴向应力分布如图 6-2(d)所示，最大拉应力为 0.129 MPa，最大压应力为 1.115 MPa。工况 3 模型计算得到既有线隧道沉降云图如图 6-2(e)所示，最大沉降为 7.854 mm；管片轴向应力分布如图 6-2(f)所示，最大拉应力为 0.112 MPa，最大压应力为 1.105 MPa。以上三种工况既有线隧道沉降值均符合沉降要求 10 mm 和管片抗拉设计强度小于 C50 混凝土轴心抗拉强度设计值 f_t = 1.90 MPa、抗压设计强度小于 C50 混凝土轴心抗压强度设计值 f_c = 23.0 MPa 的要求。

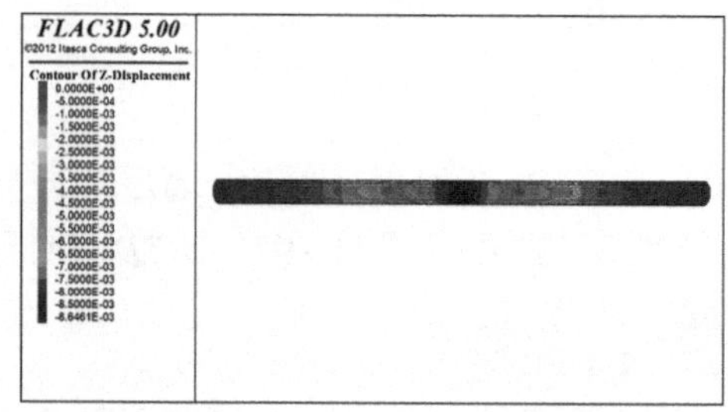

(a)工况 1 既有线隧道沉降云图(单位：m)

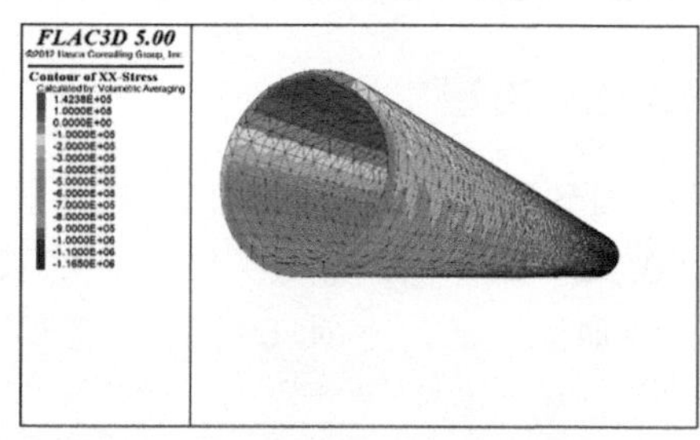

(b)工况 1 既有线隧道应力分布云图(单位：Pa)

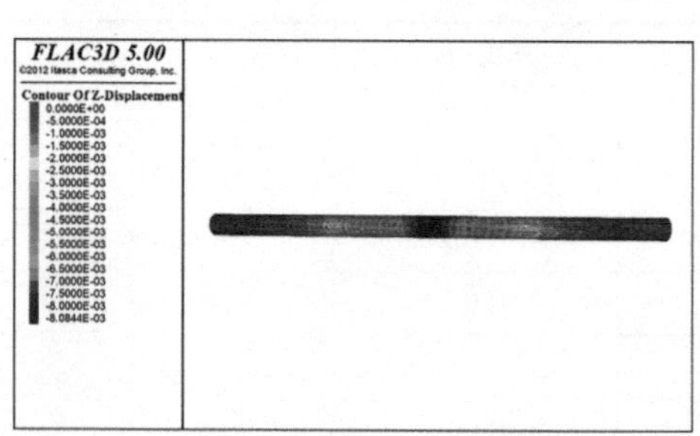

(c)工况 2 既有线隧道沉降云图(单位：m)

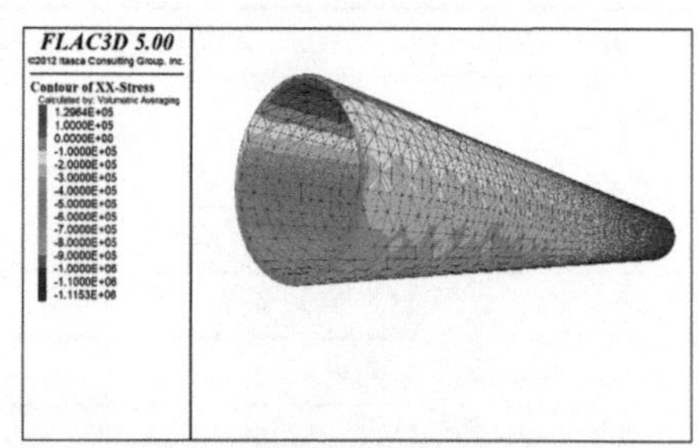

(d)工况 2 既有线隧道应力分布云图(单位：Pa)

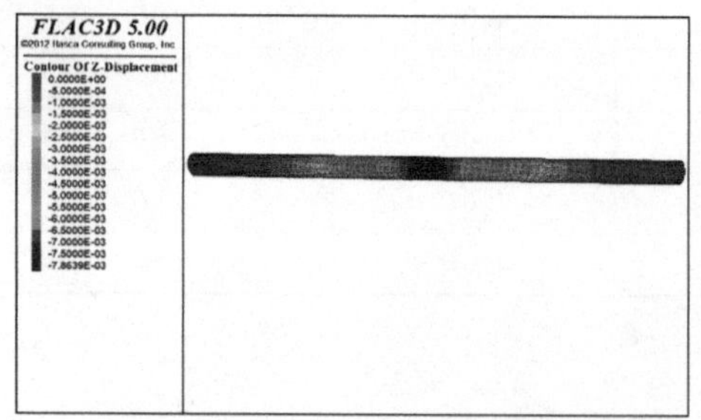

(e)工况 3 既有线隧道沉降云图(单位：m)

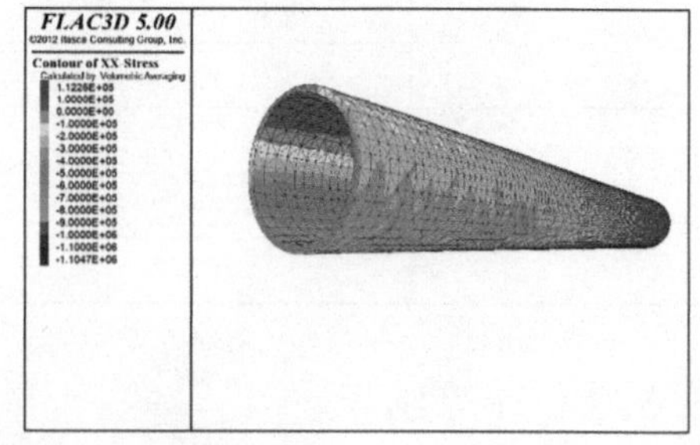

(f)工况 3 既有线隧道应力分布云图(单位：Pa)

图 6-2 方案Ⅰ既有线隧道沉降、应力分布云图

2. 方案Ⅱ

工况 4 模型计算得到既有线隧道沉降云图如图 6-3(a)所示,最大沉降为 8.499 mm;管片轴向应力如图 6-3(b)所示,最大拉应力为 0.142 MPa,最大压应力为 1.159 MPa。工况 5 模型计算得到既有线隧道沉降云图如图 6-3(c)所示,最大沉降为 7.650 mm;管片轴向应力分布如图 6-3(d)所示,最大拉应力为 0.128 MPa,最大压应力为 1.080 MPa。工况 6 模型计算得到既有线隧道沉降云图如图 6-3(e)所示,最大沉降为 7.216 mm;管片轴向应力分布如图 6-3(f)所示,最大拉应力为 0.159 MPa,最大压应力为 1.058 MPa。以上三种工况既有线隧道沉降值均符合沉降要求 10 mm 和管片抗拉设计强度、抗压设计强度的要求。

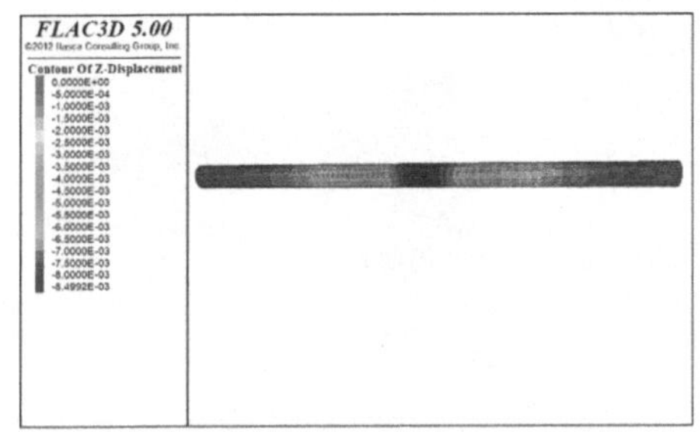

(a)工况 4 既有线隧道沉降云图(单位:m)

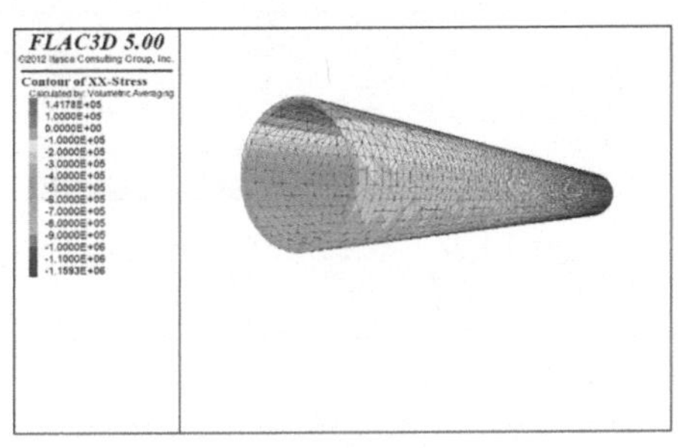

(b)工况 4 既有线隧道应力分布云图(单位:Pa)

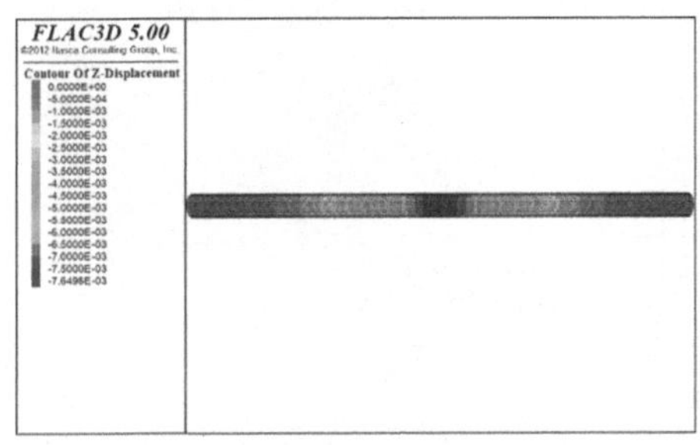

(c)工况 5 既有线隧道沉降云图(单位:m)

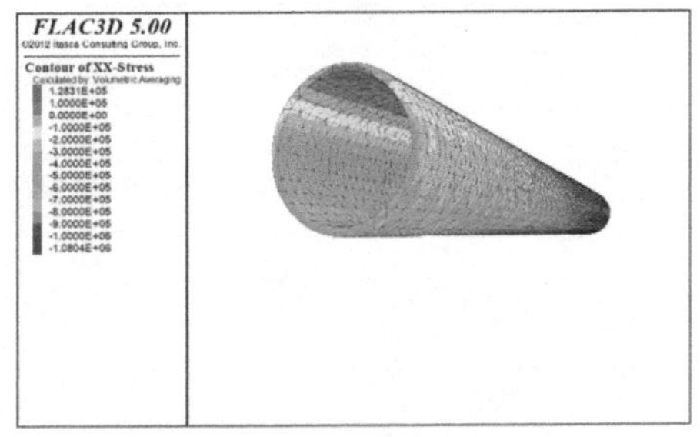

(d)工况 5 既有线隧道应力分布云图(单位:Pa)

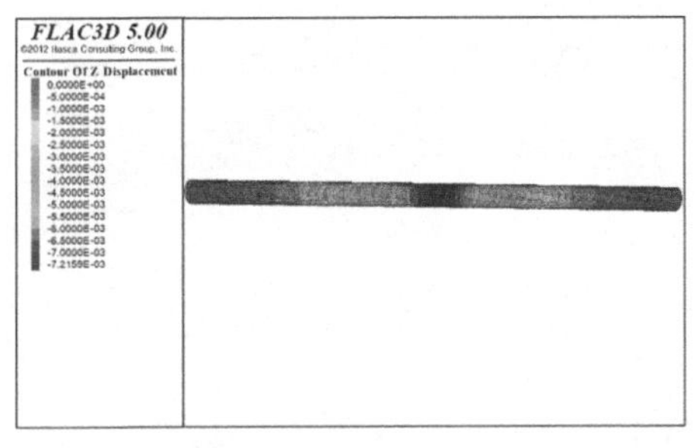

(e)工况 6 既有线隧道沉降云图(单位:m)

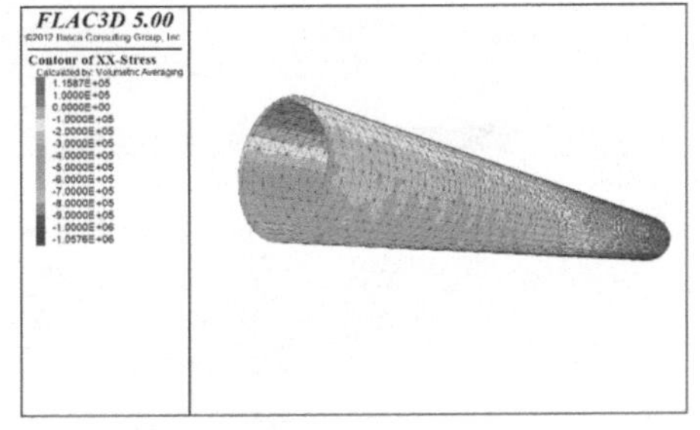

(f)工况 6 既有线隧道应力分布云图(单位:Pa)

图 6-3 方案Ⅱ既有线隧道沉降、应力分布云图

3. 方案Ⅲ

工况 7 模型计算得到既有线隧道沉降云图如图 6-4(a)所示,最大沉降为 8. 240 mm;管片轴向应力如图 6-4(b)所示,最大拉应力为 0. 147 MPa,最大压应力为 1. 135 MPa。工况 8 模型计算得到既有线隧道沉降云图如图 6-4(c)所示,最大沉降为 7. 260 mm;管片轴向应力分布如图 6-4(d)所示,最大拉应力为 0. 120 MPa,最大压应力为 1. 075 MPa。工况 9 模型计算得到既有线隧道沉降云图如图 6-4(e)所示,最大沉降为 6. 827 mm;管片轴向应力分布如图 6-4(f)所示,最大拉应力为 0. 108 MPa,最大压应力为 1. 058 MPa。以上三种工况既有线隧道沉降值均符合沉降要求 10 mm 和管片抗拉设计强度、抗压设计强度的要求。

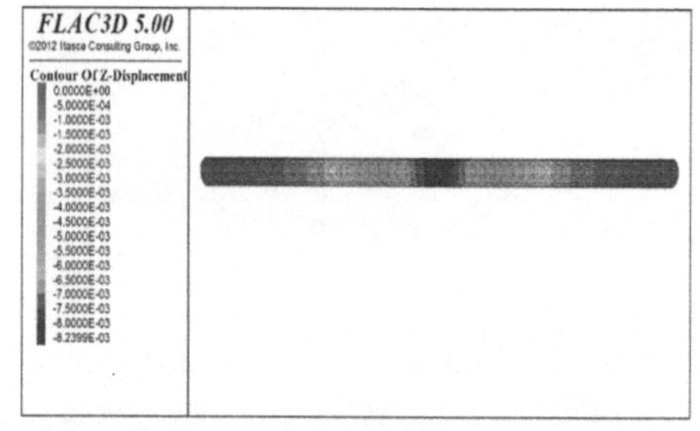

(a)工况 7 既有线隧道沉降云图(单位:m)

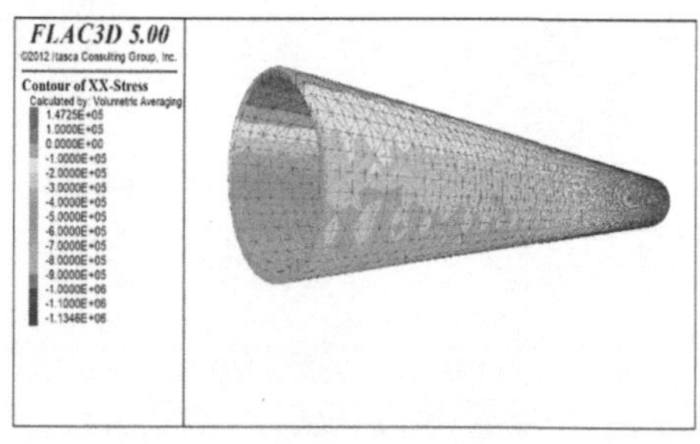

(b)工况 7 既有线隧道应力分布云图(单位:Pa)

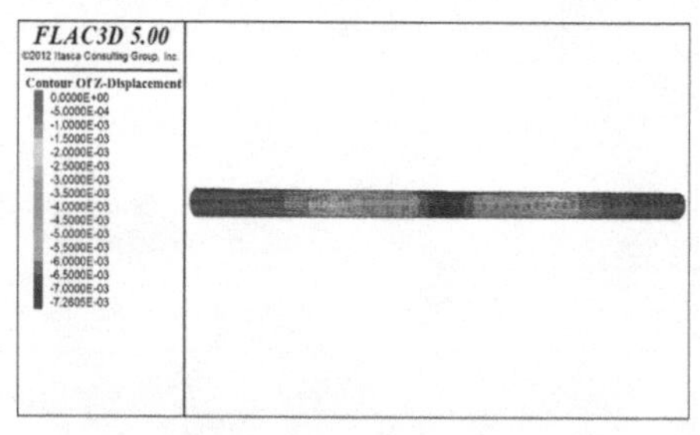

(c)工况 8 既有线隧道沉降云图(单位:m)

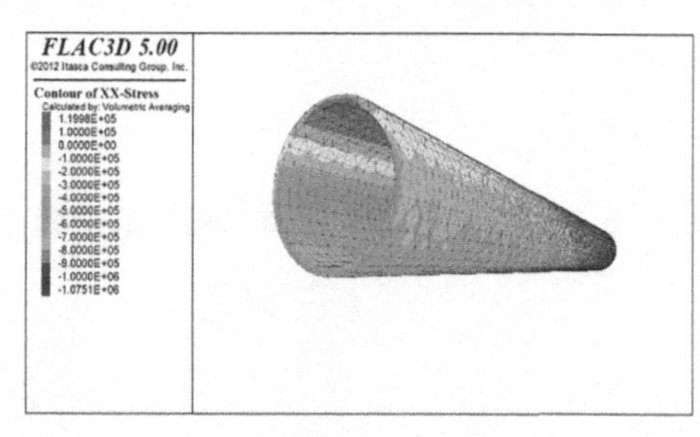

(d)工况 8 既有线隧道应力分布云图(单位:Pa)

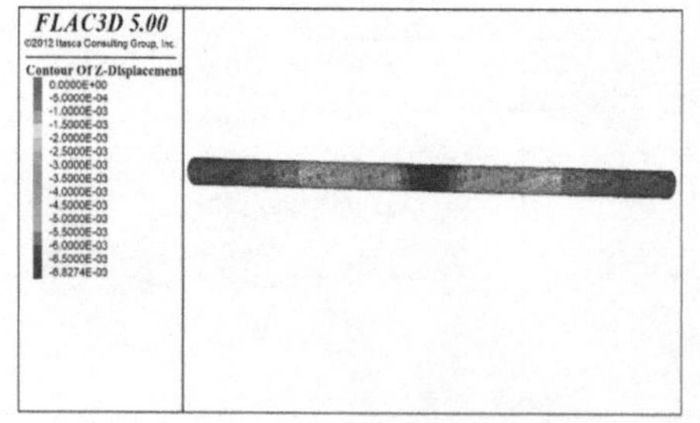

(e)工况 9 既有线隧道沉降云图(单位:m)

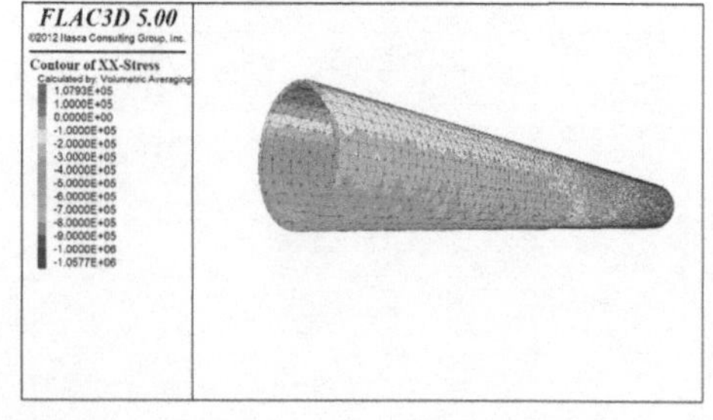

(f)工况 9 既有线隧道应力分布云图(单位:Pa)

图 6-4 方案Ⅲ既有线隧道沉降、应力分布云图

4. 方案Ⅳ

工况 10 模型计算得到既有线隧道沉降云图如图 6-5(a)所示,最大沉降为 8.249 mm;管片轴向应力如图 6-5(b)所示,最大拉应力为 0.137 MPa,最大压应力为 1.157 MPa。工况 11 模型计算得到既有线隧道沉降云图如图 6-5(c)所示,最大沉降为 7.272 mm;管片轴向应力分布如图 6-5(d)所示,最大拉应力为 0.121 MPa,最大压应力为 1.090 MPa。工况 12 模型计算得到既有线隧道沉降云图如图 6-5(e)所示,最大沉降为 6.767 mm;管片轴向应力分布如图 6-5(f)所示,最大拉应力为 0.106 MPa,最大压应力为 1.078 MPa。以上三种工况既有线隧道沉降值均符合沉降要求 10 mm 和管片抗拉设计强度、抗压设计强度的要求。

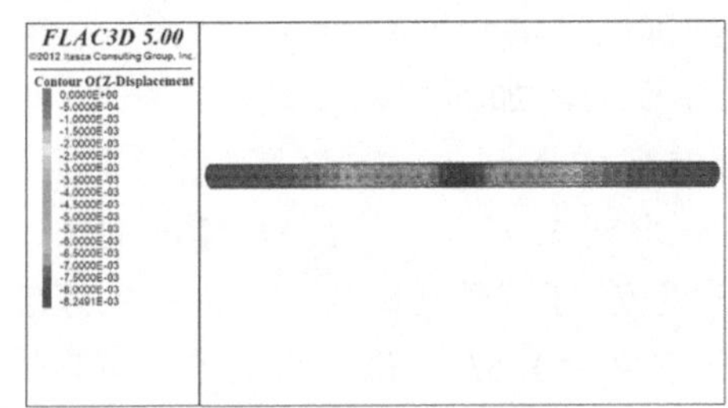

(a)工况 10 既有线隧道沉降云图(单位:m)

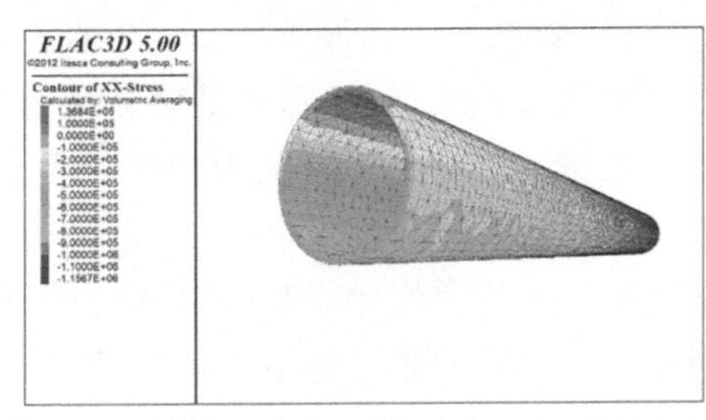

(b)工况 10 既有线隧道应力分布云图(单位:Pa)

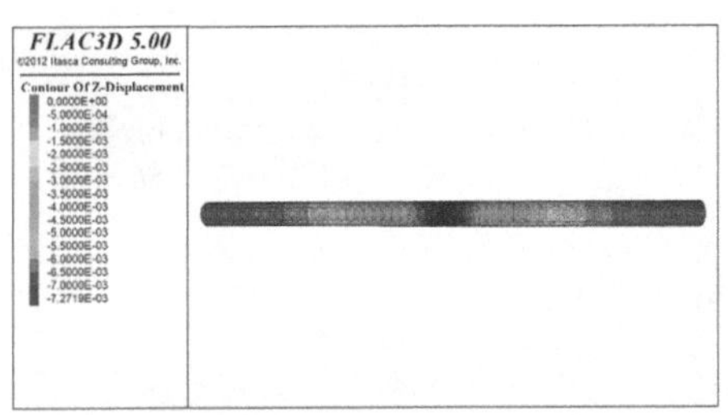

(c)工况 11 既有线隧道沉降云图(单位:m)

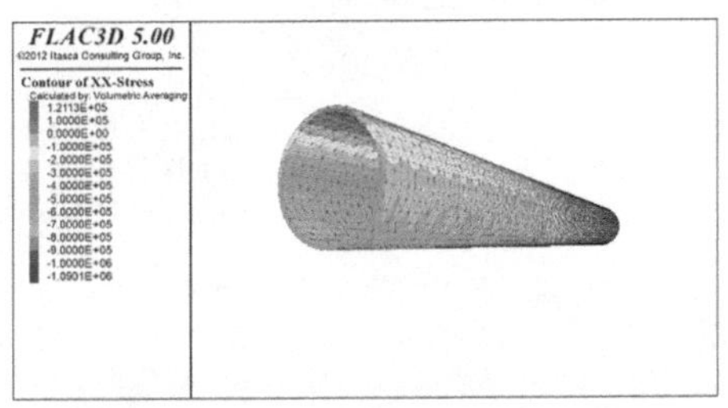

(d)工况 11 既有线隧道应力分布云图(单位:Pa)

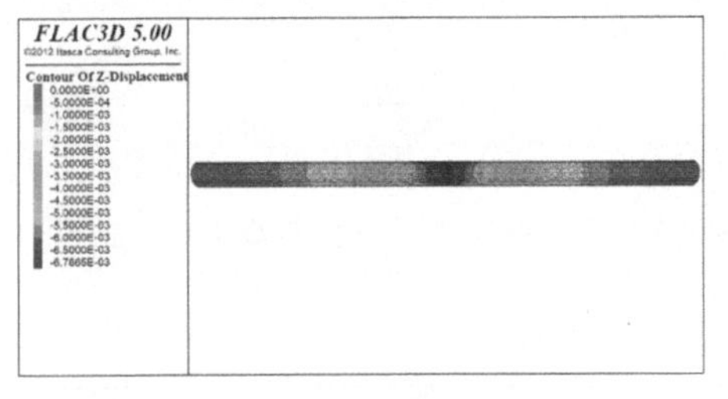

(e)工况 12 既有线隧道沉降云图(单位:m)

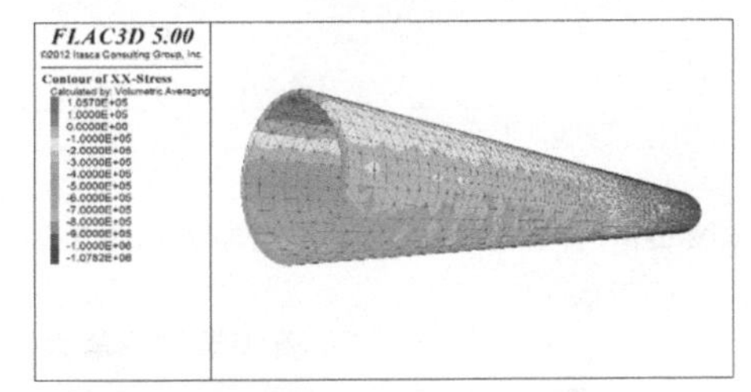

(f)况 12 既有线隧道应力分布云图(单位:Pa)

图 6-5 方案Ⅳ既有线隧道沉降、应力分布云图

5. 模型结果分析

根据方案Ⅰ、Ⅱ、Ⅲ、Ⅳ的计算结果可知：下穿既有线隧道，会使其产生不均匀沉降，沉降规律是最大沉降发生在既有线隧道中线，即下穿段位置中心处，沿着隧道两端方向逐渐减小。沉降槽曲线类似于 Peck 沉降曲线，且随着加固区厚度的增加、长度的增加，既有线隧道的不均匀沉降越来越不明显，表现为沉降曲线越来越呈浅 U 状。

由图 6-6 可知，随着加固区厚度的增加，既有线隧道拱底最大沉降曲线呈下降趋势，说明沿着地层方向扩大下穿位置的加固区可以有效减小沉降。由图 6-7 可知，相较于 0.5D 和 1.0D 工况的最大拱底沉降曲线，1.5D 工况的斜率最大，沉降值最小，说明在加固区厚度为 1.5D 的基础上增加加固区的长度对于减小沉降更为有效。由表 6-5 可知，沉降值的降幅随着加固区厚度的增加而大幅度减小。例如：加固区长度为 2.0D 的工况下，加固区厚度从 0.5D 增加到 1.0D，沉降值的降幅是 11.89%；从 1.0D 增加到 1.5D，沉降值的降幅减小到 5.96%。而 1.5D 厚度的加固区已将上下隧道的净距和新建隧道的开挖断面覆盖，可以预判再增加加固区的厚度对于减小沉降的效果也不会很显著，并且加固区厚度为 1.5D 工况下拱底最大沉降值仅为 6.767 mm，完全符合沉降值小于 10 mm 的要求。所以出于施工经济效益的角度，加固区厚度达到 1.5D 即可。

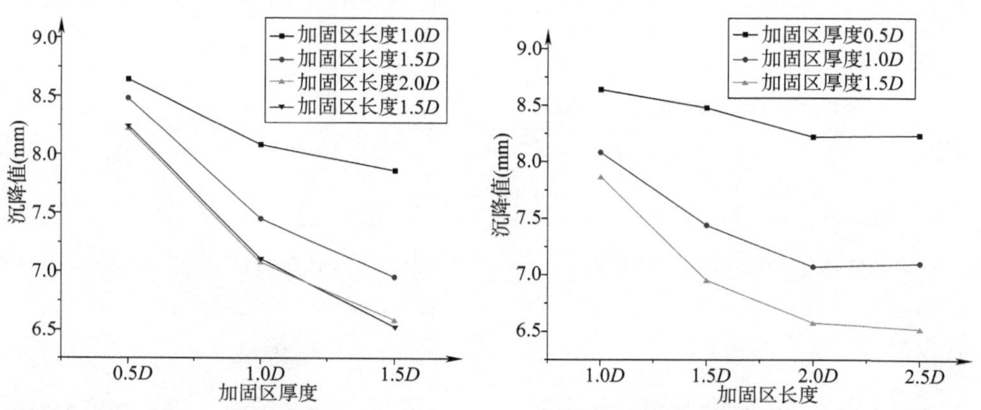

图 6-6 不同长度工况下拱底最大沉降曲线　　图 6-7 不同厚度工况下拱底最大沉降曲线

表 6-5 各工况拱底最大沉降情况(比较厚度方向的降幅)

工况	厚度	长度	既有线隧道拱底最大沉降值(mm)	降幅
工况 1	0.5D	1.0D	8.646	0
工况 2	1.0D	1.0D	8.084	6.50%(与工况 1 相比)
工况 3	1.5D	1.0D	7.854	2.85%(与工况 2 相比)

续上表

工况	厚度	长度	既有线隧道拱底最大沉降值(mm)	降　幅
工况 4	0.5D	1.5D	8.499	0
工况 5	1.0D	1.5D	7.650	9.99%(与工况 4 相比)
工况 6	1.5D	1.5D	7.216	5.67%(与工况 5 相比)
工况 7	0.5D	2.0D	8.240	0
工况 8	1.0D	2.0D	7.260	11.89%(与工况 7 相比)
工况 9	1.5D	2.0D	6.827	5.96%(与工况 8 相比)
工况 10	0.5D	2.5D	8.249	0
工况 11	1.0D	2.5D	7.272	11.84%(与工况 10 相比)
工况 12	1.5D	2.5D	6.767	6.94%(与工况 11 相比)

由图 6-7 可知,随着加固区长度的增加,既有线隧道拱底最大沉降曲线呈下降趋势,说明沿着既有线隧道方向扩大下穿位置的加固区可以有效减小沉降。由表 6-6 可知,沉降值的降幅随着加固区长度的增加而大幅度减小并逐渐趋于 0。例如:加固区厚度为 1.5D 的工况下,加固区长度从 1.0D 增加到 1.5D,沉降值的降幅是 8.15%;从 1.5D 增加到 2.0D,沉降值的降幅是 5.39%;从 2.0D 增加到 2.5D,沉降值降幅减小到 0.87%,趋于 0。由图 6-6 可知,相较于加固区长度为 1.0D 和 1.5D 的最大拱底沉降曲线,加固区长度为 2.0D 和 2.5D 工况的斜率更大,沉降值更小,说明在加固区长度为 2.0D 和 2.5D 的基础上增加加固区的厚度对于减小沉降更为有效。而 2.0D 和 2.5D 工况的拱底最大沉降曲线几乎重合,如图 6-7 所示,沉降曲线也几乎重合。所以加固区长度为 2.0D 和 2.5D 的工况对于减小沉降效果相差无几,出于施工经济效益的角度,加固区长度达到 2.0D 即可。

表 6-6　各工况拱底最大沉降情况(比较长度方向的降幅)

工况	长度	厚度	既有线隧道拱底最大沉降值(mm)	降　幅
工况 1	1.0D	0.5D	8.646	0
工况 4	1.5D	0.5D	8.499	1.70%(与工况 1 相比)
工况 7	2.0D	0.5D	8.240	3.05%(与工况 4 相比)
工况 10	2.5D	0.5D	8.249	-0.11%(与工况 7 相比)
工况 2	1.0D	1.0D	8.084	0
工况 5	1.5D	1.0D	7.650	5.37%(与工况 2 相比)
工况 8	2.0D	1.0D	7.260	5.10%(与工况 5 相比)
工况 11	2.5D	1.0D	7.272	-0.16%(与工况 8 相比)
工况 3	1.0D	1.5D	7.854	0

续上表

工况	长度	厚度	既有线隧道拱底最大沉降值(mm)	降　幅
工况 6	1.5D	1.5D	7.216	8.12%(与工况 3 相比)
工况 9	2.0D	1.5D	6.827	5.39%(与工况 6 相比)
工况 12	2.5D	1.5D	6.767	0.87%(与工况 9 相比)

6.5.4 结　论

通过 12 种工况的模型和数据的分析可以得到以下结论：

(1)新建隧道下穿既有线隧道,会使既有线隧道产生不均匀沉降,最大沉降发生在位于下穿段位置中心处,沿着隧道两端方向逐渐减小,沉降槽曲线类似于 Peck 沉降曲线。在两隧道之间进行加固地层,并且随着加固区尺寸的扩大,厚度(地层方向)的增加,长度(既有线隧道方向)的增加,会有效控制既有线隧道的不均匀沉降,表现为沉降槽曲线越来越呈浅 U 状。

(2)通过 12 种工况的对比分析,出于施工安全及经济效益的考量,选取加固区长度(既有线隧道方向)为 2.0D,宽度(新建隧道方向)为 1.0D,厚度(地层方向)为 1.5D 的尺寸最为合适。

7

钢套筒始发下穿技术

7.1 钢套筒始发的作用

盾构施工法在城市地下隧道建设中是一种卓有成效的施工方法,施工使用的盾构机,大部分采用气压施工,更有辅助打孔注浆等加固手段来保持土层稳定,从而会减小地面扰动变形。但是气压施工有很多不足之处,并且地层加固对周围环境破坏很大,在人群比较稠密的地方和高耸结构物密集城市的市区对环境破坏比较严重,所以工程师们开始对封闭式平衡原理的盾构新技术进行大胆的开发和利用。

在盾构施工的一系列阶段之中,其中最危险、事故风险最高的就是盾构的进和出,也就是盾构的始发阶段和接收阶段。在这种现状下,凭借对周围环境影响小,安全可靠度高,节省空间的盾构钢套筒始发技术就脱颖而出。与传统始发技术相对比,钢套筒始发技术建立了一个完全封闭的盾构机始发环境,对环境的影响很小。该技术通过在钢套筒中模拟盾构掘进的土体环境和条件,将盾构始发最危险的阶段从土层中搬离到人为控制安全的钢套筒之中。在钢套筒始发中,只要密封措施做得到位,就不会存在涌水涌砂、水土流失问题。

钢套筒始发技术属于新兴技术,其现场监测、应力应变分析、变形规律、土体扰动特性等一系列工程表现至今仍为空白。本章内容主要结合深圳 9 号线科技城站—红树湾站区间钢套筒始发工程,辅以 9 号线上梅林站钢套筒始发工程,通过对红树湾站始发钢套筒现场监测试验、上梅林站钢套筒始发端头土体监测试验、数值模拟、工程计算等多个方面,系统的总结钢套筒始发技术的土体扰动、筒身应力应变情况、筒身变形的特性与规律。

7.2 工 程 概 况

科技城站—红树湾站区间线路用于监测钢套筒筒体,该线路自红树湾站往西上跨 11 号线,下穿海滨实验小学、深圳外国语学校、高尔夫球场别墅区后下穿 2 号线,进入到沙河高尔夫球场下方后下穿白石沙河立交,沿白石路往东到达终点站科技城站,如图 7-1 所示。端头地质情况复杂软弱,与旁边深圳湾存在水力联系,水量补给丰富，受潮汐影响。往期 11 号线施工，盾构始发井、南北两侧房建大基坑施工过程中已对端头土体造成多次扰动，地层复杂程度和敏感程度进一步增加。

图 7-1 科技城站—红树湾站线路工程范围俯视图

梅村站—上梅林站区间用于监测钢套筒始发端头，该区间位于深圳市福田区梅林路，区间由上梅林站西端始发，下穿地铁 4 号线盾构区间隧道，沿梅林路向西行进，上跨广深港客运专线后进入梅村站东端吊出，区间共侧穿 10 座房屋，监测现场设在车上梅林站，如图 7-2 所示。上梅林站西端盾构始发端头为梅村站—上梅林站区间始发端头，原为梅林路路面，并采用旋喷桩进行了端头加固。

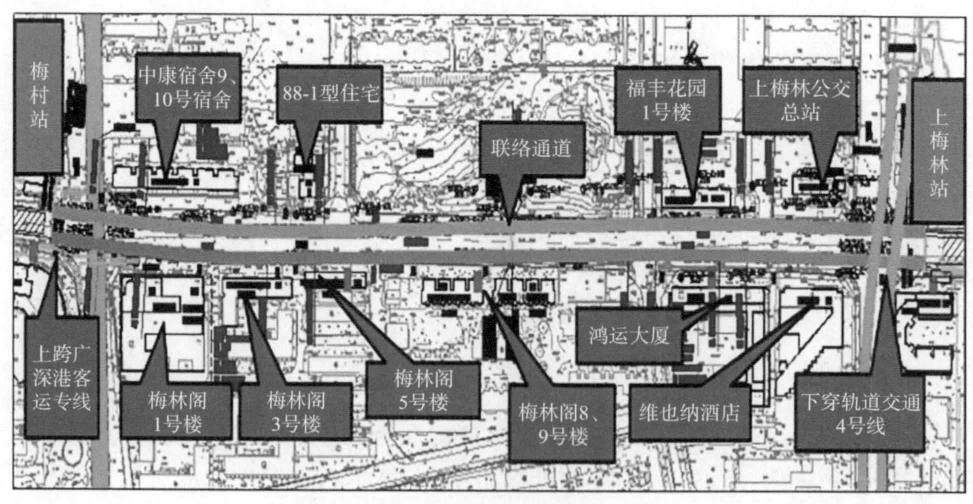

图 7-2 上梅林站区间平面布置图

7.3 土压平衡盾构钢套筒始发端头土体扰动特性

土体扰动引起地层变形,地层变形是土体扰动的结果。根据对地层的大量资料的分析表明,按地层沉降变化曲线的情况,大致可分为以下4个阶段:

(1)盾构到达前:盾构向前掘进过程中,由于力的传递效应、管片拼装不良等种种原因,开挖面前方的土体会受到一定的预扰动。其扰动程度相对微弱,且随着距离的增加而减弱。

(2)盾构通过期间:盾构继续向前推进,当盾构切口达到时,开挖面的平衡状态彻底被破坏,需要泥水压力来平衡,但它始终不可能代替被开挖的土体。泥水压力的波动将引起开挖面的应力释放和对土体的挤压作用,当正面压力偏离静止土压力一定范围时,地层的变形处于线弹性阶段,而且变化的斜率较小;如果偏离较大的话,则土体发展为弹塑性变形。另外,会有大量的泥浆渗入土体。当盾体通过时,周围土体受到盾壳移动所带来的摩擦和剪切作用,为减弱这种作用,刀盘的开挖半径要略大于盾体,这就造成了盾体与土层之间存在一定的空隙。盾构机的通过破坏了原来的土体状况,造成土体的扰动,这期间对土体的扰动程度最大。

(3)盾尾注浆期间:由于盾构掘进机的外径大于管片外径,盾尾通过测点后,在地层中遗留下来的建筑空隙就需及时壁后注浆充填。但是往往因盾尾壁后注浆没有及时充填建筑空隙,或是注浆量、注浆压力、注浆部位、浆液配比和材料方面不适当,使建筑空隙中的浆液不能及时形成环箍,盾尾脱出后,无支撑能力的软土在不能自立的情况下就很快自行充填入建筑空隙,造成土层应力释放。除此之外,在注浆过程中会有大量的浆液渗入地层之中。这期间是控制扰动程度的重要阶段。

(4)盾构远离期间:盾尾脱出一段时间后,扰动的原因主要有土层的固结沉降,地基土的徐变,管片的变形等。一般来说,上面的变形并非同时发生,地基条件和施工措施的不同,也会影响到变形情况。但是随着施工技术的提高基本可以将其控制在静止土压力附近,日渐成熟的同步注浆技术也使地层变位大为减少。

为了研究土压平衡盾构钢套筒始发对端头土体扰动的特性,在科技城站—红树湾站区间线路和梅村站—上梅林站区间分别布置测点。钢套筒端头土体应力现场监测测试范围为始发断面前9 m范围内,计划布设测孔70个,因场地限制和工期限制,实际布设测孔42个,测点294个。其中土压力测孔直径为130 mm,最大孔深为32 m;孔隙水压力测孔直径130 mm,最大孔深为30 m;测斜测孔同样为

130 mm。由于两条隧道下穿间隔时间较长，不存在土水扰动叠加影响，本章主要针对单条隧道下穿过程中土水应力变化规律展开研究。土压力盒埋设深度与埋设位置，以及与即将掘进施工的盾构隧道相对位置，如图 7-3 和图 7-4 所示，土压力盒与孔隙水压力计对应布设。

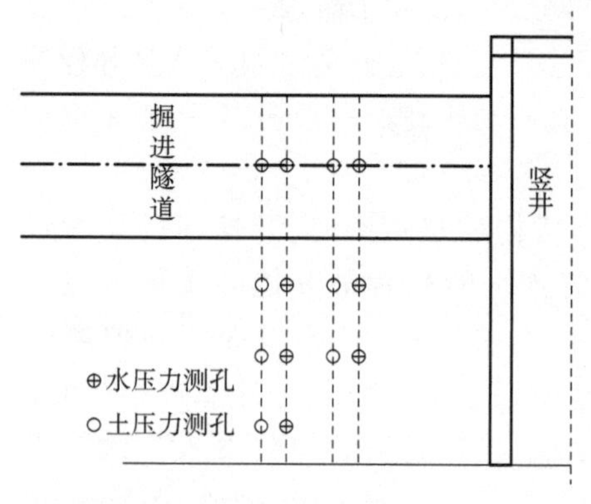

图 7-3 测孔平面布置图

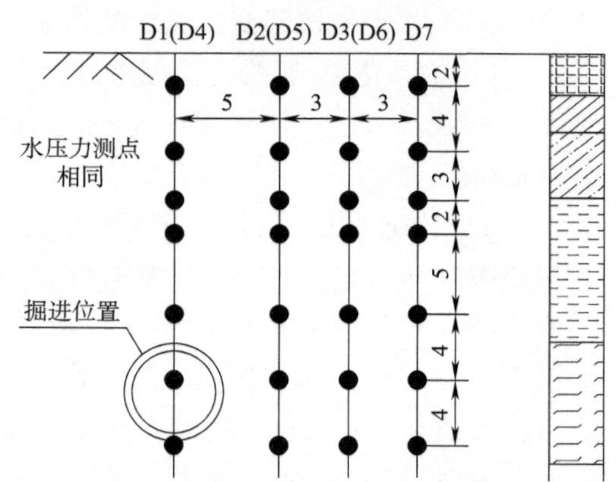

图 7-4 测点布置剖面图(单位:m)

关于钢套筒筒体现场监测，因为测点布置盾构始发钢套筒受力基本对称，考虑到场地的原因，在钢套筒右侧布置较为方便，左侧紧靠结构混凝土竖井墙面不易布置，故采用一侧布置。试验监测测试范围为始发断面前 9 m 范围内，计划布设 30 个测点，其中应变计测点 24 个，环向应变计 8 个，纵向应变计 26 个。

将现场监测得到的土压力测试数据进行整理，利用 Origin 软件将较为典型的测试断面数据进行绘图得到土水压力历时曲线，如图 7-5 ~ 图 7-11 所示。

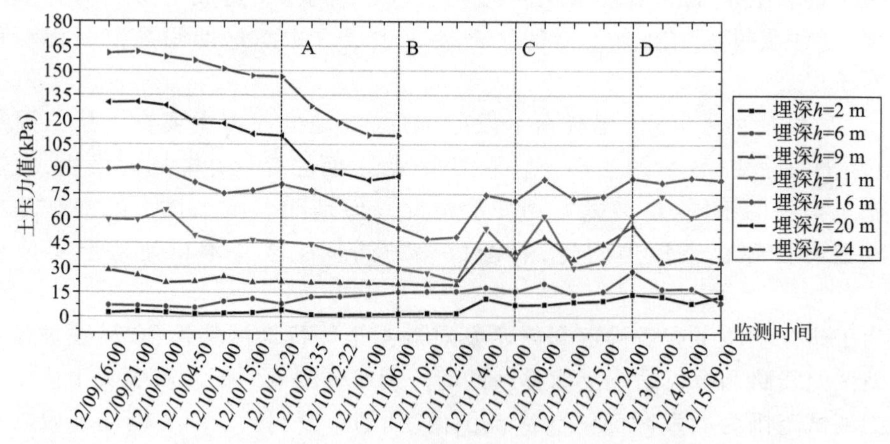

图 7-5 ZDK14 + 391 断面测孔 D1 土压力变化时态曲线

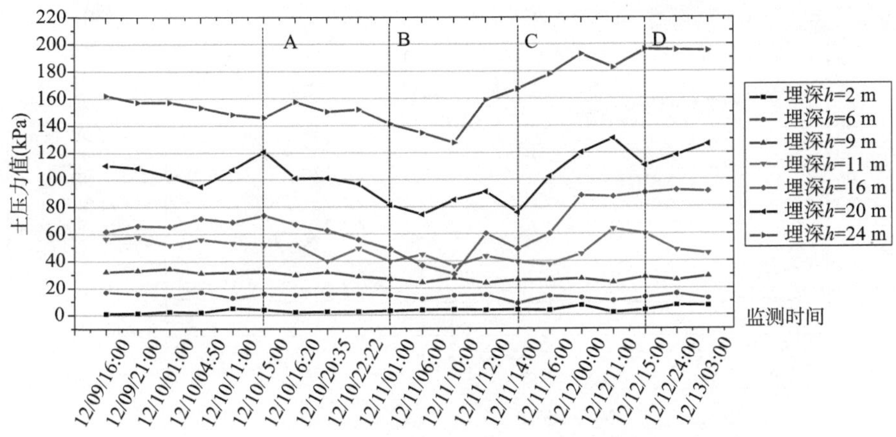

图 7-6 ZDK14 + 391 断面测孔 D2 土压力变化时态曲线

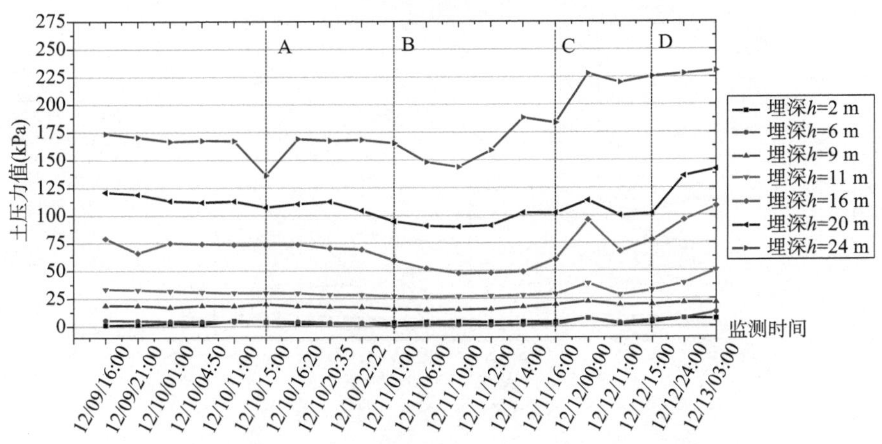

图 7-7 ZDK14 + 391 断面测孔 D3 土压力变化时态曲线

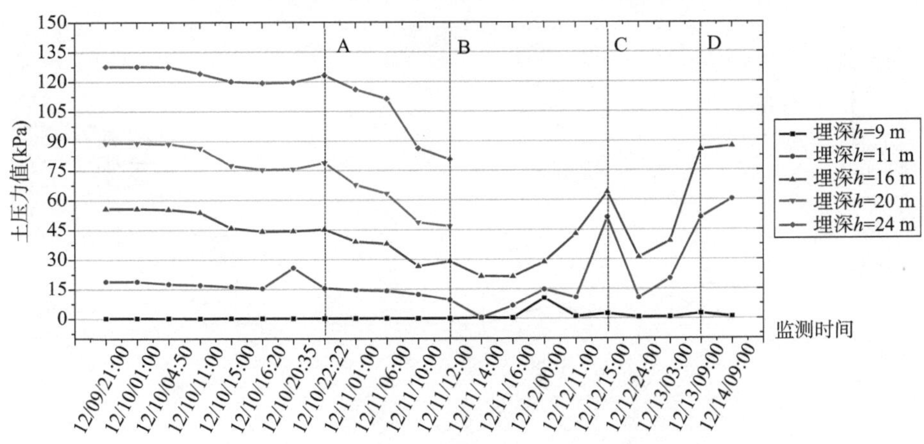

图 7-8 ZDK14 + 388 断面测孔 D4 土压力变化时态曲线

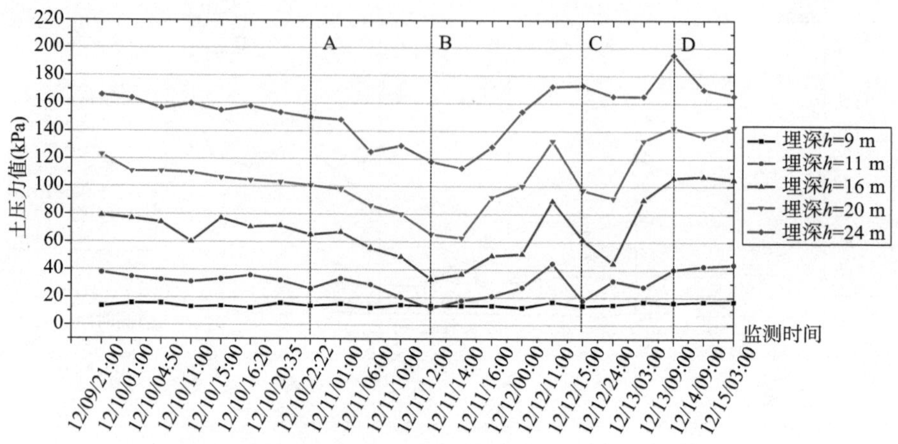

图 7-9 ZDK14 + 388 测孔 D5 土压力变化时态曲线

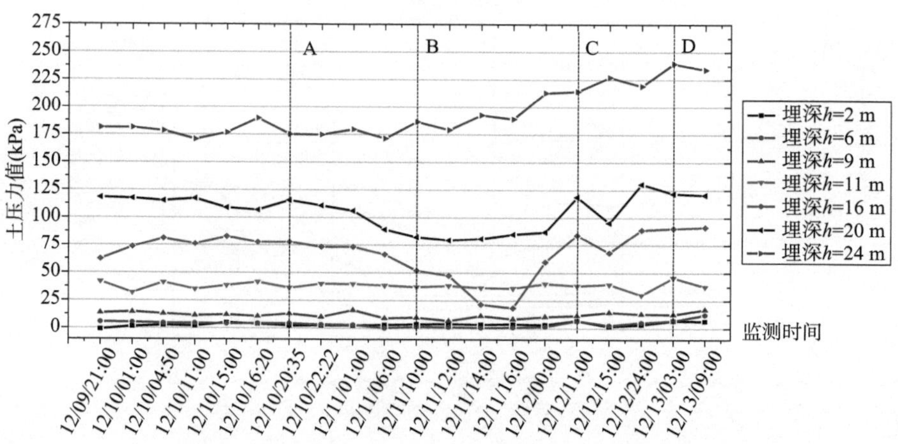

图 7-10 ZDK14 + 388 测孔 D6 土压力变化时态曲线

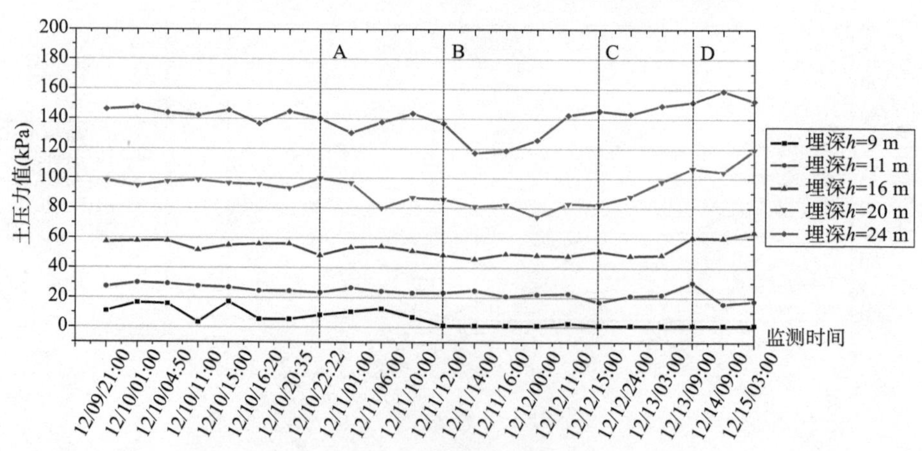

图 7-11 ZDK14 + 388 测孔 D7 土压力变化时态曲线

D4～D7 测孔土压力图所示，自盾构机安放在钢套筒内开始始发到盾尾完全离开测点，所在断面一段时间的盾构机掘进侧面土压力的扰动情况。D7 测孔土压力曲线所显示的变化特征不明显，D7 测孔距离盾构作用范围的距离有一倍洞径，说明在钢套筒始发对土压力的扰动范围也是一倍洞径左右。D1 测孔与 D3 测孔是布置于盾构掘进计划范围的正前方的地方，是自盾构机安放在钢套筒内开始始发到盾尾完全离开测点所在断面一段时间的盾构机掘进正前方土压力的扰动情况。

孔隙水压力测试结果如图 7-12～图 7-18 所示。

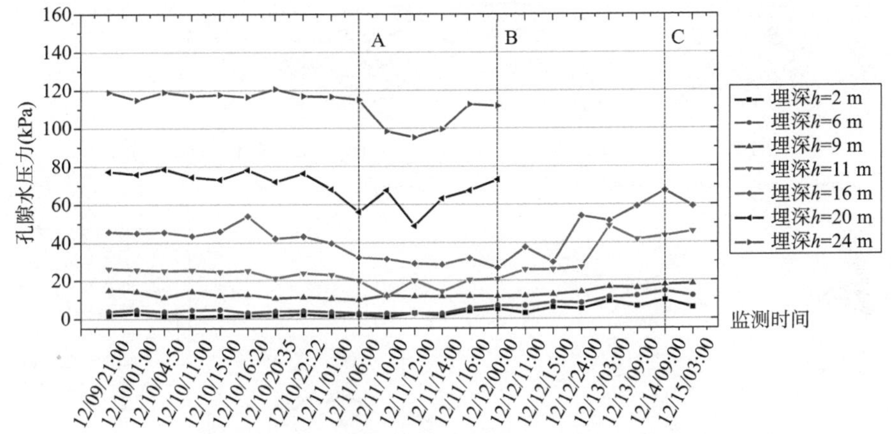

图 7-12　ZDK14＋390 断面测孔 K1 孔隙水压力变化时态曲线

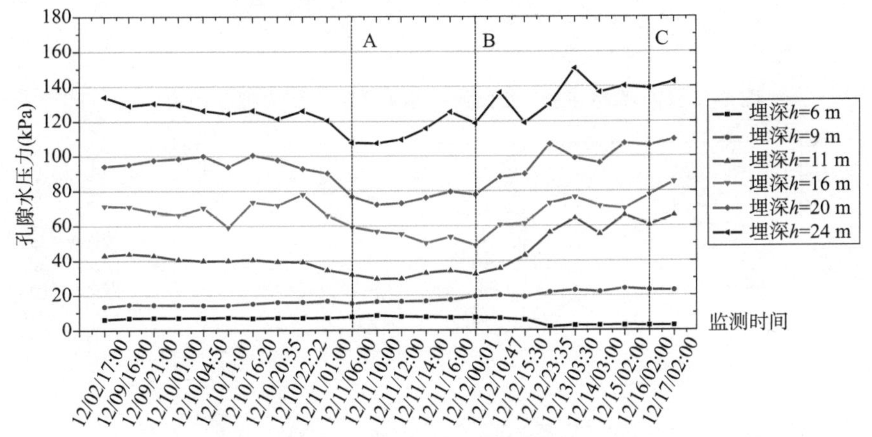

图 7-13　ZDK14＋390 断面测孔 K2 孔隙水压力变化时态曲线

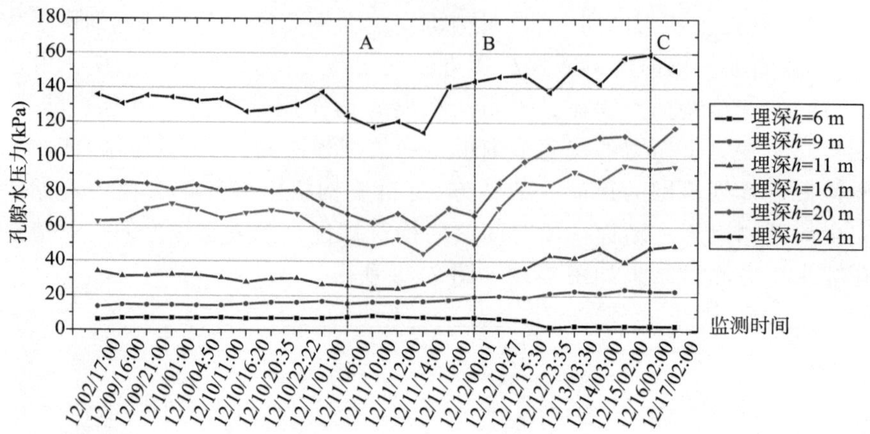

图 7-14 ZDK14 + 390 断面测孔 K3 孔隙水压力变化时态曲线

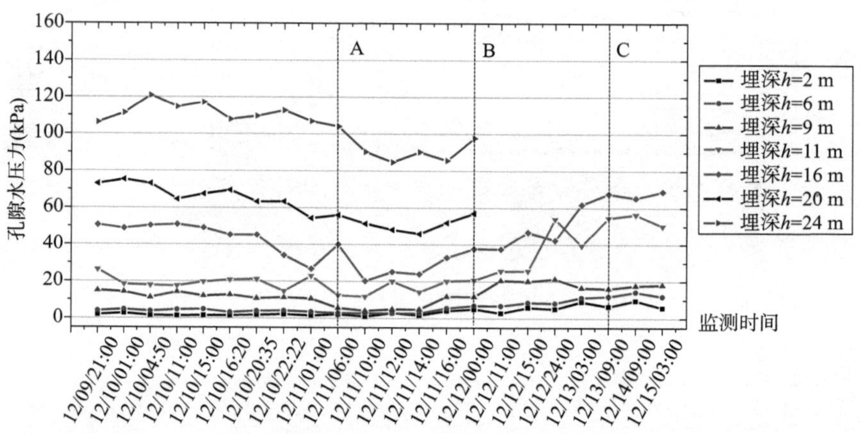

图 7-15 ZDK14 + 387 断面测孔 K4 孔隙水压力变化时态曲线

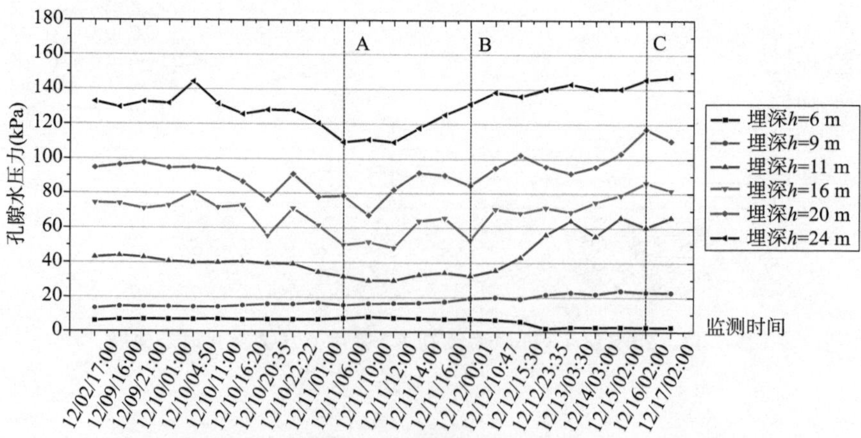

图 7-16 ZDK14 + 387 断面测孔 K5 孔隙水压力变化时态曲线

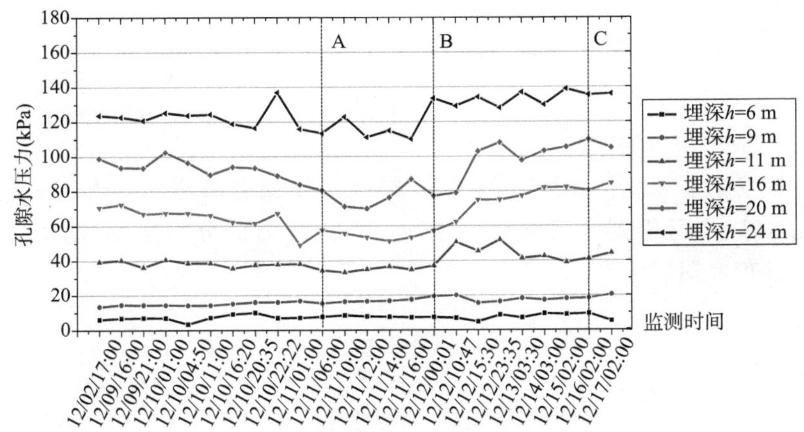

图 7-17　ZDK14 +387 断面测孔 K6 孔隙水压力变化时态曲线

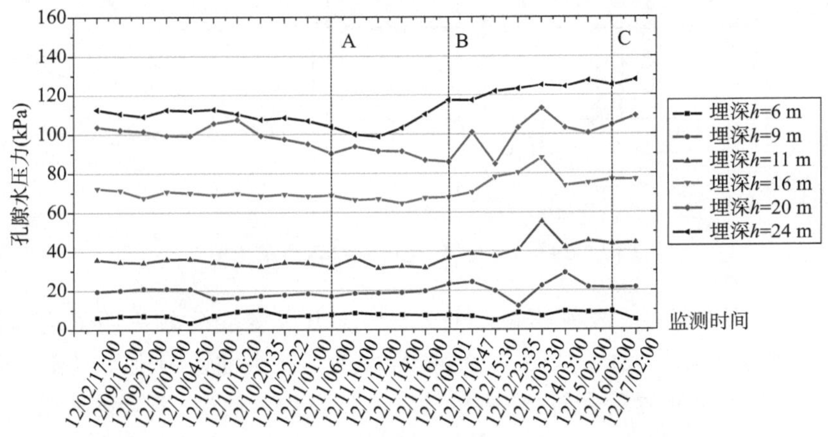

图 7-18　ZDK14 +387 断面测孔 K7 孔隙水压力变化时态曲线

K1 与 K4 测孔处于盾构机掘进路径上,与其余测孔孔隙水压力变化规律相比,此孔隙水压力变化规律相似。不同点在于,在盾尾通过同步注浆时期,孔隙水压力变化幅度大,可能是因为测点在盾构机正上方,距离近所以变化大;也有可能是因为钻孔填充不密实,且填充大部分为砂性土,渗透性特别强,同步注浆的浆液容易把水压传递到测点周围。

通过以上钢套筒始发对土体土压力以及土体孔隙水压力的扰动分析可知:在盾构进洞期土体应力扰动较小,盾构影响前期土体应力有显著下降趋势。在盾体经过期土体扰动最大,到达最低值。盾尾注浆期土体应力增大,水土压力值大于施工前水平,盾构影响后期压力值稍稳。同一个孔中土体应力变化值随着深度的增加而增大;同一深度处,距离盾构越远,土体应力变化越小。可以认为在隧道横断面上,距离隧道边缘越近,应力变化越明显。

7.4 始发钢套筒筒身应力特性分析

1. 环向应力应变分析

通过始发钢套筒筒体现场监测试验，得到始发钢套筒环向应力随工程进展发生的变化规律，并且得到钢套筒筒体横断面环向应力的分布情况，图 7-19 为环向应力监测点布置图。

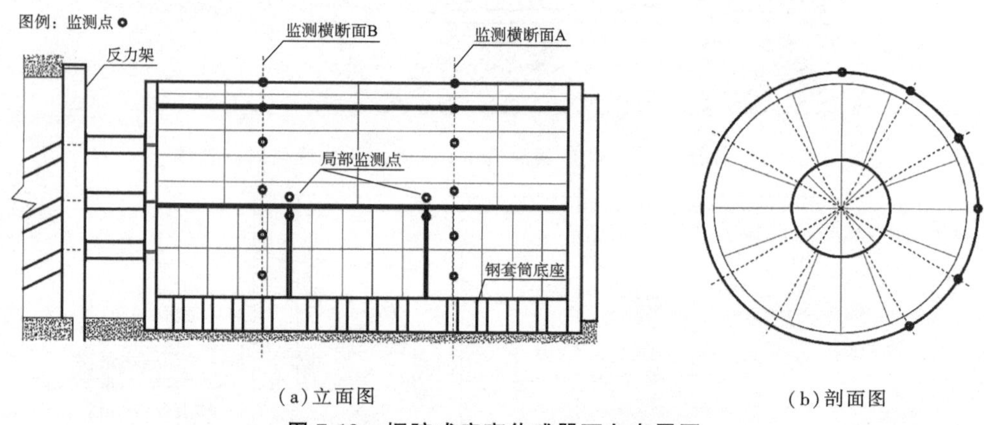

(a)立面图　(b)剖面图

图 7-19　振弦式应变传感器环向布置图

根据测得的数据，选取顶部和斜上方 30°应力应变变化较为明显的监测点数据，绘得图 7-20 和图 7-21。从图 7-20 可看出，钢套筒中铺设钢轨并安装盾构机后，钢套筒在试验测点布置处受拉，在盾构机置入始发钢套筒后，钢套筒所受拉力稳定在1 MPa 左右。由图 7-21 可知，远洞门断面与近洞门断面环向应力应变变化趋势相似。

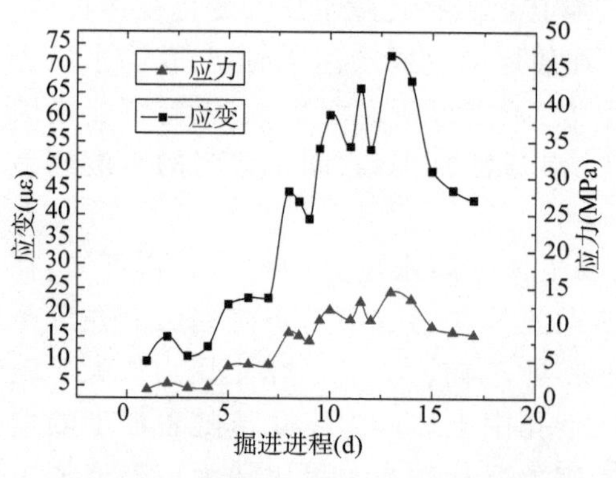

图 7-20　断面 A 环向应力应变

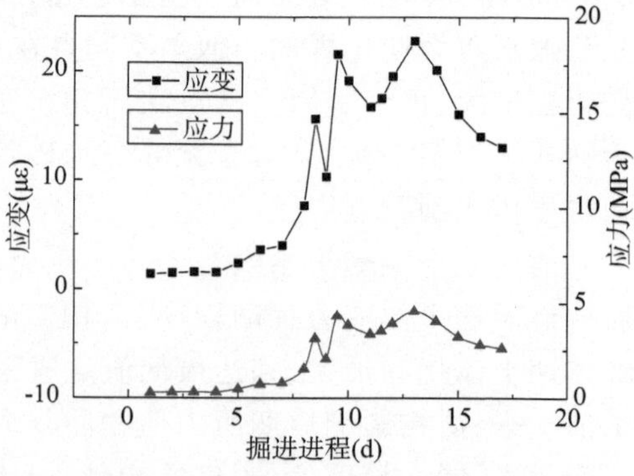

图 7-21　断面 B 环向应力应变

为了更形象直观地描述应力情况，绘制如图 7-22 和图 7-23 所示的钢套筒靠近、远离洞门断面环向应力分布图。由两图可知，钢套筒近洞门端横截面上的环向应力比远洞门端横截面环向应力大，这应该是受土仓压力传递的影响所致，近洞门端横截面离盾构土仓较近，所以传递至此的土仓压力较大。

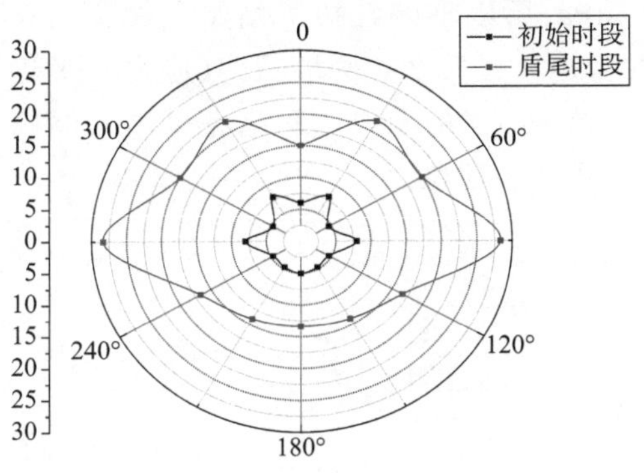

图 7-22 钢套筒断面 A 环向应力分布（单位：MPa）

图 7-23 钢套筒断面 B 环向应力分布（单位：MPa）

2. 纵向应力应变分析

从钢套筒筒体现场监测试验也可得到始发钢套筒纵向应力随工程进展发生的变化规律，以及筒体纵断面纵向应力的分布情况，图 7-24 为纵向应力监测点布置图。

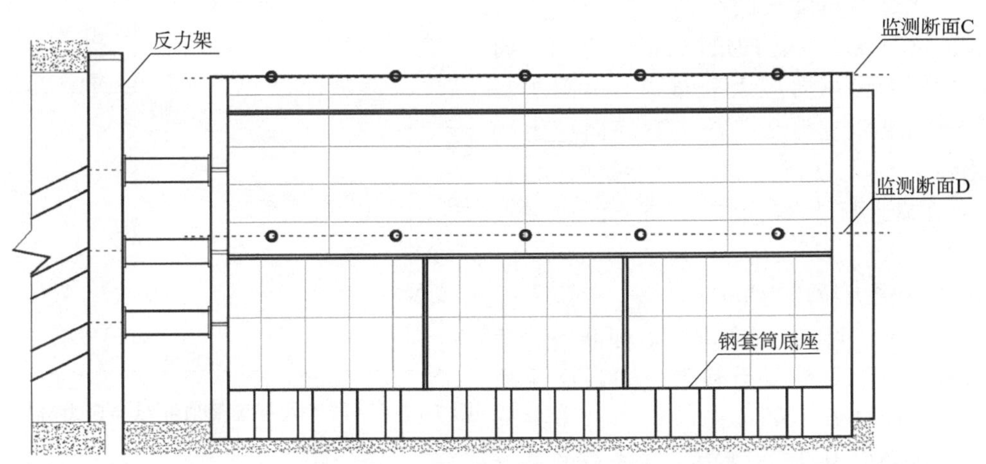

图 7-24 振弦式应变传感器纵向布置

选取应力应变变化范围较大的靠近洞门的监测点的监测数据，分别针对钢套筒顶面和侧面沿筒身方向的纵向应力应变情况，绘制纵向应力应变曲线。由

图 7-25 可知，顶部纵向应力应变不断增加，随着时间的推移，其应力大致稳定在 35～42 MPa 之间，呈波动上扬的趋势。从第 14 d 开始，应力应变水平开始显著下降，下降趋势随着盾尾的远离和注浆压力的逐渐消散而愈加平稳。由图 7-26 可以看出钢套筒侧面纵向应力应变变化明显存在阶段性，并且其应力应变水平远远低于始发钢套筒的顶部，其应力峰值为 6.63 MPa，所以推测红树湾站始发钢套筒在盾构机始发的过程中，整个钢结构受向上的弯矩。在第 3 d 磨墙后，其应力水平迅速上升，达到 3.3 MPa 左右，并且上下波动。在第 15 d 盾构机盾尾完全进入洞门后，应力水平迅速下降，呈现出明显的应力高峰低谷现象。

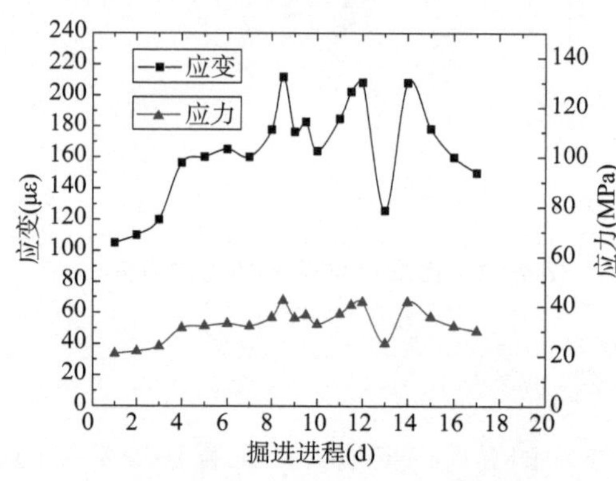

图 7-25 钢套筒顶面纵向应力应变曲线

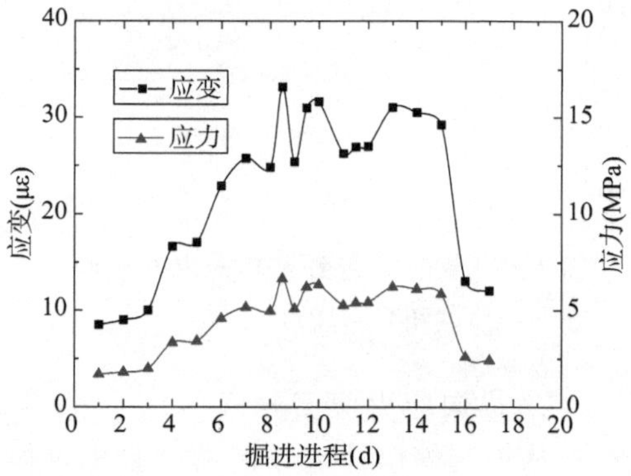

图 7-26 钢套筒侧面纵向应力应变曲线

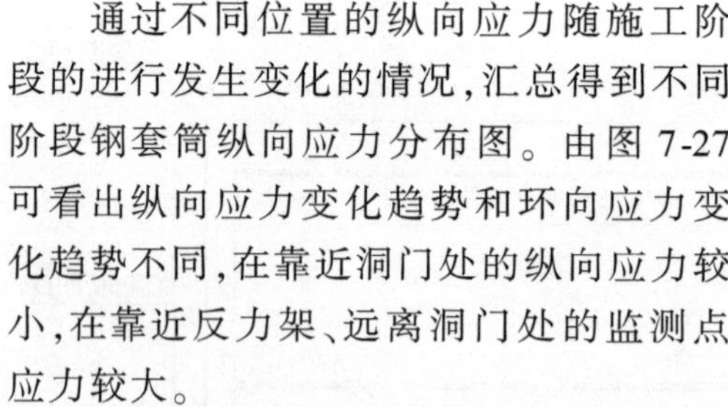

通过不同位置的纵向应力随施工阶段的进行发生变化的情况，汇总得到不同阶段钢套筒纵向应力分布图。由图 7-27 可看出纵向应力变化趋势和环向应力变化趋势不同，在靠近洞门处的纵向应力较小，在靠近反力架、远离洞门处的监测点应力较大。

3. 最大拉应力分析

由上文可知，远离洞门监测断面的顶部监测点的纵向应力和靠近洞门监测断面的侧面监测点的环向应力明显大于其他测点的应力，所以选取上述两点的最大拉应力做详细分析，得到最大拉应力变化曲线图。由图 7-28 和图 7-29 可知，所选取的两个监测点最大拉应力波峰值分别为 34.03 MPa 和 30.04 MPa，都远远小于钢结构的容许应力，并且有充足的安全储备。

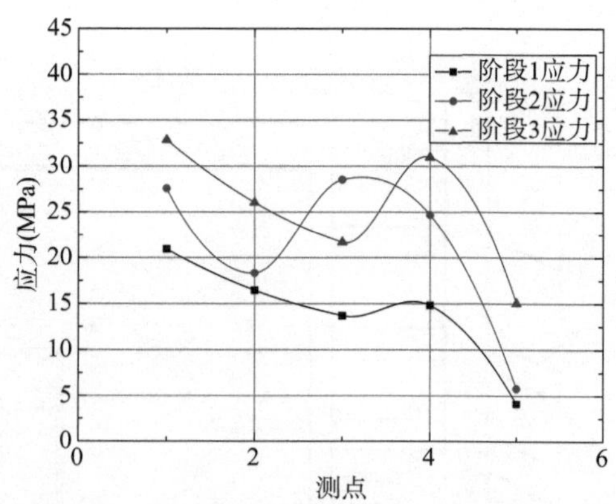

图 7-27 不同阶段钢套筒顶部纵向应力分布

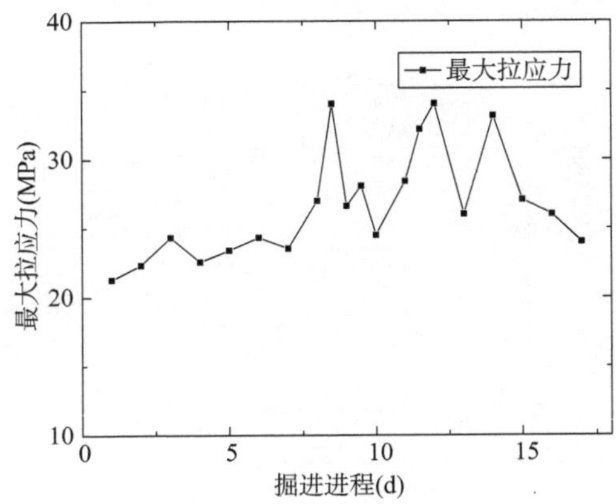

图 7-28 远洞门端顶部测点最大拉应力

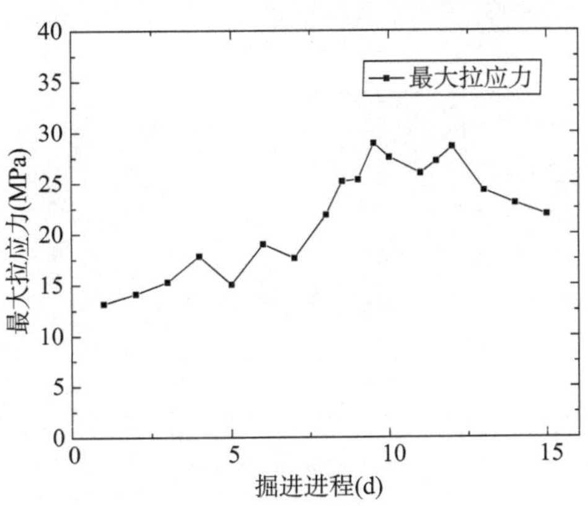

图 7-29 近洞门端侧部测点最大拉应力

4. 关键部位应力分析

红树湾站始发钢套筒结构形式为上片下环式钢套筒，所以存在上半部钢片与下半部分两钢环拼装 T 型接缝，为了解其接缝周边的应力情况，试验监测特别详细取得周边应力数据，并绘制关键处应力变化规律图。由图 7-30 ~ 图 7 ~ 33 可知，近洞门 T 型接缝处与远洞门处的应力变化情况以及 T 型接缝处左右两侧的应力变化情况大致相似。在始发施工中的拼装负环环节应力开始增大，随着负环管片的拼装完成，筒内增压试验，盾构机始发掘进等步骤的进行，此关键处监测点环向和纵向应力开始波动上升。在盾构掘进之后，盾尾注浆开始后应力值出现上下波动情况，此后应力值开始下降。该 T 型接缝处具有明显的应力集中现象，应力值是其余部位的 1.7 倍左右。

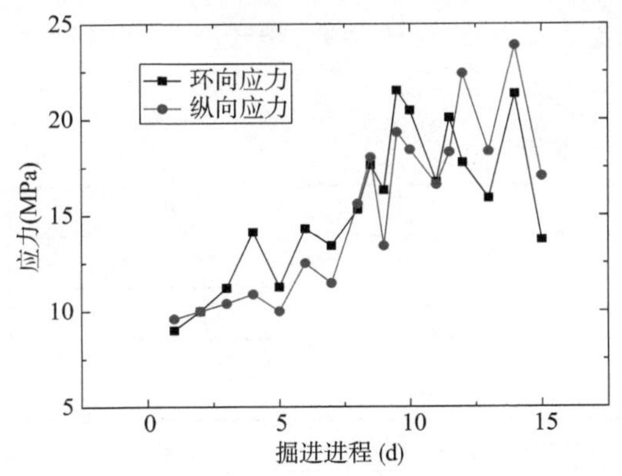

图 7-30 近洞门右侧监测点应力变化曲线

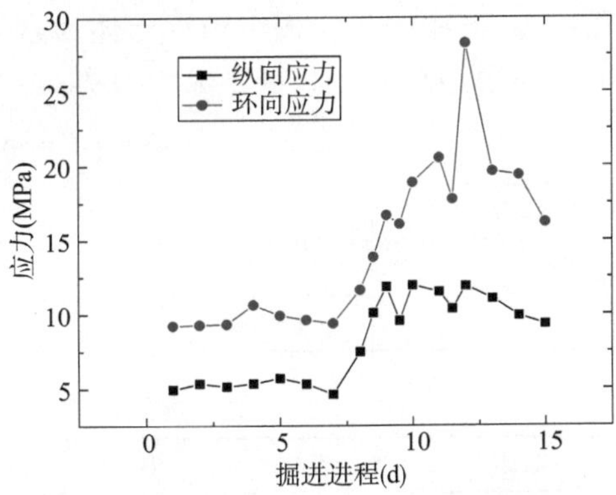

图 7-31 近洞门左侧监测点应力变化曲线

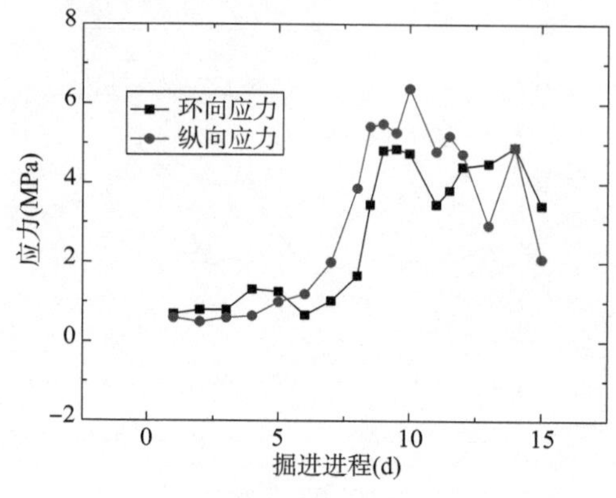

图 7-32 远洞门右侧监测点应力变化曲线

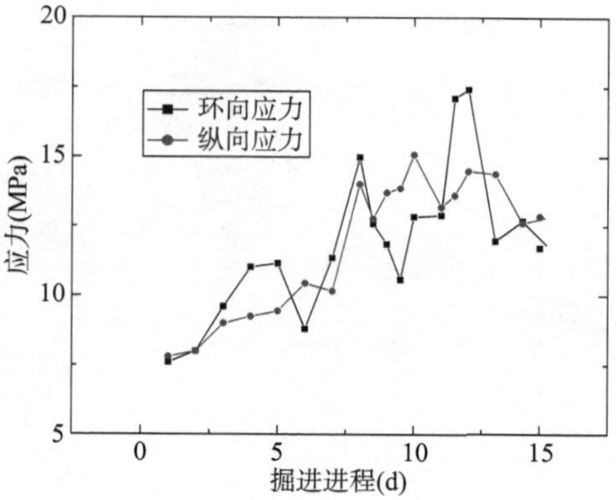

图 7-33 远洞门左侧监测点应力变化曲线

7.5 钢套筒始发施工数值模拟分析

为了进行钢套筒始发过程筒体变形分布与变形趋势特性的研究，利用有限元软件建立三维有限元模型，仿真实际施工过程，研究在不同施工阶段钢套筒的受力水平和变形情况。

7.5.1 始发钢套筒模型建立

钢套筒始发技术系统包括反力架、底座、上半筒身、下半筒身、过度环等一系列构件。研究的目标点在钢套筒筒身的受力情况，对其他部位作简略处理。钢套筒始发过程中，盾构机主体在始发钢套筒中掘进预埋土体，预先建立土仓压力与掌子面压力，其中工程实例中预埋土体为素填土。采用的设计参数、填土参数以及建立的实体模型见表 7-1、表 7-2 和图 7-34。

表 7-1 始发钢套筒设计参数 (单位：mm)

钢套筒材料	筒体			肋板	
	长度	厚度	内径	厚度	宽度
q235	11 200	50	3 250	10	116

表 7-2 始发钢套筒内填土参数

名称	弹性模量 E	泊松比	黏聚力 c	内摩擦角 φ	容重
素填土	30 MPa	0.15	5 kPa	10°	2 000 kN/m^3

根据科红区间掘进施工盾构参数，确定始发钢套筒模型静力荷载、约束条件、分析工况、材料属性等模型参数。模型为简便计算，共设7个施工步，分别对应模拟密封保压、盾构始发以及盾尾注浆三个不同的施工阶段，每个施工步受力情况根据施工实际给出静力荷载。模型详细静力荷载：掌子面压力为0.1 MPa，同步注浆压力为0.2 MPa，密封压力为0.05 MPa。

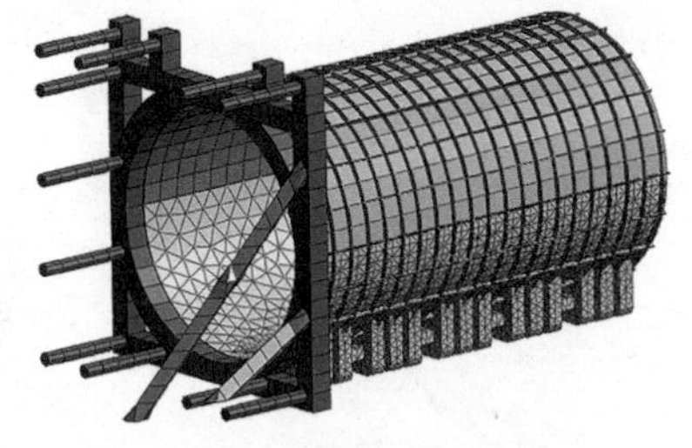

图7-34　始发钢套筒模型实体

7.5.2　始发钢套筒模拟变形分析

1. 筒体变形情况

验证始发钢套筒有限元模型的正确性后，通过计算得到工程实际情况下的钢套筒结构筒身变形位移运算结果。所得始发钢套筒各施工步变形云图结果如图7-35～图7-41所示。

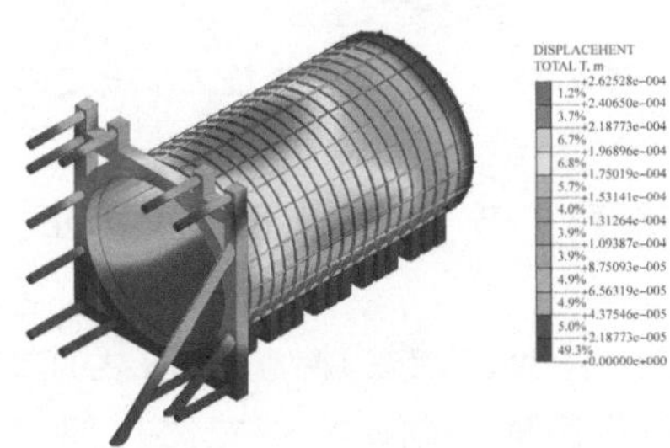

图7-35　始发钢套筒施工步一变形云图（单位：m）

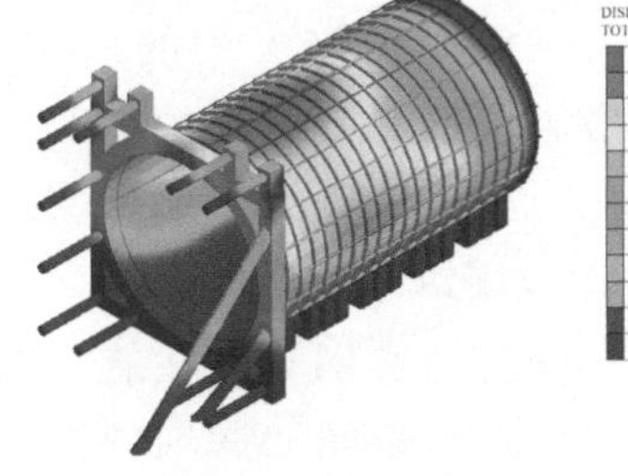

图7-36　始发钢套筒施工步二变形云图（单位：m）

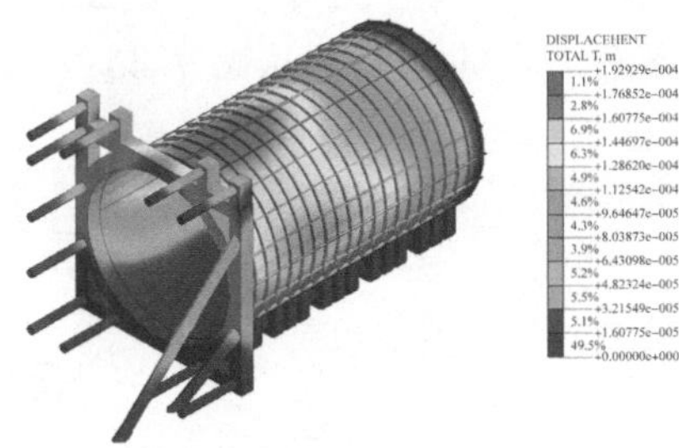

图7-37　始发钢套筒施工步三变形云图（单位：m）

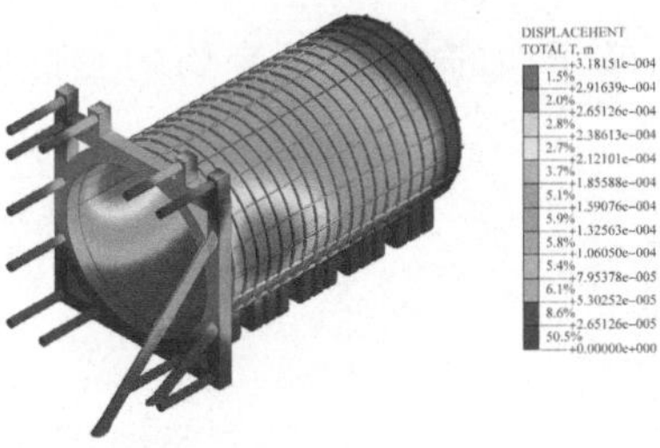

图7-38　始发钢套筒施工步四变形云图（单位：m）

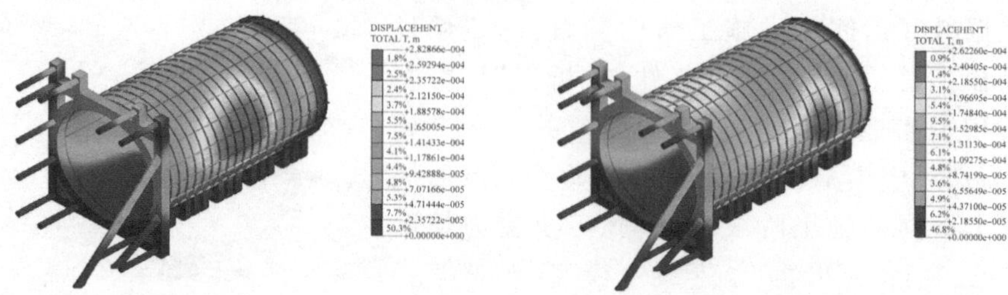

图 7-39 始发钢套筒施工步五变形云图（单位：m） **图 7-40 始发钢套筒施工步六变形云图（单位：m）**

由以上变形云图可知，施工步四、五、六是模拟盾尾注浆面逐渐前移的过程，随着盾尾同步注浆位置的推进，始发钢套筒筒体的外鼓部位也随之对应推进，说明盾尾注浆压力对筒体变形作用较大。在同步注浆压力作用过程中，始发钢套筒的腹部位置变形最为明显。在始发钢套筒施工中的盾尾注浆过程需要严格监控钢套筒筒身的腹部位置，关于始发过程同步注浆压力对筒身变形影响将在本书 7.5.3 中进一步研究。

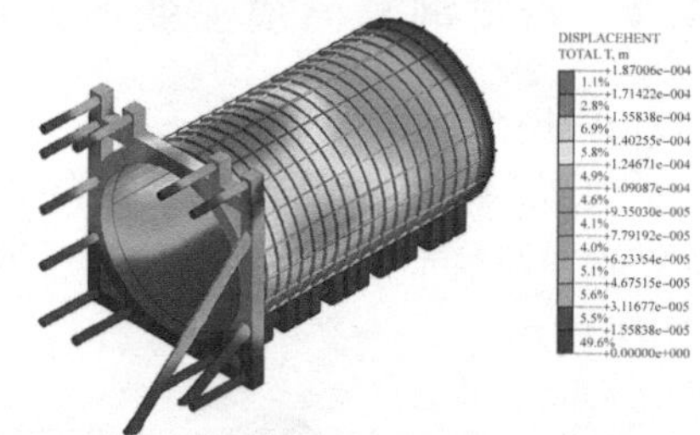

图 7-41 始发钢套筒施工步七变形云图（单位：m）

2. 始发钢套筒纵断面变形规律

为进一步分析始发钢套筒在施工过程中位移变位的规律，现提取之前始发钢套筒不同施工步变形云图的详细数据，根据所得数据绘制始发钢套筒顶部、腹部纵断面变形变化曲线。

由图 7-42 可知，钢套筒顶部断面的变形量顺着掘进方向先增大后减小。受始发钢套筒与过渡环和地层的约束作用，23 号节点处的位移为 0，随着施工的推进，盾构机掌子面的前移，钢套筒的变形量呈现逐渐下降的趋势。从图 7-43 可看出靠

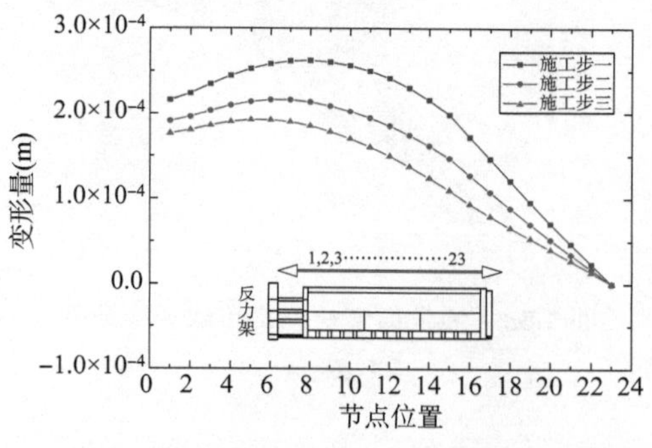

图 7-42 顶部纵断面变形变化曲线（一）

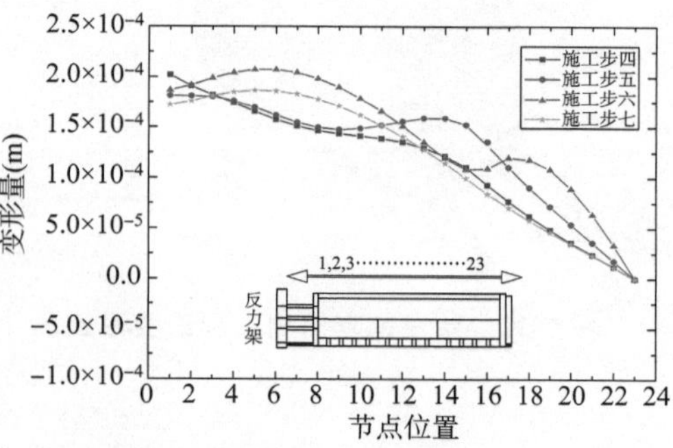

图 7-43 顶部纵断面变形变化曲线（二）

近反力架的节点位移变形最大,并且顺着盾构掘进方向变形量逐步减小,但是在始发钢套筒的中部出现波峰,这是盾尾注浆压力的作用效果。由图 7-44 和图 7-45 可知,腹部纵断面与顶部纵断面节点位移变形的分布变化规律相似,呈中间高两边低的分布情况,并且随着施工推进,变形量逐渐变小。

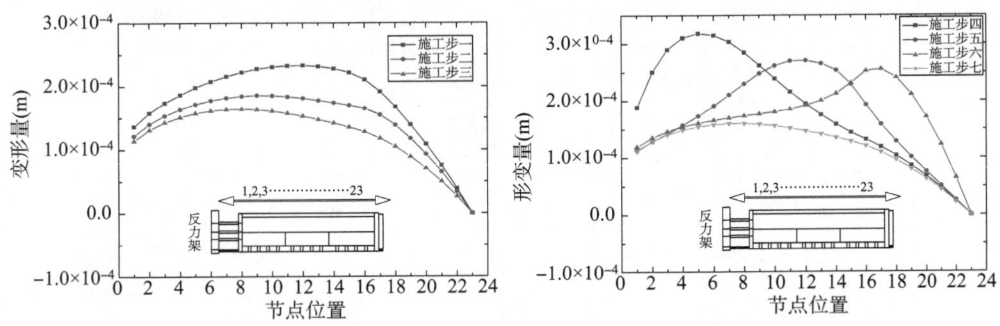

图 7-44 腹部纵断面变形变化曲线(一)　　图 7-45 腹部纵断面变形变化曲线(二)

3. 始发钢套筒横断面变形规律

为了分析始发钢套筒筒体横断面节点变形量,本章将模型划分出三个横断面,分别是横断面 a、横断面 b、横断面 c,具体位置如图 7-46 所示。

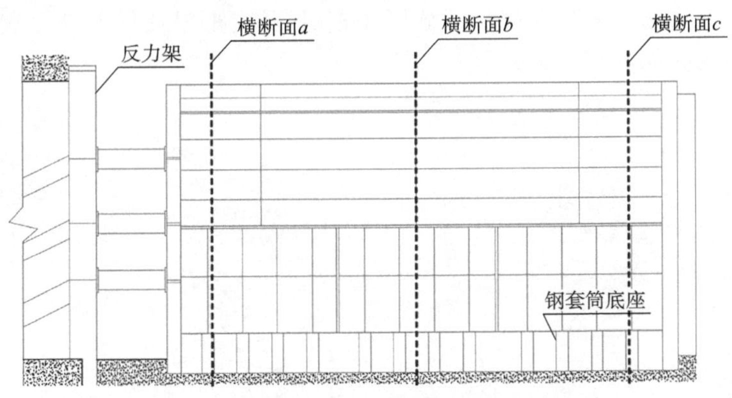

图 7-46 始发钢套筒模型分析断面示意图

横断面 a 为靠近反力架一端横断面,由图 7-47 可知,在盾构始发掘进阶段,横断面 a 环向节点的变位规律相同,侧面腹部和钢套筒顶部两处变形量较大,在始发钢套筒下半部分和底座连接的部位变形量较小。进入盾尾注浆阶段,不同的施工步中横断面 a 上节点的变形量出现较大差异,对于横断面 a 节点施工步四时,其变形量曲线变动较大,达到其余施工步的 2 ~ 2.5 倍。而到施工步五、六、七时,节点变位量相差较小,其曲线走向趋势也趋同。说明在此阶段盾尾注浆压力是关键影响因素。同样可以看出,随施工步增加,应变量逐渐变小。

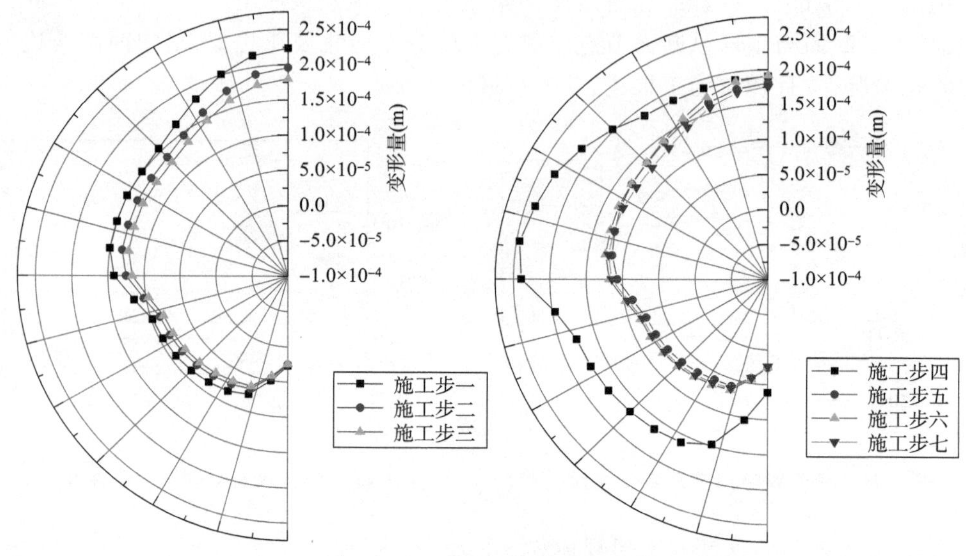

图 7-47 横断面 *a* 变形变化曲线

如图 7-48 所示为环向横断面 *b* 节点的变形量曲线,在始发阶段同样是侧面腹部和钢套筒顶部两处变形量较大。施工步五时,其变形量曲线变动很大,说明在施工步五时距离此横断面 *b* 较近。

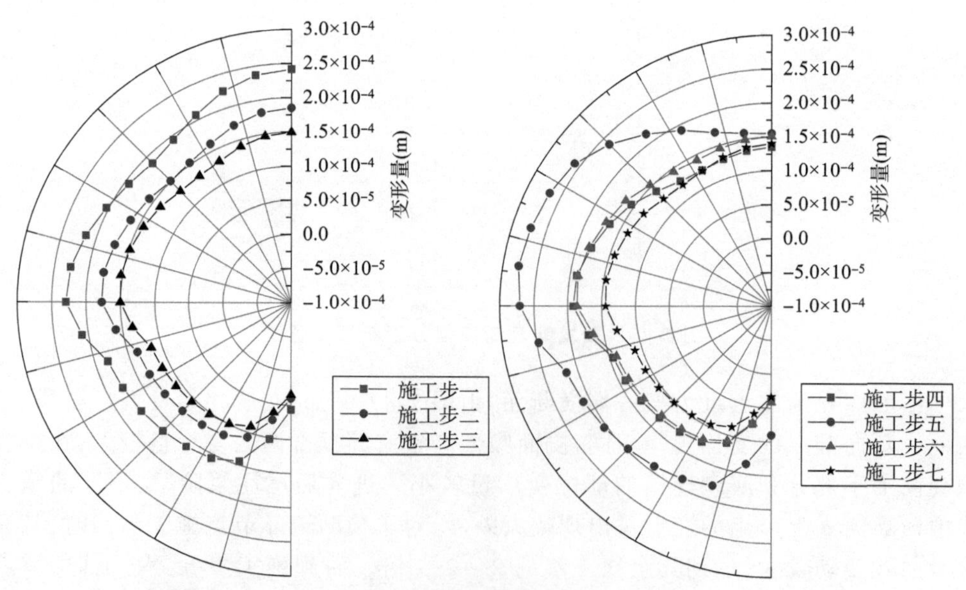

图 7-48 横断面 *b* 变形变化曲线

如图 7-49 所示为环向横断面 c 节点的变形量曲线，在始发阶段同样是侧面腹部和钢套筒顶部两处变形量较大。施工步六时，其变形量曲线变动很大，施工步五时也有部分变形量变大，说明在施工步六时距离此横断面 c 较近。

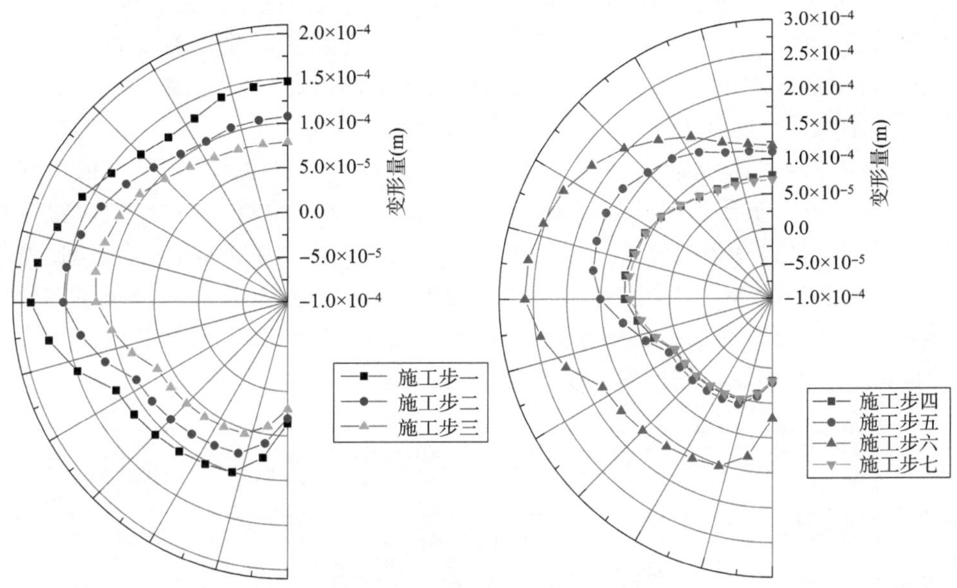

图 7-49 横断面 c 变形变化曲线

7.5.3 始发过程同步注浆压力对筒身变形影响

为得出始发钢套筒在盾构掘进中的同步注浆压力对筒身变形影响趋势及规律，在数值模拟中设置四种工况对比分析，分别为 0.2 MPa 的对照工况，0.3 MPa、0.4 MPa 的正常注浆压力工况和极限工况 0.5 MPa。详细荷载工况见表 7-3。

表 7-3 不同注浆压力模型静力荷载表

工况	静力		
	掌子面压力	同步注浆压力	密封压力
工况 1	0.1 MPa	0.2 MPa	0.05 MPa
工况 2	0.1 MPa	0.3 MPa	0.05 MPa
工况 3	0.1 MPa	0.4 MPa	0.05 MPa
工况 4	0.1 MPa	0.5 MPa	0.05 MPa

根据不同工况，分别进行数值模拟计算得出数据，提取顶部纵断面、腹部纵断面、横断面 a、横断面 b、横断面 c 五个具有代表性的变形分布断面，绘制纵断面变

形差异图。

1. 同步注浆压力对纵断面变形影响

(1)顶部纵断面变形:为了研究同步注浆压力对钢套筒始发过程筒体变形情况,只需对涉及同步注浆压力变化的盾尾同步注浆阶段的施工步进行详细分析,所以针对施工步四、五、六三种工况顶部变形的差异绘制变形差异曲线。由图 7-50 可知,工况 1 依次到工况 4,随着同步注浆压力阶梯性增加,筒身纵断面变形量也近似呈阶梯状增加;施工步四工况 1 最大变形量 0.208 mm,工况 4 最大变形量 0.305 mm 左右,相比增加了 46.63% 的变形量。由图 7-51 可知,工况 1 依次到工况 4,随着同步注浆压力阶梯性增加,筒身纵断面变形量也近似呈阶梯状增加;施工步五工况 1 最大变形量 0.176 mm,工况 4 最大变形量 0.434 mm 左右,相比增加了 146.59% 的变形量。由图 7-52 可知,在施工步五时同步注浆压力作用于钢套筒中部时,始发钢套筒筒身的变形量变化率最高,高达 172.9%,说明同步注浆压力对钢套筒筒身顶部的变形量的影响明显,在实际工程中需要多加控制。

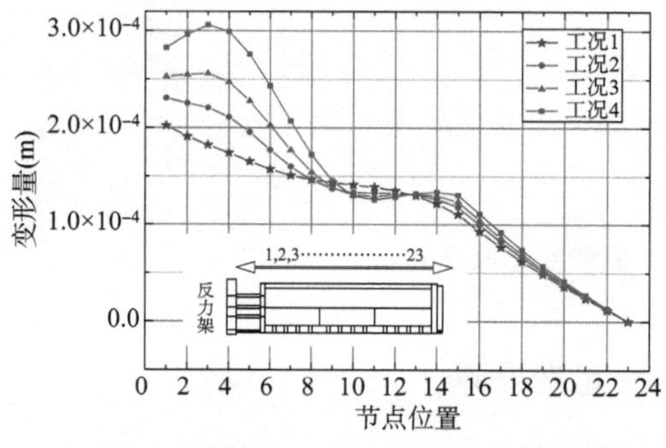

图 7-50 施工步四顶部纵断面变形差异

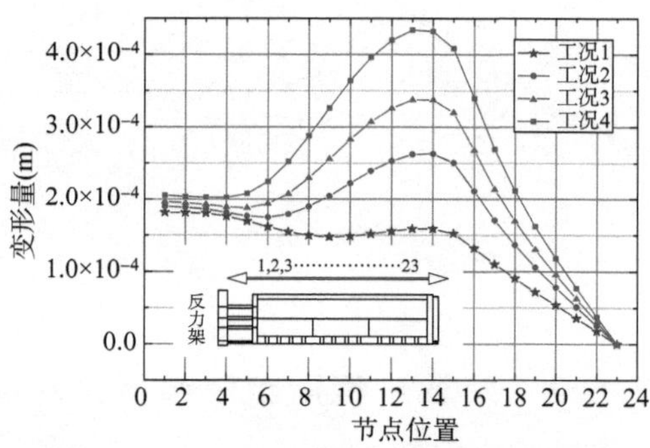

图 7-51 施工步五顶部纵断面变形差异

(2)腹部纵断面变形:下面分析始发钢套筒筒体腹部变形差异。由图 7-53 可知,施工步四腹部纵断面变形差异情况,工况 1 到工况 4 随着同步注浆压力阶梯性增加,筒身纵断面变形量也近似呈阶梯状增加;施工步四工况 1 最大变形量 0.315 mm,工况 4 最大变形量 0.576 mm,相比增加了 82.8% 的变形量。由图 7-54 可知,工况 1 依次到工况 4,随着同步注浆压力阶梯性增加,筒身纵断面变形量也近似呈阶梯状增加;施工步五工况 1 最大变

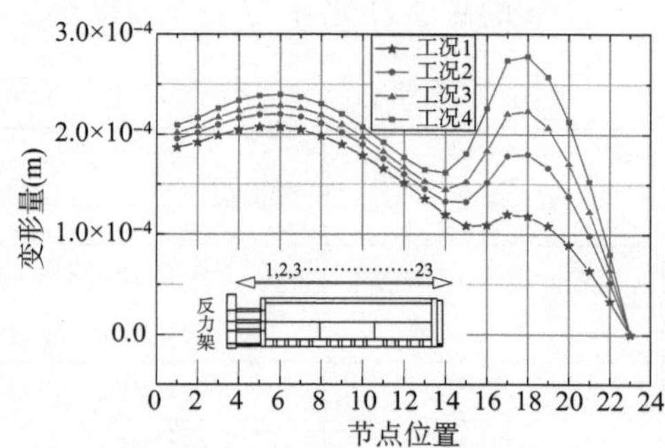

图 7-52 施工步六顶部纵断面变形差异

形量 0.275 mm，工况 4 最大变形量 0.477 mm 左右，相比增加了 73.5% 的变形量。由图 7-55 可知，工况 1 依次到工况 4，随着同步注浆压力阶梯性增加，筒身纵断面变形量也近似呈阶梯状增加；施工步六工况 1 最大变形量 0.262 mm，工况 4 最大变形量 0.500 mm 左右，相比增加了 90.8% 的变形量。

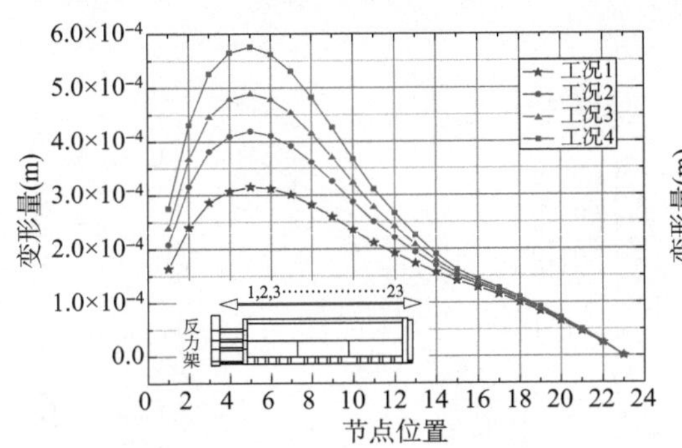

图 7-53 施工步四腹部纵断面变形差异

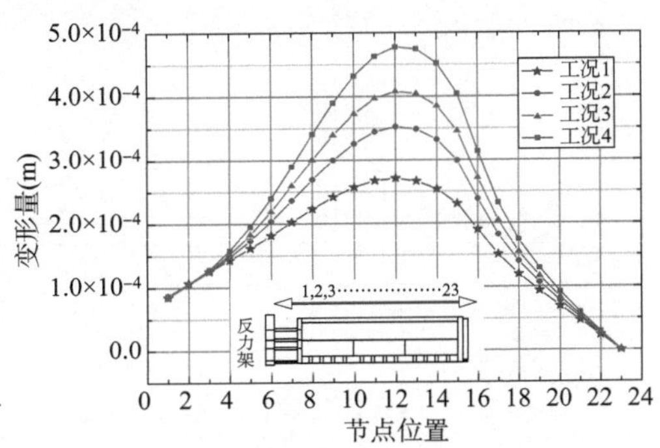

图 7-54 施工步五腹部纵断面变形差异

2. 同步注浆压力对横断面变形影响

(1) 横断面 a 变形：如图 7-56～图 7-58 所示为横断面 a 施工步四、五、六达到盾尾同步注浆阶段不同工况间变形差异情况。横断面 a 靠近反力架，施工步四工况 2、3、4 较工况 1 变形量在顶部位置略小，呈现从顶部到底部位置先增加后减少的趋势。在施工步五、六时工况 1 与工况 2、3、4 相差不大。

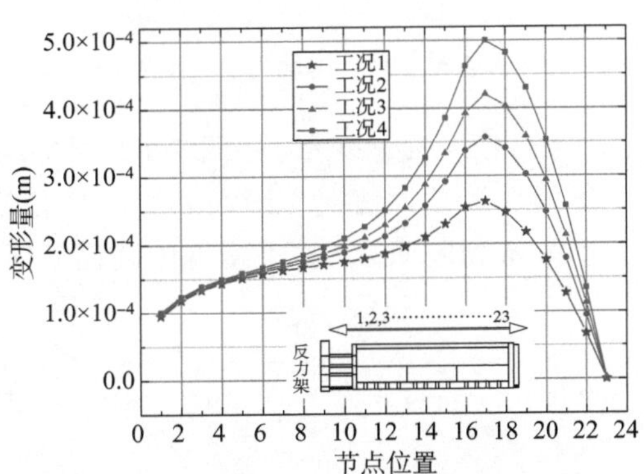

图 7-55 施工步六腹部纵断面变形差异

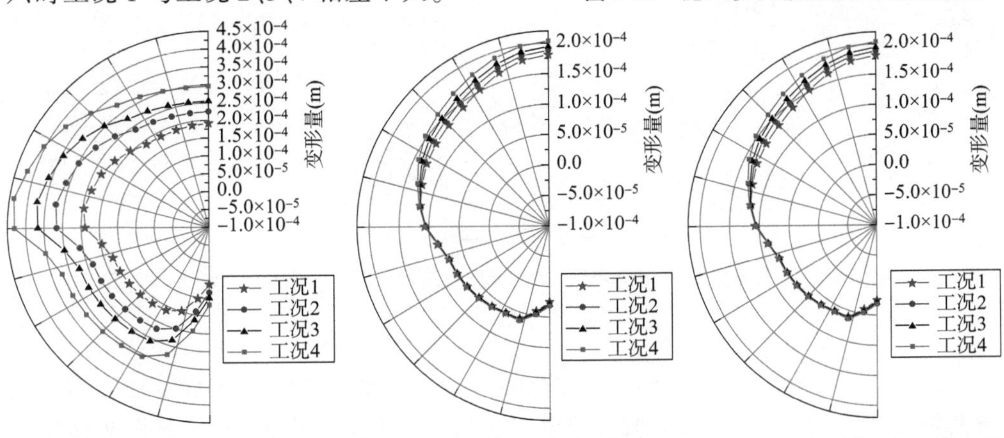

图 7-56 施工步四各工况变形　图 7-57 施工步五各工况变形　图 7-58 施工步六各工况变形

(2)横断面 b 变形:如图 7-59 ~ 图 7-61 所示为横断面 b 施工步四、五、六不同工况间变形差异情况。与横断面 a 相比断面变形轮廓大致相似,不同之处在于,随着同步注浆压力的增大,变形增长量较大的位置为横断面 b 的腹部。由图 7-60 可知,施工步五变形最大处出现于腹部偏上 30°位置。施工步四、五、六变形差异都呈现先增大后减小的趋势。

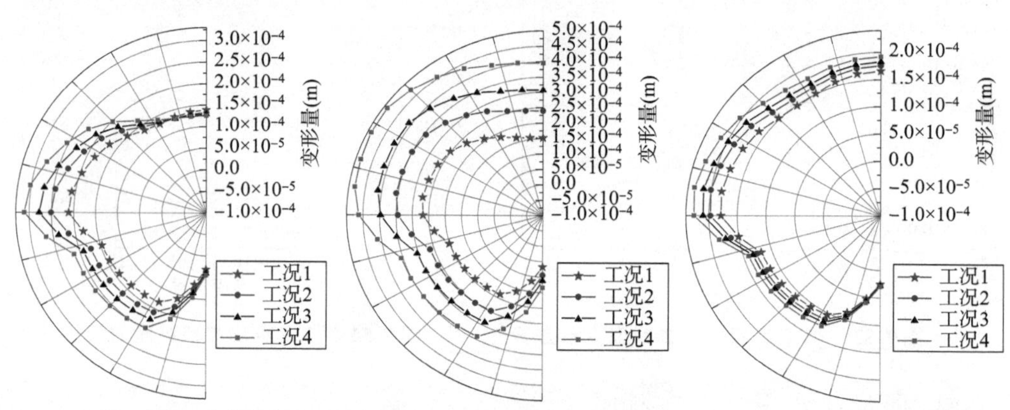

图 7-59 施工步四各工况变形 **图 7-60 施工步五各工况变形** **图 7-61 施工步六各工况变形**

(3)横断面 c 变形:如图 7-62 ~ 图 7-64 所示为横断面 c 施工步四、五、六不同工况间变形差异情况。断面 c 变形量在施工步四中很小,此时同步注浆压力的变化影响不到断面 c。施工步五中断面 c 顶部和腹部之间的变形量较大。

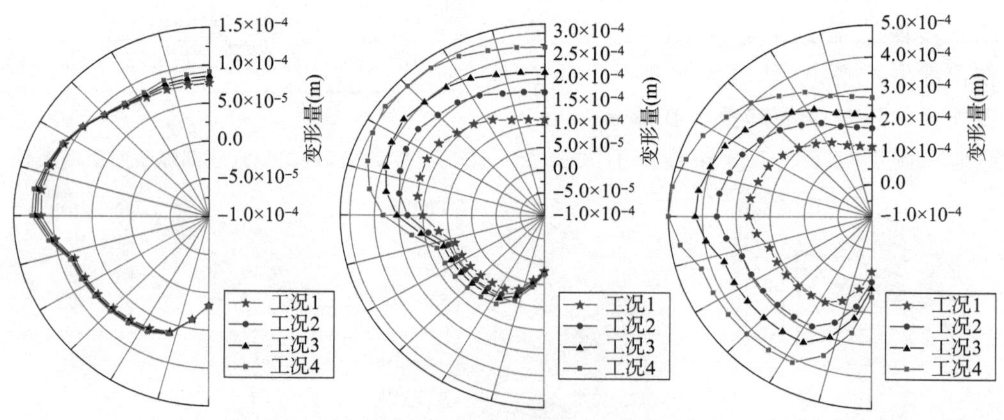

图 7-62 施工步四各工况变形 **图 7-63 施工步五各工况变形** **图 7-64 施工步六各工况变形**

3. 结论

通过对同步注浆压力分别为 0.2 MPa、0.3 MPa、0.4 MPa、0.5 MPa 四种工况的研究发现,同步注浆压力的增加会导致钢套筒筒身变形和应力增大,且同步注浆压力的影响比较明显。其中最大变形为0.418 9 mm,出现在工况3腹部位置,说明最不利位置在腹部。

在对钢套筒始发下穿工程进行调查和研究后,得出以下四点建议:

(1)施工不规范是钢套筒始发技术的最大隐患。钢套筒作为大体积钢结构,安置吊装困难,操作要求精密,施工单位易野蛮施工,造成始发钢套筒损坏。例如存在因吊装位置不精确,造成部分螺栓安装困难;气密性检测疏于形式,密封浆液填充分布不均造成施工过程渗水涌水等一系列安全隐患。

(2)钢套筒本身设计不经济,筒身笨重,其结构强度超出实际需要,建议适当轻量化上部筒身结构,下部筒身应适当保守设计。筒身连接螺栓应设计合理,可适当提高螺栓等级。

(3)施工中的始发钢套筒薄弱点在于靠近洞门端的拼装缝隙,建议施工中实时监测其变化量,并适当加强螺栓连接强度或者采取其他加固办法。

(4)始发钢套筒因盾构机施工开始就放置于钢套筒中,远离洞门端的钢套筒与近洞门端钢套筒相比受力较小,可采用不同设计,实现量体裁衣,使其更加经济轻便,有利于施工操作。

8 ▶ 监控量测

8.1 一 般 规 定

盾构下穿运营地铁和建筑时宜在施工阶段对隧道结构、周围土体及周边环境进行监测。由工程自身风险等级和周边环境风险等级确定工程监测等级，根据工程监测等级，确定盾构下穿既有运营地铁和建筑工程的监测项目，工程监测应按照现行国家标准《城市轨道交通工程监测技术规范》(GB 50911—2013)中的规定执行。具体监测项目应与建设、运营部门或单位共同确定。盾构法隧道管片结构和周围岩土体监测项目应根据表 8-1 选择。地铁运营隧道监测项目应根据表 8-2 选择。既有建筑监测项目应根据表 8-3 选择。

表 8-1 盾构法隧道管片结构和周围土体监测项目

序　号	监测项目	工程监测等级		
		一级	二级	三级
1	管片结构竖向位移	√	√	√
2	管片结构水平位移	√	○	○
3	管片结构净空收敛	√	√	√
4	管片结构应力	○	○	○
5	管片连接螺栓应力	○	○	○
6	地表沉降	√	√	√
7	土体深层水平位移	○	○	○
8	土体分层竖向位移	○	○	○
9	管片围岩压力	○	○	○
10	孔隙水压力	○	○	○

注：√为应测项目，○为选测项目。

表 8-2 地铁运营隧道监测项目

监测对象	监测项目	工程影响分区	
		主要影响区	次要影响区
既有城市轨道交通	隧道结构竖向位移	√	√
	隧道结构水平位移	√	○
	隧道结构净空收敛	○	○
	隧道结构变形缝差异沉降	√	√
	轨道结构(道床)竖向位移	√	√
	轨道静态几何形位(轨距、轨向、高低、水平)	√	√
	隧道、轨道结构裂缝	√	○

注:√为应测项目,○为选测项目。

表 8-3 既有建筑监测项目

监测对象	监测项目	工程影响分区	
		主要影响区	次要影响区
既有建筑	建筑结构竖向位移	√	√
	建筑结构水平位移	√	○
	隧道结构变形缝差异沉降	√	√
	既有建筑结构裂缝	√	○

注:√为应测项目,○为选测项目。

8.2 监测内容

1. 监测依据

(1)正常施工情况下的具体监测要求,如不同的施工工艺对各项变形的限差等;

(2)施工区域土壤及地下水情况;

(3)隧道施工影响范围内现有房屋建筑、各种构筑物的形状、尺寸、与隧道轴线的相对位置;

(4)隧道填埋的深度;

(5)双线隧道的间距或施工隧道与近旁大型、重要公用管道的间距;

(6)隧道设计的安全储备系数。

2. 监测内容

(1)工程施工前,根据现场的实际情况(尤其危房建筑)及工程的施工进度,编制详细的监测实施作业计划及其相应的保证措施，作为施工生产计划中的一项重要内容，同时报请监理工程师和业主批准。

(2)成立专门的监测小组，保证监测人员有确定的时间、空间和相应的监测工具，确保监测成果及时准确。

(3)施工监测紧密结合施工步骤，测出每一施工步骤的变形影响，同时计算出各测点的累计变形。

(4)监测人员及时整理分析监测数据，绘制各种变形和时间的关系曲线，预测变形发展趋向，及时向总工程师、监理和业主汇报。若发现异常情况，随时与监理、业主联系采取有效措施，做好预防。

(5)根据监测结果及时调整施工步骤及采取相应的技术措施，确保施工及周围环境的安全。

8.2.1 盾构隧道监测

1. 盾构隧道监测内容

(1)隧道沉降和水平位移监测：监测传统的隧道沉降和水平位移监测方法是在隧道的顶部或腰线处设立观测点，然后用常规的水准测量方法进行沉降量的测量，同时，以隧道轴线和其轴线的垂直方向建立坐标系，用导线测量的方法测量所有观测点的坐标，以此来推算隧道水平位移量。目前，为了能够连续准确地监测到隧道的沉降及水平位移变形情况，可采用具有先进功能和高精度的自动跟踪全站仪进行观测。

(2)隧道断面收敛位移监测：常规收敛位移监测采用收敛计进行测量，但最大的问题是重复精度不高，而且因操作人员水平而异；其次是工作量大，效率低。目前，用断面自动扫描的方法进行隧道断面收敛变形监测，这种方法是利用免棱镜自动跟踪全站仪和专业的断面测量系统软件组成的仪器系统来实现断面自动扫描，以此进行隧道断面收敛变形监测。

(3)隧道应变和预制管片凹凸接缝处法向应力测量：应变和应力测量是在隧道的结构物上，焊接应变计和应力计等一些传感器，根据传感器测量的结果计算结构构件的轴力和弯矩，判断结构物的安全性能。

2. 盾构隧道监测管理规定

(1)隧道轴线平面测量：当盾构穿越地铁时，必须严格执行每环测量的施工步骤。同时根据实际情况，将盾构姿态测量频率进行提高，从而根据测量资料有效的制定相应措施，确保盾构轴线与设计轴线相符。

(2)隧道变形监测：在盾构掘进试验段开始加强隧道沉降及收敛变形监测。在穿越运营地铁过程中，每 5 环设置一个监测点，监测范围为穿越前后 18 环。监测频率为从拼装工作面后5环开始,至少每天监测一次,直至隧道稳定,再改为一般隧道沉降监测。

8.2.2 运营隧道监测

地铁运营隧道监测应与地铁运营单位建立联动工作机制,在盾构穿越同时,利用晚间地铁运营的间隙对运营线路进行洞内的复测和巡视,应包括以下监测内容:

(1)盾构始发端、接收端土体加固情况;

(2)盾构掘进位置(环号);

(3)盾构停机、开仓等的时间和位置;

(4)隧道结构沉降及差异沉降、管片破损、开裂、错台、渗漏水情况;

(5)轨道结构沉降及差异沉降、道床与结构底板剥离情况、道床结构与隧道结构裂缝、轨道几何形位;

(6)联络通道开洞口情况。

地铁运营隧道监测项目及控制值见表8-4。

表8-4 监控量测控制标准表

序 号	监测项目及控制值	安全判别值		
		Ⅲ	Ⅱ	Ⅰ
1	隧道沉降控制绝对值≤10 mm	6 mm以内	8 mm	10 mm以上
2	左右轨不均匀沉降≤4 mm	3 mm以内	3~4 mm	4 mm以上
3	隧道隆起值≤10 mm	3 mm以内	3~5 mm	5 mm以上

注:Ⅲ级管理——按施工组织正常作业,按正常频率进行施工监测,作周报表。Ⅱ级管理——加密施工监测频率,作日报表,并适当调整施工步序,采取施工紧急措施。Ⅰ级管理——停止施工作业,加强施工监测,作时报表,同时调整施工监测布点,采取施工应急预案。

在对地铁运营线路实施自动化监测或常规监测时,若地铁隧道日变形量超过±3 mm,则应利用运营间隙人工进行复测或加强自动化测量频率,并启动施工应急预案。

8.2.3 地表及建筑监测

1. 地表沉降监测

地表沉降监测是采取精密水准测量的方法测量地铁盾构隧道上方地表的标高。在沉降测量区域埋设地表桩,地表桩一般沿盾构隧道的轴线每隔3~5 m设置一个,同时,适当布置几排横向地表桩,便于测量盾构施工引起的横向沉降槽的变化。在远离沉降区域,沿地铁隧道方向布设监测基准点,并进行基准点联测。按照监测方案规定的观测频率,用精密水准仪进行测量,并计算每次观测的地表桩标高。如果地铁盾构隧道上方是道路,在进行道路沉降观测时,必须将地表桩埋入地面下的土层里,才能比较真实地测量出道路的沉降。如果地铁盾构隧道上方有地下管线,在监测时,对重点保护的管线,应将测点设在管线上,并砌筑保护井盖,一般的管线可在其周围设置地表桩进行监测。

2. 相邻房屋和重要结构物的变形监测

地铁盾构隧道掘进中,对盾构直接穿越和影响范围内的房屋、桥梁等构筑物必须进行保护监测。建筑物的变形监测可以分为沉降监测、倾斜监测和裂缝监测三部分内容。

沉降监测的监测点设在基础上或墙体上,另外在构筑物外的表面上和构筑物底板上有时也需设一些监测点,用精密水准仪进行测量。倾斜监测可采用经纬仪测量方法,也可在墙体上设置倾斜仪,连续监测墙体的倾斜。裂缝监测可用裂缝监测仪测得。

3. 沉降过程控制

控制区内地表沉降和房屋沉降变形监测由安全管理中心、施工单位和监理分别监测。所有的监测数据均以安全管理中心的测量结果为准,其他单位的测量结果仅作为参考。施工单位和监理单位的测量结果必须每日报给安全管理中心。

各单位应在盾构始发前或穿越运营地铁和建筑前 80 ~ 100 环第一次采集测点的初始高程,并在 3 d 后再次同时采集初始高程进行校核。

单点地表隆沉值超出变形控制标准、建(构)筑物沉降变形超出控制标准要求,或单点日变量累计超过 4 mm,必须及时报业主代表工程师。

4. 沉降监测标准

(1)沉降监测采用《国家一、二等水准测量规范》(GB/T 12897—2006)中二等水准测量规定执行(闭合差$\leqslant 4\sqrt{L}$ mm,L 是路线长度)。

(2)水平位移监测采用《城市轨道交通工程测量规范》(GB/T 50308—2017)二等变形监测的规定执行(变形点的点位中误差为 ±3.0 mm)。

(3)对施工单位和监理单位的测量仪器要求:水准测量仪器采用等级不低于 DS3 微倾式光学水准仪。

(4)安全管理中心沉降监测措施

安全管理中心的测量频率、所用测量仪器精密度和测量人员素质应符合要求,以保证安全管理中心测量结果的权威性。

5. 地面沉降监测管理规定

(1)隧道轴线上地面沉降宜每 3 环设置一个监测点,盾构掘进试验段及穿越段各布置 4 个横向沉降监测断面。穿越段监测断面布置在运营地铁隧道中心线上方,有条件的情况下,应设置深层土体沉降监测断面。

(2)在靠近穿越段地面宜适当加密地面监测点,设计允许隆起值为 10 mm,允许沉降值为 -30 mm。单次沉降量达到 ±2.4 mm,为单次报警值,沉降或隆起累计超过控制值(-30 ~10 mm)的 60% 为累计报警值。当达到报警值时,应立即向项目部汇报,同时加大监测频率和范围,协助项目部及时分析异常变形原因。

(3)盾构施工时,应加强对地面监测点的保护工作,并根据工程现场实际情况适当增加或调整监测断面。

8.3 监测方案

在熟悉隧道施工方案,了解施工区域内土壤、地下水和隧道施工影响范围内现有结构物情况的基础上,根据工程的特殊要求,设计出确保工程安全、经济有效、便于监测工作的实施和工程项目施工的监测方案。

8.3.1 变形监测控制网的布网原则

(1)变形监测控制网的起算点或终点要有稳定的点位,应布设在牢靠的非变形区。为了减少观测点误差的累积,距观测区不能太远。

(2)为便于迅速获得观测成果,变形监测控制网的图形结构应尽可能简单。

(3)在确保变形监测控制网具有足够精度的条件下,控制网应尽量布设一次全面网;在特殊条件下才允许分层控制。

(4)控制网设计时,应尽量采用先进技术,尽可能多地获取变形数据,特别是对绝对位移数据和时间信息。控制点便于长期保存。

(5)变形监测控制网应与隧道施工采用相同的坐标系统。

8.3.2 基准点的布设与检验

(1)水准基准点布设与检验

以现有端头井隧道水准点为依据,考虑施工工期及隧道施工影响范围,本次监测基准点将沿隧道走向布设 12 组基准点,每组由 3 ~4 个基准点组成,定期(每 15 d)对基准点与绝对高程点进行联测检核。基准点布设与高程测量按照国标《工程测量标准》(GB 50026—2020)中的规定执行。

(2)工作基准点布设与检验

工作基准点是直接用于对变形观测点进行观测的控制点,其埋设位置既要考虑到便于观测,又要考虑它的稳定性。因此,工程共布设 70 个工作基准点。为检测工作基准点稳定性,根据施工进度情况,拟每二周检测一次,检测时按国家二等水准测量规范观测的技术要求进行往返观测。

8.3.3 监测点的布设与检验

1. 道路与管线监测点的设置

(1)在施工前,先了解盾构推进沿线道路及地下管线情况,包括管线口径、埋深、走向等。然后召开管线管理部门参加的相关协调会,对沿线的道路及市政管线、建(构)筑物进行交底、清查、确认,根据管线情况制定相应的保护措施。

(2)对与轴线正交或斜交的管线,每隔 6 m 设置一个变形观测点,同时设几道断面观测点,观测地表变形量,将数据及时反馈施工人员,调整推进参数。

(3)在推进试验段,采集尽可能详尽的数据,掌握在土层中推进的适宜的推进参数,同时控制好轴线,为后续推进创造良好的条件。

(4)在盾构穿越期间,有专职人员对需控制的管线进行沉降监测,及时观察地面的变形情况。采用先进的通信手段,将每一次测量成果,包括监测数据及时、准确地汇总给施工技术部门,以便于施工技术人员及时了解施工现状和相应区域管路变形情况,确定新的施工参数和注浆量等信息和指令,并及时传递给盾构操作人员,使其及时作相应调整,最后通过监测确定效果,从而反复循环、验证、完善,确保管线安全和隧道施工质量。

(5)盾构机穿越后,会存在一定量的后期沉降,必须继续进行沉降监测,必要时采取补压浆措施,支护土体。

(6)对沿线地下管线,经和管线单位、业主、监理单位协商后,采取各方都认可的保护措施。

施工前根据管线监测点布置图,按管线单位要求进行监测点的埋设,并做好监测点的保护工作。同时加强沿线巡视,发现问题及时解决。对重要的管线根据需要跟踪监测,并把监测信息及时反馈给各管线单位。

在隧道推进区上方,为了更直接地了解盾构施工对管线的影响程度,对轴线两侧各 10 m 范围内各种管线的设备点(如阀门井、抽气井、人孔、窨井等)进行直接监测,在管线单位的监控下确保管线的安全。及时了解管线的沉降速率及沉降量,并控制在允许的范围内。地下管线埋深一般在地表以下 1 ~ 3 m 范围内,对重要管道在有条件允许的情况下开挖布设直接监测点,测点布设数量根据实际情况而定,在管线密集区域需加密测点。测点编号根据管线单位要求采编,如:煤气用 M,电力用 D,上水用 S,市话用 T 等。对无法利用现有设备点的管道监测,则使用道钉在其旁边布设测点,以反映推进施工对其影响。在盾构推进期间,监测频率根据施工进度和管线变形速率的大小适当调整,一般 2 次/d。

2. 建(构)筑物沉降监测点的设置

在掘进施工中应发挥盾构隧道的技术优势,通过施工实践不断优化盾构推进参数控制地表沉降,减少对建筑物的影响,同时充分利用盾构施工的特点和优势,严密进行地表沉降监测,及时调整盾构掘进参数,不断完善施工工艺,将施工后地表最大形变控制在最小范围内。

为此,在推进过程中穿越建筑物,要保证这些建筑物的安全,必须加强监测。为了及时反映隧道推进区上方建筑物变形情况,需在隧道轴线两侧 20 m 范围内建(构)筑物上设置沉降监测点。测点标志采用墙面标志,采用冲击钻成孔,然后用水泥将墙面标志封牢,具体测点数量视现场情况而定。由于该区间内部分建筑物年代久远,测点布设应根据建筑物的基础形式、年代远近酌情而定。对于沿线中的重要建筑物需要进行重点监测,即测点进行加密处理,盾构穿越建筑物时在影响范围内的建筑物的外墙角、门窗边角、建筑物等突出部位布设沉降观测点,观测建筑物在盾构穿越前后所发生的变化。施工前在隧道沿线巡视、观察,若发现先天裂缝,应采取贴石膏饼的方法观测裂缝的后期变化,并拍照存档。

3. 轴线地表监测点及断面监测点的设置

根据隧道控制点,先放样轴线,在轴线上布设沉降监测点。正常区域 4 环(6 m)布置 1 点,同时在轴线走向上每 40 环(60 m)布置 1 条监测断面,在轴线左右两侧设点,断面测点间距为距离轴线 2 m、4 m、7 m、11 m。出、进洞段在条件允许以及确有必要的情况下拟酌情布设深层沉降点(标准地表桩),深度为 1 ~ 1.5 m。轴线点编号,直接以环号作为点号;断面点编号,根据断面点所处轴线的方向,以 E(东)、W(西)、S(南)、N(北)表示。

出洞段(试推进段)前 100 m 为监测重点。沿隧道中心线每 3 环布置 1 个沉降监测点,沿隧道纵向设 5 排监测断面,分别在 12 环、24 环、30 环、40 环、50 环处布设断面,主要监测隧道中心及盾构推进中心区域的地表变形情况。每一监测面横向上在轴线两侧布置沉降点 9 个(包括轴线点),断面测点间距为距离轴线 2 m、4 m、7 m、11 m,主要测试盾构推进对周围环境的影响范围以及为绘制完整的沉降槽提供比较完整、合理的数据,以便及时调整盾构施工参数。

4. 特殊工况监测点的设置

在穿越段前后 50 m 范围内,每隔 5 m 通道路面两侧各布置一个沉降观测点,施工中利用该观测点来实行沉降监控,既可以测累计沉降,又可以测通道两侧土体差异沉降。对于路下立交地道、水库大堤等均以该种方法进行重点监控。对于立交桥墩桩基和民房等则主要以建筑物上布设直接点进行沉降监控。

8.3.4 监测方法与测量要求

1. 监测方法

(1)平面控制测量

在盾构推进区域内布设二级导线网,采用全站仪与甲方提供的平面控制点进行联测，所布设的二级导线点作为工作点。

(2)轴线放样

利用二级导线控制点进行导线加密，用全站仪采用极坐标法或交会法放出各轴线点，并在1:500的线路平面图上清晰标出监测点位置，形成详细的点位布置图提交有关各施工方。

(3)高程测量(沉降测量)

工程采用绝对高程系统，对水准基准点进行全线联测。以工作基准点为起始点，用精密几何水准测量方法，按二等测量要求测定各测点的高程值，比较相邻周期高程值的差即为本次变化量，与初始高程值比较其差即为累计变化量。施测过程中严格按照国家二等水准测量规范执行，读数采用后—前—前—后方式进行野外数据采集。水准路线按闭合或附合形式进行，闭合差或附合差不大于 $0.5\sqrt{N}$ mm，其中 N 为测站数。

2. 测量要求

(1)为保证数据的准确性，测量仪器须经仪器检定部门严格检定方可使用，并定期进行仪器 i 角检校，一般两周校一次，i 角控制在15″以内。

(2)观测按二等水准测量要求采用单路线往返测量，同一人观测，同一仪器测量，同一标尺，同一道路进行。

(3)测站的设置视线长度不得大于40 m。前后视距差不得大于1.0 m。任意一测站上的视距差累计值不得大于3.0 m。

(4)测量精度(误差数值均以绝对值计)：高程测量误差≤0.5 mm。

8.4 监测精度

1. 精度确定的原则

(1)满足设计计算的要求，不能超出设计值。

(2)满足测试对象的安全要求。

(3)对于相同的测试对象，应针对不同的环境及不同的施工因素而确定。

(4)满足各保护对象主管部门提出的要求。

(5)满足现行相应规范、规程要求。

2. 精度值的确定

当项目采用仪器自动监测时，区间隧道结构沉降和差异沉降、轨道道床结构沉降和差异沉降等监测精度宜控制在0.1 mm以内。

现场巡查人工监测时隧道结构沉降和差异沉降、轨道结构沉降和差异沉降、道床与结构底板剥离情况等项目监测精度应不大于0.3 mm。

道床结构、隧道结构裂缝以及轨道几何形位检查项目精度应不大于0.1 mm。

8.5 监测频率

监测工作必须随施工需要实行跟踪服务,为确保施工安全,监测点的布设立足于随时可获得全面信息,监测频率必须根据施工需要跟踪服务,每次测量要注意轻重缓急,在盾构出洞时要加密监测频率直至跟踪监测,具体如下:

(1)在盾构出洞前布设监测点,取得稳定的测试数据,在盾构出洞后即开始连续跟踪监测,监测频率可根据工程需要随时调整,以满足保护环境的要求。

(2)离洞口100 m范围内,在盾构推进过程中进行跟踪监测,提高监测频度,及时提供监测数据,优化施工参数。

(3)仪器自动监测:地铁运营线路的自动化监测一般情况下每1~3 h监测1次;当施工影响较大或出现变形征兆时进行连续监测,监测频率宜调整为1次/0.5 h。当盾构下穿地铁运营隧道时应进行24 h现场值班,确保可以随时监测和复测。

(4)人工监测项目:当盾构靠近地铁运营隧道时应在地铁停运期间每天夜间监测一次,其他情况可根据监测数据适当调整。

(5)每个点从盾构切口到达前5倍开挖洞径开始监测,测点脱离盾尾后,要加强对长期沉降的跟踪监测,至少持续2个月;在沉降量小于±0.2 mm/d时,则停止监测。

(6)在盾构下穿前50 m开始监测,频率为4次/d;盾构下穿过程中,增加监测频率至2 h一次;盾构完成下穿后,继续保持跟踪监测,维持4次/d,根据数据变化降低监测频率,直至完全稳定后停止监测。

(7)整个工程结束后进行全线复测。

除上述规定外,监测频率还应满足《城市轨道交通工程监测技术规范》(GB 50911—2013)要求。

9 盾构掘进安全风险控制

盾构隧道工程应按现行国家标准《城市轨道交通地下工程建设风险管理规范》(GB 50652—2011)规范要求进行风险工程控制设计,建(构)筑物的检测评估及监测等可参照地方标准《城市轨道交通穿越工程检测评估及监测技术规范》的相关规定。

当盾构隧道下穿运营地铁和建筑时,应先对运营地铁隧道和建筑进行调查,当工程风险较大时应进行风险评估。盾构隧道风险控制设计时应区分工程自身风险和环境风险,对工程风险进行分级,并应提出相应的工程实施方案、风险控制指标和风险控制标准。地铁运营线路和既有建筑的结构变形控制值应符合规定,并应采取相应的工程技术措施确保运营地铁和建筑的结构安全和正常运营。

隧道风险控制设计应根据工程地质条件、隧道直径及埋深、运营地铁隧道的情况、隧道与既有运营地铁线路和建筑的相对位置关系等确定。当盾构隧道周边环境条件和地层条件均较复杂,应对隧道施工可能引起的地层变形进行分析预测,分析预测方法可采用 PECK 法和三维有限元数值模拟方法。当有可靠经验时,可根据当地工程经验对分析结果进行修正。

9.1 施工准备期的风险控制

1. 盾构选型

主要根据岩土工程勘察报告提供的盾构穿越的地层水文条件及其上覆地层水文条件,隧道周边环境调查报告提供的环境条件,线路平、纵断面设计情况等对盾构设备及其相关后配套设施进行确定。

2. 盾构及其配套设备适应性

主要根据地层条件、地下水条件和隧道周边环境条件核查所确定的盾构穿越的地层条件、地下水条件和隧道周边环境条件,对盾构及其重要配套设备的性能及其适应性进行工前评估,包括已使用过的盾构残余寿命是否满足要求等。

3. 盾构区间隧道掘进难易性

主要根据地层条件和环境条件核查所确定的盾构穿越的地层及其上覆地层条

件、地下水状态及河流水文条件、隧道周边环境条件，以及隧道埋深（覆土厚度）等进行盾构掘进难易性组段划分。

4. 盾构法加固设计方案评估

主要对盾构始发/到达端头土体加固设计方案、区间联络通道、泵房等区间构筑物的位置和加固设计方案等的可实施性及其重难点进行安全风险分析与管控。盾构法加固设计方案安全风险控制应遵循如下规定：

(1)盾构始发/到达端头加固设计评估

①加固后土体强度，如加固土体的黏聚力和内摩擦角、单轴抗压强度等。

②加固范围，主要考虑纵向加固长度、加固宽度、上方加固高度和下方加固高度。对于有水地层，始发端加固长度应不小于盾构主机长度 1.5 m，到达端加固长度应不小于盾构主机长度 2.4 m；对于无水地层，始发端和到达端加固长度只需满足稳定性要求即可。

③加固后土体的渗透性，主要评估指标为土体的渗透系数。

④设计采用的加固方法，应根据地层条件、地下水状态、施工环境条件及设计参数合理选择盾构始发/到达端头加固方法和加固工艺，确保加固效果达到要求。

(2)盾构区间联络通道、泵房等区间构筑物加固设计评估

①加固后土体强度，如加固土体的黏聚力和内摩擦角、单轴抗压强度等。

②加固范围，如隧道加固长度、加固宽度、上方加固高度和下方加固高度。

③加固后土体的渗透性，主要评估指标为土体的渗透系数，对于无水地层且洞门上方不存在有水管线，对加固后土体的渗透性可不做要求。

④设计采用的加固方法，应根据地层条件、地下水状态、施工环境条件及设计参数合理选择加固方法和加固工艺，确保加固效果以实现联络通道无水作业条件。

⑤拆除管片的形式（混凝土管片，钢管片或其他）与管片拆除期间区间隧道的安全性。

5. 施工组织设计评估

主要对盾构施工组织设计进行评估，包括施工组织、专项方案、应急预案、人员队伍和环境适应性等。盾构法施工组织设计合理性评估应遵循如下规定：

(1)施工前工程地质和水文地质条件调查情况。

(2)施工环境调查情况，主要包括各类地下管线、地面和地下建（构）筑物、河流（黄河）和其他施工环境。

(3)换刀地点的选择和换刀方案的确定。

(4)工期安排和施工场地布置情况。

(5)施工组织机构、施工队伍、人员安排情况。

(6)施工组织设计、专项施工方案和应急施工预案情况。

6. 盾构隧道开工条件

主要在盾构始发前对盾构开工条件进行评估,包括盾构适应性工前评估是否已合格,盾构设备是否已验收合格,盾构始发是否已进行条件验收,相关施工管理人员是否已到位等。盾构隧道开工条件风险评估应遵循如下规定:

(1)应进行盾构设备适应性工前自评估、盾构掘进难易性组段划分,且评估结论为合格,并落实专家意见后,方可开工。

(2)按照要求对盾构设备进行验收,验收不合格不得开工。

(3)按照要求对盾构始发条件进行验收。

(4)施工管理人员应配备到位,并符合相关资质要求。

9.2 盾构始发、接收施工安全风险控制

(1)盾构始发、接收施工中,当地层条件较好时,可以不加固或局部加固,但必须采取相应措施确保施工安全,如合理控制盾构到达时掘进参数,增加封门处喷射混凝土厚度,待盾构刀盘顶至围护桩时再破除洞门等;当地层条件较差时,必须对一定范围内的端头土体进行加固,加固后的土体要满足土体强度、稳定性、渗透性及几何尺寸的要求。

(2)在进行加固前首先要对加固区域内的管线调查清楚,避免对管线造成直接破坏,并在施工过程中进行监测。

(3)加固时控制好质量,如采用钻孔或旋喷桩方式加固,在灌注水泥浆时,应控制好提升速度,保证浆液灌注的连续性等。

(4)加固完成后,要选择合理的加固效果检查方法,对加固效果进行检查。加固后的土体应有良好的均匀性和独立性,掌子面不得有明显渗水,其无侧限抗压强度、渗透系数均应满足要求。如注浆效果未能达到设计要求,需要重新进行补充注浆。

(5)盾构始发施工时,推进速度不宜过快,使盾构缓慢稳步前进。

(6)每环掘进过程中,掘进速度值应尽量匀速缓慢推进,减少波动,保证土仓压力稳定和出土的畅通。

(7)盾构启动时,必须检查千斤顶是否靠足,开始推进和结束推进之前速度不宜过快。每环掘进开始时,应逐步提高掘进速度,防止启动速度过大。

(8)推进速度的快慢必须满足每环掘进注浆量的要求,保证同步注浆系统始终处于良好工作状态。在调整掘进速度的过程中,应保持开挖面稳定。

(9)在盾构接收施工中,推力不宜太大,若推力过大,容易将土体挤出洞门,引起过大土体损失。

(10)刀盘接近围护结构时缓慢降低土压,当刀盘顶至围护结构时,排空土仓内土体,将土压降为0,此时,密切注意出土量,严防超限。

(11)进行土体改良时,严格控制改良剂的注入压力及注入量,防止人为在掌子面前方土体形成有水条件,造成土体失稳。

(12)在洞门破除前15~20 d,对洞门区域进行抽芯试验和水平观察孔来检测盾构端头的加固效果,主要是观察正面土体的含水率及土体的加固强度等。若质量达不到要求,则对加固体进行补充加固。

(13)准备好应急物资,设置紧急安全通道,严禁任何人员和物品堵塞通道。

(14)破除洞门时机:盾构始发、接收前的洞门破除工作,必须是在盾构机及盾构施工成员全部工作准备就绪后,且设备和人员全部处于临战状态下才能进行。

(15)土体坍落处理措施:少量土体坍落,不影响正常的施工,也不会对设备和人员构成安全风险,则可将土体清理后继续施工,需要时可派专人在旁观测土体状况,一旦发生危险及时通知施工人员撤离;大量土体坍落,应立即停止施工,并组织施工人员使用注浆泵对坍落处的土体进行注浆封堵,直到封堵完毕后方可进行下一步施工。

(16)进行洞门密封时,严格按照设计文件要求进行洞门钢环的制作、安装,保证施工精度满足要求。

(17)帘布橡胶板内衬涂抹油脂,避免刀盘刮破影响密封效果;适当调整铰接压板,保证帘布橡胶与盾构筒体的密贴;帘布橡胶板和铰接压板的安装质量应符合要求。

(18)加强盾构始发和接收时的姿态控制,避免因盾构姿态不好造成洞门密封的局部失效。

(19)盾构始发和接收施工时,应派专人对洞门密封情况进行观察,发现问题,及时处理。

9.3 盾构换刀施工安全风险控制

(1)考虑盾构机刀具磨损情况,提前制定换刀开仓换刀计划。对开仓换刀位置进行地面位置、地质情况的充分分析论证。

(2)开仓换刀位置应进行预加固方案论证,保证盾构开挖面土体整体强度和抗渗性,必要时进行降水处理,保证地下水位在刀盘中心以下。

(3)没有地面加固条件的在隧道内换刀施工,应尽量采用地质超前加固等有效方案进行开仓换刀。

(4)对于施工环境条件允许,应优先选择从地面开挖明挖竖井或人工挖孔井

(桩)来进行开仓检修和换刀。

(5)换刀施工(包括刀盘的检修和刀具的更换等)过程应进行下列主要内容的巡视:

①正常换刀地点地质与环境条件的再确认;

②常压换刀或带压换刀及其控制方案与参数;

③突发性刀盘检修与刀具更换方案、实施条件与危险性预测;

④换刀前应进行条件验收,验收结果应符合要求;

⑤作业过程应与方案相符合,不允许出现违反安全操作规程的情况。

9.4 联络通道、泵房施工安全风险控制

(1)联络通道和泵房必须进行工程水文地质勘察,工程水文地质勘察工作深度等必须满足联络通道工程施工和设计要求。

(2)根据工程本身特点,并结合联络通道和泵房工程所在的工程水文地质勘察情况及周边环境情况,进行设计方案评估,明确联络通道工程可供选择的、安全度较高的施工工艺或工法,同时根据不同的施工工艺或工法明确不同的技术控制指标或参数,对施工安全防护设施进行深化设计;施工评估的内容应符合相关规定。

(3)制定联络通道专项设计、施工方案后,组织相关专家进行专项论证并按程序审批后实施。

(4)方案实施前,施工单位对联络通道工程可能出现的风险进行分析和策划,对可能出现的风险落实防范或应急措施进行相应演练。

(5)联络通道加固、开挖和构筑施工选择由具有专业资质和过江隧道联络通道施工经验的单位实施。

(6)规定监理单位对施工过程进行全方位、全过程的旁站式监控,严格落实施工专项方案中的各项工作和措施,及时发现和处理过程中出现的问题,做好监理记录。

(7)监测单位严格按照监测方案实施监测,加强对监测数据的分析和异常数据的判读,加强对报警状态下数据传输的管理,确保监测数据的及时、正确、有效,同时,对联络通道实施远程监控。

(8)联络通道和泵房的施工现场监控与控制

①检查联络通道开口前盾构隧道加固情况与效果。

②检查测点布置和监测频率是否符合要求。

③检查地层预加固与地下水控制情况与效果。

④检查管片拆除情况与效果。

⑤检查联络通道和泵房施工状况是否与施工方案相符合。

9.5 小曲率半径地段安全风险控制

(1)在施工时实施跟踪测量,确保盾构机良好的姿态。一旦发现单边间隙偏小时,及时通过对盾构推进方向的调整,使得盾尾间隙基本相同。

(2)在管片拼装时,严格采取“居中拼装”。若管片无法居中拼装,且曲线管片无法满足纠偏时,采用软木楔子进行调整,使管片处于较理想状态,确保管片拼装质量及推进轴线控制在要求范围内。

(3)当无法通过盾构推进和管片拼装来调整盾尾间隙时,可考虑采用楔形管片和直线形管片互换的方式来调整盾尾间隙。

(4)在较硬的地层中宜启动超挖刀,以适当扩大开挖断面,便于盾构机转弯。

(5)若盾构在小曲线上始发,应采用割线始发方式,做好割线起止点及长度设计。推进时不急于接近曲线,一般应在盾构机全部进入土体后再实施曲线掘进。推进油缸油压的调整不宜过快,否则可能造成管片局部破损甚至开裂。

(6)严格控制浆液的质量及注浆量和注浆压力。在施工过程中采用推进和注浆同步的方式,注浆未达到要求时盾构暂停推进,以防止土体变形。根据施工中的变形监测情况,随时调整注浆参数,从而有效地控制轴线。

(7)提高曲线段外侧的压浆量,以填补施工空隙。必要时,采取二次注浆的措施,以加固隧道外侧土体,实现盾构沿设计轴线顺利推进。

9.6 盾构穿越不良地质条件的安全风险控制

(1)通过补充性地质勘察,进一步准确掌握不良地质条件位置、埋深等必要参数,预先制定措施。

(2)对于孔洞、地质断层、填方区域等不良情况,从设计上考虑进行地层加固或其他类型的技术处理,以确保盾构通过时的安全性。

(3)盾构机应配备超前注浆系统,以便实时控制前方土体情况,提前处理不良地质。

(4)盾构通过时应控制掘进参数,减小对不良地层的过大扰动。应以较小的贯入量、转速、推力谨慎匀速掘进,同时加大刀具检查频率,观察出土状况,以便及时采取调整措施;在通过上软下硬地层时,严格控制出土量、土仓压力,确保同步注浆量,盾构应快速通过,同时需要严格控制盾构姿态,防止盾构磕头而导致掘进困难。

(5)根据盾构机显示的参数波动、变化及掘进经验判断是否遇到孤石等,发现异常应保持压力,及时停机检查、分析确认。

(6)加强施工监测,实施动态信息化施工管理,盾构通过时专人监管,编制应急处理措施。

在实际工程中盾构掘进遇到穿越不良地质条件的种类较多,如孤石地层、上软下硬地层、富水粉细砂地层、淤泥质地层和硬岩地层等,所面对的施工风险也各不相同,因此对盾构掘进安全风险的控制手段和侧重点也不一样,需对面临的不良地质条件情况具体分析,针对风险重难点采取措施。

9.6.1 孤石地层

盾构位于存在孤石的复杂地层中推进时,会加大盾构机土仓压力、掘进参数、同步注浆、姿态纠偏、土体位移和地表沉降控制等困难,以及刀具磨损加快等一系列问题,进而导致刀盘卡壳、盾构停机等事故发生,给盾构的安全掘进带来较大风险。

1. 孤石的分布规律及对盾构施工的影响

孤石往往是复杂地层中的花岗岩球状风化体,虽然其分布具有离散性大、埋藏深度大、空间赋存特征不规则的特点,但仍具有一定规律:

(1)主要分布于全风化带和强风化带。

(2)在垂直风化剖面上具有“上多下少、上小下大”的特点。即随着高程的增加,球状风化体越来越密集,而体积越来越小。

(3)孤石的大小随着风化程度增强而减小,而数量却随着风化程度的增强而增加,这一特征正好与第 2 点相吻合。

(4)在全风化带中也可能存在较大的孤石,在强风化带中,也有可能出现较小直径的孤石,这说明球状风化体的大小也受局部岩性条件和地质条件等因素影响。

孤石的生成呈现地域性特征,分布呈现随机性特征;孤石的存在往往与所处城市的地质演化过程紧密相关,还与工程项目所在地的工程地质环境紧密相关。然而,把单个工程孤立起来看,其个体存在概率随机分布的特征,即孤石的大小、存在位置呈现离散性,在现有勘察技术和经济条件限制下,很难探明孤石分布的具体情况。

盾构在含有孤石地层中掘进,由于孤石与周围岩体强度差异大,因此较难破碎,甚至会顺着刀盘不断移动,易增大对地层的扰动。同时造成刀盘变形、刀具磨损和刀圈崩断等现象,导致换刀频率增加,掘进速度缓慢,延误工期,增加成本。对刀具的抗冲击、耐磨性要求提高。在掘进过程中,由于上部围岩自稳能力较差,容易在开挖时发生坍塌,螺旋输送机出土量增多,造成地层空洞的产生,根据时间效应,空洞会发展至地表,造成地表沉降,会产生“喷涌”现象。地下水、泡沫和砂土等从螺旋机出口喷涌而出,对施工环境影响较大,可总结为如下几点:

(1)掘进时盾构姿态难以控制,遇到大直径孤石时易导致盾构转向或偏离隧道轴线,甚至发生盾构被卡等风险。

(2)由于孤石伴随刀盘一直旋转,掌子面无硬岩面提供反力破碎,掌子面稳定性难以控制,易发生喷涌、坍塌等开挖面失稳情况,且刀盘开挖面扩大,扰动周边地层,极易发生地面塌陷。

(3)刀盘和刀具磨损严重,刀盘受力不均致使主轴承受损或密封破坏,扭矩推力增大,刀盘堵塞、盾构负载加大,掘进速度降低,作业人员带压进仓换刀作业危险极大。

(4)当盾构机自身设备无法对仓内孤石进行彻底处理时,需要开仓进行人工爆破,加剧地层挠动。

2. 盾构遭遇孤石的处理办法

孤石的处理方法应根据揭露孤石的大小、位置、形状、周边环境因素确定。应首先选择地面预先处理,而地面受建(构)筑物或有地下管线影响的、无法在地面采取措施处理的,则采用洞内处理。

对于单体孤石,为确保盾构刀具、刀盘安全可采用深孔爆破或用钻机把孤石抽孔成为“蜂窝煤”体的处理方式,当孤石较小时也可考虑直接用盾构刀具切削通过。对于密集的孤石群而言,地面预处理主要考虑采取深孔微差爆破、人工挖孔桩结合人工劈裂取出、全回旋套管钻机清除甚至明挖法等施工处理方法;当地面存在建筑无法采取任何地面处理措施时,主要采用洞内超前加固地层、洞内静态爆破、压气换刀等方式处理。对于孤石发育集中的孤石群区,单一的处理方式往往有一定的局限性,必要时需采取两种或两种以上的方式组合,取长补短,有机结合才能取得好的效果。

(1)地面预注浆加固地层,盾构机直接破岩通过

当盾构区间线路遭遇的孤石强度较低,地面施工场地条件允许的情况下,可采取地面预注浆加固地层的方法,使得盾构机可以直接破岩通过。需充分考虑孤石的强度、数量,以及所处地层的参数情况,确定合适的加固范围和加固方法,才能保证盾构机能够顺利直接破除孤石通过。

(2)深孔爆破处理方案

地质勘探过程中遇到孤石时,首先查明孤石的产状、大小、形状,并依此来制定爆破孔的数量、分布和装药量,利用小口径钻头从地面下钻,在孤石上钻出爆破眼;然后在小孔内安放适量的静爆炸药对孤石进行爆破,达到分裂、瓦解孤石的目的。

考虑盾构的出渣能力,如通过螺旋输送机的石块尺寸不能超过 40 cm,爆破后石块的单边长度应控制在 30 cm 以下,以利于螺旋输送机顺利出渣。爆破后石块大小通过调整爆破孔间距和用药量来进行控制。具体钻孔装药结构如图 9-1 和图 9-2 所示。

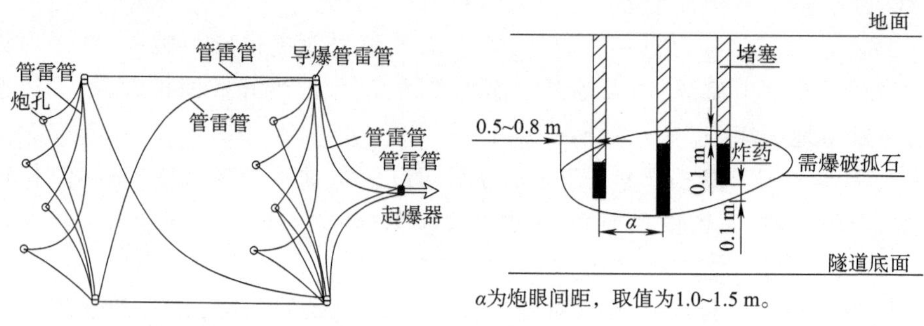

图 9-1 爆破网络示意图

图 9-2 孤石爆破钻孔装药结构示意图

大的孤石虽然已经爆破成为体积较小的碎石,但由于爆破位置处于地下较深处,钻孔质量、装药位置和爆破效果都不能完全保证。因此,孤石最终不一定都能破碎成单边长度小于规定尺寸的碎石,体积较大石块的存在仍会对盾构施工带来较大的困难。盾构进入孤石爆破区段后要密切注意推进油缸的推力变化、盾构姿态的突变、土仓压力和出渣量的变化,采取优化掘进参数、降低螺旋输送机转速、加大泡沫注入量等措施,采用"高转速、低扭矩、小推力"的原则谨慎掘进穿越孤石爆破群;同时,盾构司机应根据渣样特征、掘进时刀盘发出的声音、盾构振动等情况判断刀盘前方碎石的情况、盾构的工作状态以及刀具磨损的情况。

(3)人工挖孔破碎孤石

当孤石位于一些对扰动较为敏感的环境条件,地层加固和爆破方法都无法对孤石进行处理的情况下,还可以采用人工挖孔破碎孤石的方法。对孤石进行测量定位后,采用人工挖孔将孤石上方土层挖开,找到孤石,然后采用劈石机将孤石劈开取出,最后采用 M10 砂浆或素混凝土回填孔位,回填至隧道上方 3 m 后采用原土回填。

确认孤石所处区域位置后,定出孔位,即可进行开挖。人工挖孔至风化球处,即可对风化球处理(图 9-3),采用风钻对风化球进行打眼,间距 300 mm × 300 mm,梅花状布置,孔径 40 mm。钻孔结束使用劈裂机对风化球进行破碎,破碎后清理吊出,清除至盾构通过此风化球处时的周边各 15 cm 范围。风化球破碎后,对孔洞进行黏土回填,随填随夯,保证密实度,并在孔中埋设注浆管,在回填完毕后对其进行注浆加固。

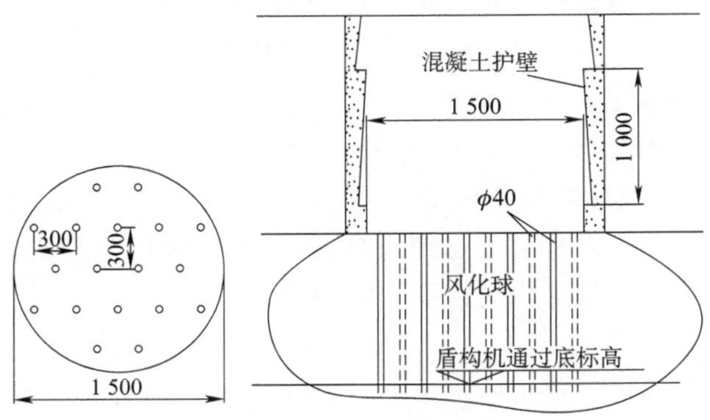

图 9-3 挖孔桩范围内打眼示意(单位:mm)

(4)洞内超前注浆加固地层,盾构掘进通过

当地质条件不具备带压开仓要求,地面有建筑物无法进行地面加固,则须对盾构机刀盘前方土体进行加固,以达到开仓条件进行刀盘前方孤石处理。将超前钻机固定在管片拼装机上,通过管片拼装机的旋转和伸缩来调整超前钻机使钻杆对准盾构超前注浆孔。然后安装钻杆,开始钻孔,钻完孔后更换钻头改为注浆头,进行后退式分段注浆。由于盾构预留超前注浆孔间距较大,为保证加固层形成封闭状态,必须加大注浆压力,扩大注浆半径。必要时采用间歇性注浆方式,以达到注浆扩散加固目的。

须注意:开始注浆前向土仓内注入膨润土,并且在注浆过程中每隔 30 min 转动刀盘一周到两周,防止注入土层的浆液流入土仓把刀盘固结。注浆孔位的先后顺序,采取先注低位置的孔,由两边的孔向拱顶孔位依次进行注浆。当注浆时长时间无注浆压力显示,可以考虑采用注双液浆。

(5)洞内静态爆破

地面无条件处理孤石,且盾构机直接掘进通过孤石风险太大时,在地层经过洞内加固处理的基础上可采用静态爆破处理措施对孤石进行分裂。转动刀盘,使孤石位于刀盘的开口处,或拆卸刀具利用刀箱空间对前方掌子面的孤石进行钻孔,孔深可根据孤石厚度或钻杆长度确定,向孔内填塞与水拌和的膨胀剂膏,然后封死孔口,膨胀剂经过化学反应膨胀预裂孤石,进而达到孤石处理目的。

9.6.2 上软下硬地层

盾构穿越上软下硬地层是盾构隧道施工中重点与难点,在深圳、广州等城市常常遭遇地铁线路穿越复杂条件地层的情况,从极其软弱的黏土、砂土、粉砂到砂砾石,到单轴抗压强度较高的花岗岩层均有分布,软硬不均现象极为普遍,地下水位较高。同时由于地铁线路辐射功能的需要,穿越软硬不均地层很常见。盾构机在软硬不均地层中施工,刀具偏磨严重,开挖面易超挖。

1. 上软下硬地层盾构刀具磨损

1)盾构刀具磨损机理

(1)滚刀磨损失效形式及分析

盾构滚刀一般在硬岩地层中选用较多,对于其较大的岩石强度而导致滚刀磨损较快。滚刀的磨损可分为均匀磨损和非均匀磨损。

①均匀磨损

是指滚刀刀圈周边各部位的磨损程度基本一致。滚刀进行破岩时,破岩效率与其刃口宽度有关。随着滚刀刀圈磨损量的增加,刃口宽度增加,达到一定范围时会影响掘进速度,受到刀圈加工工艺的限制,新装刀圈与齿刀之间的高差为35 mm。当刀具磨损高度超过规定高度时,判定滚刀失效进行更换,均匀磨损是刀具失效的主要形式,主要发生在地质情况比较单一的地层中,其磨损形状为在刃口宽度范围内磨损较均匀。滚刀的均匀磨损情况如图 9-4 所示。

②非均匀磨损

滚刀刀圈周边各部位的磨损程度不一致,即发生了偏磨。在掘进过程中由于岩石情况发生变化或刀盘其他部件(如齿刀等)脱落卡在刀刃与岩壁之间,会导致刀圈局部过载而使刀圈应力集中、发生断裂等非均匀磨损情况。这种非均匀的磨损按照其表现出来的磨损状况可以大致分为弦偏磨和刃偏磨两种形态。而弦偏磨又可以依据磨损后滚刀刀圈的情况以及磨损的程度分为单边、多边弦偏磨以及轴承磨损。弦偏磨的现象在工程中的非正常磨损中所占的比例较大,当滚刀出现弦偏磨现象时,会造成盾构掘进过程中掘进效率降低等影响工程施工进度。刃偏磨从磨损形状来看,是指滚刀刀刃角两侧的磨损不均匀,与滚刀刀圈的法线方向形成了不同的角度,导致滚刀刀圈外缘处呈现不规则曲线的现象。滚刀的非均匀磨损情况如图 9-5 所示。

图 9-4 滚刀均匀磨损

图 9-5 滚刀不均匀磨损

(2)切刀磨损失效形式及分析

在盾构掘进过程中,切削刀刀头与土体推挤作用使被切土体产生变形,并成为土屑。因切削刀刀头与切屑、刀具后面与切削下渣土的摩擦,使刀具在盾构掘进过程中产生磨损。刀具从磨损到损坏的过程可分三个阶段。

第一阶段为初期磨损阶段。刀具装配完成之后,可以发现前刀面和后刀面是凹凸不平的,通过仪器可观察到在其表面上有很多尖而小的"凸峰"。当受到土体作用和渣土摩擦时,这些"凸峰"就会很快地磨平,这一阶段是很短的,为初期磨损阶段。

第二阶段为正常磨损阶段。刀具经过初期磨损后,后刀面会形成一部分磨损区域,使刀具与土体的接触面增大,随着切削时间的增加,刀具表面的磨损会随之加剧。

第三阶段为急剧磨损阶段。在经过刀具正常磨损阶段,刀具磨损达到一定程度之后,刀具开始急剧磨损,这种磨损是不均匀不规律的,甚至会产生崩刃。

盾构切刀的失效主要表现为刀具磨损和刀具脱落两种形式,其中刀具磨损为切刀失效的主要形式。切刀的磨损包括以下两个部分:一部分是切刀刀刃直接与土体作用而引起的磨损,从磨损的形状来看,表现为切刀刀刃处变短变平,这样会影响切削的效果;另一部分为渣土流动对切刀的磨损,这种类型对刀刃、刀体以及刀座甚至刀盘面板都会造成一定的磨损。这两个部分中切刀刀刃直接与土体作用而引起的磨损是切刀磨损的主要组成部分,在切刀对软岩进行作用时,这种磨损形式所占的比例更大。

切削类刀具的磨损与地质情况、刀具材质、所在刀盘轨迹位置及掘进参数有关,并且随着刀具切削里程的增加而增大;布置在刀盘外侧的刀具由于掘进时线速度大,因而使得周边的刀具磨损快、寿命短。刀具脱落的影响因素与安装方法(焊接或螺栓连接)有关,施工时也受刀柄的磨损和渣土的冲击影响。盾构刀具在不同的地层中开挖受力复杂,工作环境恶劣。刀具的磨损与施工地层密切相关。淤泥质黏土、粉质黏土、黏质粉土等地层对切削刀的磨损很小,而砂土、砂卵石砾石地层对刀具的磨损十分严重,非正常磨损急剧增大。

2)上软下硬地层盾构刀具磨损特征分析及减磨措施

(1)刀具异常磨损情况及原因分析

通过对实际工程中刀盘刀具的配置情况、掘进参数、开仓换刀次数、刀具磨损情况分析,得到刀具异常磨损的原因:在粉细砂地层中,掘进速度较快,在遇到偶尔出现的岩石时,出现很大的冲击应力,导致齿刀刀刃的崩裂甚至脱落;贯入度较大的情况下,在没有布置硬质合金的刀体部位,由于其强度较低,造成刀头部分从刀体上直接脱落,留下整齐、光滑的断裂面。

(2)在刀盘转动下,受到掌子面突出岩块、尖岩的冲击,刮刀固定螺栓因受弯拉和受剪力过大而崩断,致刀具崩落,刀座螺栓孔变形,螺纹损坏,更有甚者,正面刮刀与刀座整体崩落。

(3)由于刀具更换不及时,盾构机由全断面粉细砂地层进入上软下硬地层后,齿刀无法适应在此地层中掘进,出现了严重的崩齿以及断裂现象。

(4)在上软下硬地层中,由于岩层中岩石的强度高,其中更含有大量同样高强的石英岩及金属矿物对刀具受力性能要求极高,刀具磨损量明显加大,寿命急速缩减,对刀座刀箱也造成了较大冲击而致变形。

(5)由于盾构机直径非常大,边缘刀具所受到的扭矩很大,导致边缘刀具的异常磨损情况较正面刀具更为严重。

(6)不平整的掘进岩面,使滚刀本身切削规律发生变化,滚刀不能紧压岩面挤入并转动,故持续存在滚刀缺少着力界面而不转偏磨,受岩石突然冲击而使刀圈、刀轴断裂的问题。

(7)刮刀不光起到切削软土的作用,还需要配合滚刀,及时刮落碎岩。然而刮刀遇硬岩出现磨损、崩裂甚至脱落,导致滚刀破岩以后不能及时将碎岩正常刮落,无法起到辅助并保护滚刀的作用。

(8)崩落的刮刀刀具及断裂的滚刀刀圈、刀体等残体在刀盘前方及土仓内反复搅动,不能及时排出,对滚刀造成了很大的撞击、挤压、摩擦作用,使滚刀大面积频繁出现被挤入刀箱现象,造成滚刀发生偏磨;刀圈被挤脱,失去作用;刀圈被撞击致断裂或出现缺口;刀轴受力异常而断裂;与刀体发生挤压等,造成刀体变形,端盖挤出,刀毂被严重挤压变形,刀箱变形,最后无法拆出,只能破坏性气割拆除,使整刀报废;滚刀被卡死,刀圈严重偏磨,更有甚者,刀圈断裂后刀体被偏磨严重;滚刀固定楔块、螺栓因间接受力而出现变形、折断的现象。

(9)由于地层富水,岩石裂隙水补给极丰富,承压性较高,对滚刀的密封损害较大,长期高压作用下,密封受损失效,水及岩屑、粉末颗粒等进入,进而使轴承生锈、磨损。

(10)地层富水,当盾构刀具与硬岩面直接接触时,刀具比较容易发生打滑情况,滚刀无法发挥作用,无法挤压岩石使其破碎,因此刀具更加容易发生偏磨现象。

(11)大面积的更换刀具以后,没有考虑更换刀具后与原刀具的高度不同,更换的新刀具在拧紧螺帽以后较容易发生松动,因此换刀以后立刻进行掘进,新刀更加容易发生磨损。

特别的,在实际施工过程中,当盾构掘进至江底胶结砾岩层时出现盾构机滚刀螺栓断裂的情况,更换坚硬的滚刀刀圈后,强度提高,出现偏磨严重的情况。但是此时针对偏磨面的着力点比较薄弱,因此巨大的推力作用在滚刀上,与岩层形成夹击状态，最后滚刀将推力及扭矩释放在滚刀的螺栓上，出现螺栓断裂的情况。

从滚刀与螺栓连接构件图分析可知，滚刀（高度最高，最先接触岩面）受到岩面的反作用力，通过支撑构件传递给安装的8个螺栓，螺栓分别对称布置，均匀分担滚刀传递的作用力。由于大直径盾构刀具推力较大，转速较快，形成大推力作用下的撞击，导致螺栓薄弱部位受到较大的作用力后应力集中达到抗拉强度极限而被拉坏，如图9-6所示。

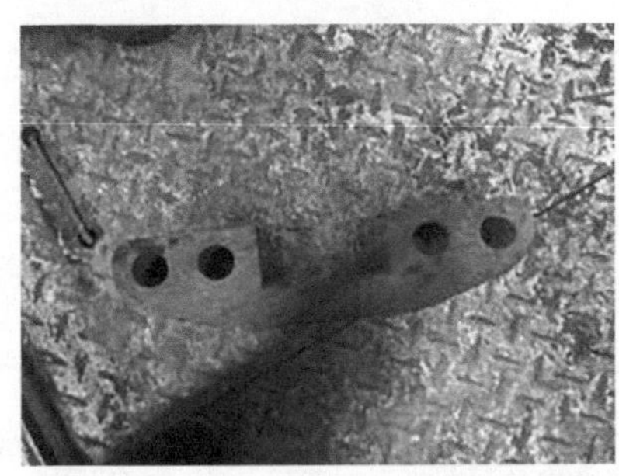

图9-6 高强螺栓安装部位及断裂对比图示

螺栓规格采用的是10.9级的M27型号螺栓，有效面积为 $A_e = 459\ \text{mm}^2$，极限抗拉强度为1 000 MPa；设盾构机推力为 F，正面滚刀数量为 N，则作用于每一个螺栓上的作用力 F_0 为

$$F_0 = \frac{F}{8N}$$

螺栓承受的抗应力为

$$\sigma_t = \frac{F}{8N \cdot A_e}$$

通过取到掘进参数的实测数据来得到盾构推力，即可计算螺栓拉应力大小

$$\sigma_t = \frac{F}{8N \times A_e} = \frac{(70\ 000 \sim 80\ 000) \times 1\ 000}{8 \times 459 \times 14} = (1\ 362 \sim 1\ 556)\ \text{MPa}$$

$\sigma_t > 1\ 000$ MPa时，螺栓达到极限抗拉强度，会出现拉断情况。因此实际施工过程中应控制推力或采用更高强度等级的螺栓进行连接。

3）盾构刀具磨损系数分析

（1）磨损系数统计分析

相比于磨损量，磨损系数更能反映不同刀具对于地层的适应情况。磨损系数的计算公式如下：

$$K = \frac{S}{L}$$

式中 K——磨损系数,mm/km;

S——刀具磨损量,mm;

L——刀具作用距离,km。

通过刀盘转速和刀具圆周运动半径,可计算出刀具的作用距离长度。然后根据刀具的磨损量,就可以计算出刀具的磨损系数,计算公式如下:

$$K=\delta/\left(\frac{l}{v}\cdot n\cdot 2\pi R\right)$$

式中 δ——刀具磨损量;

l——掘进长度;

v——掘进速度;

R——刀具安装半径;

n——盾构刀盘转速。

通过对不同类型刀具磨损量检测、磨损系数分析发现边缘刀具的磨损系数是普遍大于正面刀具的,这一现象在上软下硬复合地层中尤为明显。由于磨损系数反映的是刀具切削作用单位长度的岩土体,刀具产生的磨损量,故可以看到,即使是切削单位长度的岩土体,边缘刮刀也更加容易磨损。分析其原因主要有以下两点:首先,大直径盾构隧道的边缘刀具的运动速度非常大,在如此高速的运动状态下与地层中的孤石或硬岩分界面等障碍物发生碰撞,其产生裂缝甚至掉块等损伤的概率更大,同时也使刀具更易产生磨损;其次,在上软下硬地层中,边缘刀具的磨损系数较正面刀具更大,这是由于在该地层中,掘进相同距离,边缘刀具在硬岩中的运动轨迹更长,而刀具在硬岩中的磨损量较其在砂层中的磨损量更大,故导致边缘刀具的磨损系数更大。

对比不同刀具类型,可以看到,在上软下硬复合地层中,边缘刮刀和正面刮刀的磨损系数差异较大,刀盘直径的增大,将会大大增加刀盘的边缘刀具的磨损速度,但是这个影响对刮刀显得尤为明显,而对于滚刀和齿刀的影响效果不如刮刀大。实际切削过程中,盾构推进一段距离时,由于边缘刀具在刀盘外部,所以其运动轨迹也更加长。故其他条件相同的情况下,无论是切削轨迹还是磨损系数,边缘刀具都是大于正面刀具的,由此造成了边缘刀具的快速磨损。

(2)不同地层下刀具磨损系数分析

随着盾构的掘进地层条件逐渐变化,刀具的磨损系数也随之变化,且不同类型刀具的磨损系数变化规律基本类似,表现为在全断面粉细砂地层以及粉细砂与强风化砾岩的复合地层中,刀具的磨损系数虽有波动,但基本保持不变;当掌子面内开始出现弱胶结砾岩时,刀具磨损系数随之逐渐增大,然后盾构机进入粉细砂、强风化砾岩、弱胶结砾岩与中等胶结砾岩复合地层,岩石强度大大增加,刀具磨损系数增高到最大值,刀具磨损加快。上软下硬地层将造成更严重的盾构刀具磨损,导致频繁的开仓换刀,对掘进安全及成本控制都造成了很大的影响。

(3)不同类型刀具磨损系数分析

在全断面粉细砂地层中,刀具磨损系数的大小关系为刮刀 > 齿刀 > 撕裂刀,但其相差不大;进入上软下硬复合地层后,撕裂刀的磨损系数最先开始增大,之后是齿刀,刮刀磨损系数的增大时间相对靠后,刮刀对强风化砾岩以及弱胶结砾岩的适应性要优于齿刀和撕裂刀;在粉细砂、强风化砾岩、弱胶结砾岩与中等胶结砾岩复合地层中,刀具磨损系数的大小关系大致为撕裂刀 > 滚刀 > 刮刀 > 齿刀,其中撕裂刀、滚刀以及齿刀磨损系数的变化规律类似且较为平缓,而刮刀磨损系数的变化较为剧烈,其总体磨损系数小于滚刀,但其磨损系数峰值大于滚刀,刮刀对高强度岩石的适应性较差,磨损量较大。滚刀的破岩能力虽较刮刀和齿刀要强,但由于其在粉细砂地层中难以达到启动扭矩而导致偏磨,因此滚刀的磨损系数更大。

4)刀具减磨措施

为保证整个盾构掘进过程的顺利进行,减少投入成本,降低施工风险,在出现刀具严重磨损情况后及时采取了减磨措施。

(1)刀具控制措施

①刀具配置改进:根据盾构掘进的情况以及刀具磨损情况进行分析,从全断面粉细砂地层进入上软下硬地层之前对刀具进行了全面的更换,主要是将齿刀更换为滚刀,以更好适应岩层中的掘进。根据地层条件,滚刀主要布置在刀盘外圈,以避免过多的滚刀配置在软土层中出现结泥饼现象,而导致刀具异常磨损。另外,对部分磨损严重部分的刀具进行加强处理,提高刀具的耐磨能力。

②加强刀具管理:及时更换刀具,防止过度磨损,对于更换下来的刀具进行补焊,达到规范要求即可重新利用,从而提高了刀具的使用寿命,对于降低生产成本、节约检修更换时间也起到积极作用。正常磨损情况下刀具更换标准一般为当周边刀刀圈磨损 10 ~ 15 mm、中心刀刀圈和面刀磨损 20 ~ 25 mm 时就需要更换。此时刀圈的刀刃变宽,其冲击压碎和切削岩石的能力降低,盾构掘进时的推力和扭矩就会增大,从而加大了盾构液压系统和电机系统的负载,并且降低刀盘的使用寿命。在非正常磨损的情况之下,如发生刀圈的刀刃破损严重、转动轴承坏掉、刀具润滑油脂泄漏等情况,刀具就需要及时进行更换,因为这样会加重相邻刀具挤压切削岩石的负荷,不仅影响正常掘进,而且还会影响到与其他相邻刀具的正常使用,造成刀具连锁性破坏。在刀圈达到失效标准前进行更换,防止刀体磨损的出现,使得刀具合理布局,有效使用。

③增加刀具检查频率:掘进地层岩石硬度高、开挖面不平整,定期开仓对刀具尺寸、紧固程度等逐项检查,根据实际情况确定开仓频率,刀具磨损情况严重时保证每环检查一次,螺丝松动率下降后改为每 2 环检查一次,保证查刀频率,有效地

对刀具情况实现监测。

(2)掘进过程控制措施

①掘进姿态控制:严格控制盾构机的掘进姿态,时刻观察并控制掘进姿态,按照设计路线掘进,确保盾构机在硬岩段掘进时正常的掘进姿态,一旦发生偏离,应遵循“长距离,缓纠偏”的原则进行纠偏。

②掘进参数控制:工程掘进参数应根据实际情况中的刀具磨损状况及排出的渣土情况进行调整和控制,以保证最合适的盾构掘进参数推进。

(3)渣土改良控制措施

①在盾构掘进过程中向刀盘前方和螺旋输送机内加注高掺量高分子聚合物,以有效封堵掌子面涌水,利于其吸水性,增加渣土塑性及黏稠度,降低刀盘扭矩,减少刀具磨损。

②向土仓内加注低浓度泡沫,吸附在颗粒之间的气泡可以减少土体颗粒与刀盘系统的直接摩擦,对刀盘、刀具和螺旋叶片进行了润滑和冷却,降低其磨损程度,减少开仓换刀频率,提高掘进效率。

2. 上软下硬地层盾构掘进对地层扰动

土压盾构在上软下硬复合地层中掘进时,由于岩土体之间的物理力学性质差异悬殊可能引起开挖面附近土体的异常移动,造成过大的地表沉降,甚至诱发地表坍塌给周围既有构建筑物、施工人员与施工机械带来极大的安全隐患。深入研究土压盾构掘进对上软下硬地层的扰动机理,探明上软下硬地层的移动特征,确定影响地层变形的主要因素以及施工过程中采取哪些工程措施可以有效减小地层受扰动程度,进而降低对周围环境的影响。上软下硬中上覆软土自稳性较差,易受外界因素扰动,下伏硬岩强度大难以被开挖。土压盾构在此类地层中掘进时土仓内支护压力不易控制,可能发生开挖面失稳,对周围环境造成严重影响,其影响特征总结为以下几点:

(1)上软下硬地层土压盾构开挖面前方土体失稳过程随支护压力变化曲线可以分为两个阶段:阶段Ⅰ中,随着支护压力下降,地中沉降增加得非常缓慢,且刀盘面板限制了土体位移,此时保持支护压力不变或者增加支护压力都可以预防开挖面失稳;阶段Ⅱ中,当支护压力降至特定值时,地中沉降快速增加,开挖面失去稳定,此时必须要采取增加仓内支护压力或对地层加固等措施防止失稳区继续发展。考虑盾构动态掘进过程后,上软下硬地层中开挖面极限支护压力随隧道埋深增加而增加,且埋深相同时,隧道断面内硬岩所占比例越小,极限支护压力越大,但极限支护压力与初始压力之比则随着断面内硬岩所占比例减小而减小。

(2)考虑盾构动态掘进过程后,开挖面极限支护压力随之增大,既有研究多偏于不安全。考虑盾构开挖过程后,隧道失稳过程中拱顶前方土体孔隙率与颗粒配位数变化剧烈，且上软下硬地层变化程度大于均质砂性地层；不考虑盾构开挖时，土体孔隙率呈单调递增趋势，只在开挖面失稳瞬间发生突增，颗粒配位数则呈单调递减趋势，在开挖面失稳瞬间发生突降。

(3)上软下硬地层中，一定范围内极限支护压力随着刀盘转速的增加而增加，当刀盘转速较大时，增幅逐渐较小。隧道埋深越浅，开挖面稳定性越容易受到刀盘转速影响。停机状态下开挖面极限支护压力明显小于考虑施工过程时的开挖面极限支护压力，开挖面极限支护压力基本不随隧道埋深增加而增加。埋深相同时，上软下硬地层中极限支护压力随开挖面内硬岩所占比例增加而减小。

(4)上软下硬地层中隧道开挖面失稳模式受地层特性与隧道埋深影响。隧道埋深较浅时($C/D=0.5$)，不同地层条件下失稳区位于两个剪切带之间均呈楔形状且发展到地表，露头长度随硬岩占断面比例减小而增大。上剪切带从隧道拱顶开始呈一定的负角度向地表发展，下剪切带从地层分界线开始呈曲线向地表发展，失稳区沿着剪切带斜向开挖面移动。$C/D=1.0$时，上软下硬地层中失稳区呈封闭的灯泡状不再发展到地表，从地层分界线向上发展，延伸的高度与地层条件密切相关，均质砂土地层中失稳区呈“楔形”与“烟囱”组合体，仍发展到地表。$C/D=2.0$时，不同地层条件下隧道失稳区均呈封闭的灯泡状，失稳区不再延伸到地表，向地表延伸的高度随隧道断面内硬岩所占比例的增加而减小。

(5)上软下硬地层中垂直于隧道轴线的水平应力和沿隧道轴线的水平应力沿深度变化可分为三个阶段：从地层分界线至拱顶应力释放明显，隧道轮廓范围内应力不同程度减小；从拱顶至隧道上方一定范围内应力逐渐增加，并达到极值；水平应力达到极值后逐步减小并在地表处降为0。土拱出现的位置与地层条件密切相关，呈现出隧道断面内硬岩比例越高，土拱距离隧道拱顶越近的趋势。

(6)地层加固可以明显增强盾构掘进过程中与停机状态下的开挖面稳定性。

在上软下硬地层中盾构掘进保持开挖面稳定状态，减小施工对周围地层扰动，降低掘进安全风险，有如下几点需要注意：

①加强土压平衡盾构机的维保，定期进行检测，提高设备的利用率和施工的安全性。

②穿越施工时可采用气压+土压平衡相互联合的模式进行掘进。

③重视盾构掘进基础数据的异常反馈。盾构推进的关键参数，如推进速度、推力、扭矩、油温升高、出土闸门喷涌、渣土的含水率变化、实际出渣量与理论出渣量的比较等，都需要认真分析异常原因，采取果断的控制技术措施。

④严格控制盾构掘进施工出土量。若出现超方应立即停机预警，停机后也要关注土压，如发现土压下降较快，必须通过斜向孔注厚浆或者打开泡沫系统保气压。

⑤密切注意区间盾构掘进时工程地质和地表沉降对应区域变化的匹配情况。在进入区间段前约 30 m 开始,每掘进 20 环进行一次管片姿态测量,以监测盾构机掘进进入和出上软下硬复合地层阶段,隧道成型管片的变化值与盾构机掘进参数之间的吻合性关系,提出适应该地层盾构掘进参数和注浆参数的建议控制值,并及时进行信息反演地层结构。

⑥优化壁后注浆配合比。调整盾构同步注浆的配合比参数,使浆液凝胶时间缩短到 3 ~ 5 h,促使同步注浆尽快发挥止水作用,防止管片背后水力通道的形成,有效防止或减小喷涌的发生,阻止管片上浮。

⑦针对特殊地段,有针对性地补充钻孔勘察,进一步探明隧道范围内岩层、土层厚度及分布。

⑧如对岩层进行了爆破预处理,需对残留气孔进行封堵以避免地面冒浆。

⑨在穿越上软下硬地层前,选择合适的地段进行检修;穿越过程中因刀具磨损需要进舱换刀时,需切实做好地层加固及开挖面稳定处理,严格按照进舱作业要求进行处理,确保工作人员人身安全。

⑩土压盾构做好土体改良,如遭遇页岩、板岩地层时可采用膨润土和泡沫进行土体改良;在遭遇强风化砂砾岩时,由于其强度较低、黏粒含量较高、易遇水软化,可采用泡沫进行土体改良。泥水盾构做好泥浆管理。

⑪对于上软下硬岩溶区,应在查明岩溶范围、大小情况下,选择合适材料(水泥浆、水泥砂浆和碎石)进行充填加固,并做好盾构穿越过程中及穿越后的监测工作。

⑫合理控制施工参数,如掘进速度、刀盘转速、盾构推力、转矩等,严格控制出土量(排浆量),尽可能将掘进速度控制为 5 mm/min 左右,刀盘转速宜小、转矩宜大。

⑬加强地面巡查和监测,做好应急处理措施,地面沉降过大需及时处理,遇有塌孔及时围蔽回填。

⑭加强通风和可燃、有害气体检测,即使勘察报告未探出可燃、有害气体,施工中刀盘高温摩擦地层或进行预裂爆破等工序也可能产生可燃、有害气体。

⑮针对上软下硬地层盾构姿态难以控制的特点,通过加强盾构姿态测量,合理调整管片旋转角度,使管片姿态适应盾构姿态,调整分区油缸数量与油压差值等,有效控制盾构姿态。

9.6.3 富水粉细砂地层

富水粉细砂地层中,盾构掘进的微扰动控制是工程界公认的难题。富水粉细砂地层具有"敏感"的工程特性,盾构掘进引起的地层应力释放和土体位移,在富水粉细砂地层中更为显著。正因为这种“敏感”的特性,会给盾构掘进的微扰动控制带来极大的困难,施工中稍有不慎就会造成过大的地表沉降,危及地表建筑。因此,探明富水粉细砂地层中盾构施工的土水扰动规律十分必要。

1. 盾构掘进引起的地层变形规律

1)地表沉降规律

对已有工程中富水粉细砂地层掘进过程的地表变形监测数据分析,得出的地表沉降规律如下:

(1)纵向地表沉降规律

对于盾构已穿越段的地表沉降最大累计值,当盾构在非全断面粉细砂(混合有粉土)地层掘进时,地表沉降控制情况良好;而当盾构在全断面粉细砂中掘进后,地表沉降控制难度增大,并且沉降不稳、存在较大波幅。

①刀盘切口到达之前:由于刀盘开挖所产生卸荷作用、舱内压力对前方土体的压挤效果,全断面粉细砂地层中盾构掘进对刀盘前方土体的扰动范围、影响要强过混合地层。

②盾体通过阶段:该阶段沉降值的下降速率相对较小,由于砂性土摩阻力更大些,盾体在通过时对周边土体的摩剪效果增大。

③盾尾脱出阶段:在这个阶段,盾尾间隙、同步注浆情况对周边土体影响较大,粉砂土体的渗透性较好,壁后同步注浆需要更长的时间封闭、成环,故其沉降要大些。

④工后沉降阶段:这个阶段的沉降主要由于土体蠕变固结,沉降曲线变得平缓。

(2)横向地表沉降规律

隧道中心处的地表沉降最大,两边向外逐渐减小且左右对称性良好,表现出良好的正态分布,富水粉细砂地层的横向沉降曲线也较符合 Peck 假定。

2)分层沉降规律

在掘进试验过程中进行了分层沉降监测,分层沉降规律分析如下:隧道轴线位置处土层沉降的历时发展,埋深不同的沉降变化规律与地表测点基本一致。刀盘切口到达之前,随着土仓压力波动,产生了一定量的隆沉变形,但其值较小,各土层测点的差异沉降不显著;当盾体通过至盾尾脱出时,沉降变形加大,差异沉降变得明显;盾尾通过三环左右后,各测点的沉降均趋向稳定。

盾构隧道附近不同深度处的土层最终稳定沉降值,土层之前差异沉降规律为:洞顶正上方拱顶处的土层沉降最大,往上则沉降逐步减小;隧洞侧边的土层其沉降值则随深度增大而变小。另外,横向对比可见,越是远离隧道,同一深度处的沉降值越小,不同土层深度间的差异沉降也越小。

3)深层土体水平变位规律

(1)横向水平位移规律

隧洞正上方的土体产生了正的横向位移,主要由于盾体通过期间盾尾间隙存在左小右大的情况,故盾构处于向左纠偏的施工状态,导致土体产生向左的横向移动。在刀盘切口后方 8 ~ 11 m 的位置,由于壁后同步注浆、盾构停机的原因,土体存在一定量的回弹,盾尾脱出远离后又逐步趋向稳定。理论上来说,当盾构处于理想掘进状态时,隧洞正上方的土体横向变形应仅发生很小波动。

对于隧洞侧方土体的横向变位情况,刀盘切口到达之前在这个阶段影响较小;盾体通过期间这个阶段,其测值逐步转为正值,也就是土体朝着隧洞方向进行移动,分析原因,这主要由于刀盘的切削开挖半径要略大于盾壳直径,盾壳与周边土层存在一定间隙,故使得周边土体朝着盾体进行移动;然后,在刀盘切口后方 8 ~ 11 m 的位置,位移值则明显增大,主要由于此时为盾尾脱出通过期间,壁后同步注浆凝固封闭成环尚需要时间,另外停工停机后恢复施工会对土体产生二次扰动;随着盾构再向前掘进,土体的横向变位逐步趋向稳定,此时盾构掘进施工在该处土体产生的影响已很小,主要是由于土体的工后固结变形引起。

(2)纵向水平位移规律

与横向位移不同的是,在切口到达前 10 m 左右时,纵向位移出现负值,即与盾构前进方向相反,这主要是由于隧道开挖造成掌子面的应力释放加之欠压推进的缘故。在盾体通过期间,纵向位移值大幅增大,土体向着盾尾移动,在盾尾通过 0 ~ 3 m 左右出现峰值,这主要是由于壁后注浆未能及时充填管片与土层之间的空隙。峰值过后土体反向朝着盾构前进方向移动,并逐渐趋于稳定,但一般难以恢复到初始位置。

在盾构前进方向上,切口前方的土体影响范围主要看土仓压力的大小,盾尾后方土体的影响范围则与壁后注浆、固结沉降等因素有关,按经验一般为切口前方 10 m 到盾尾后方 20 m 的区域内。其显著影响区域为切口到盾尾后 1 ~ 3 环大约 10 m 范围之内。

2. 盾构掘进地层扰动力学特征

盾构掘进地层扰动力学特征包括孔隙水压力、土压力等变化特征,在施工时了解地层扰动动力学特征对采取适当手段控制沉降较为关键。基于已有盾构工程的监测数据分析可展示富水粉细砂地层的水土应力扰动特征规律。

(1)孔隙水压力变化特征

对于地层中孔隙水压力随盾构掘进变化,由于粉细砂的渗透系数大,排水消散超孔隙水压力速率快,掘进结束 2 h 后,各个测点的孔隙水压力值基本都恢复到掘进前的初始值。所以在整个掘进过程中,孔隙水压力一直处于掘进上升、停机下降的波动循环过程中。这一点和黏性土有很大区别,黏性土渗透系数小,超孔隙水压力的消散速率较慢,正常掘进情况下,拼装管片的时间不足以令其恢复到初始值,当下一环掘进时,应力再次上升。因此在盾构的影响范围内,孔隙水压力总体处于上升阶段,盾构远离后才慢慢恢复。

盾构切口距离断面 15 m 左右,孔隙水压力值开始出现变化,但波动幅度不大;切口临近断面到盾尾过后 2 ~3 环,土体先后受到土仓压力、盾体的摩擦剪切、壁后注浆压力的作用以及为了降低扭矩而大量向前方土体加水,致使孔隙水压力变化显著,这期间峰值往往出现在盾尾处,波动幅度达到最大值,切口到达时由于大量加水理论上也会出现一个波动峰值,但由于此期间盾构是凌晨通过,无法监测,所以未得到证实;盾构远离后,孔隙水压力波动明显减弱,波动幅值较小,处于消散恢复期。

(2)土压力变化特征

对于地层中土压力随盾构掘进变化规律和孔隙水压力大致一样,整个掘进过程中处于掘进上升、停机下降的波动循环中。总体而言可分为三个阶段:①缓变段,盾构切口距离断面 15 m 时,波动范围较小;②显变段,切口临近至盾尾过后 3 ~12 m 范围内,波动达到峰值,比孔隙水压力大,这是因为除了受超孔隙水压力的影响,土颗粒还受到掘进过程中动荷载的挤压作用;③消散段,盾尾远离,这时掘进的影响已经很微弱。

同样土压力的变化值随着深度而增加;而同一深度处距离盾构越远,变化越微弱。可见土体应力(土压力、孔隙水压力)的变化值和距离存在一定的相关性。

(3)有效应力扰动度回归分析

土中任意点的孔隙水压力 u 在各个方向上的作用力大小即处于球应力状态,它只能使土颗粒产生压缩(但由于土颗粒本身的压缩量是很微小的,这里不予考虑),而不能使土颗粒产生位移。而土颗粒间的有效应力作用,则会引起土颗粒间的相对错动和位移,使孔隙水体积发生改变,土体发生压缩变形。所以可以说土的有效应力控制了土体的变形和强度。从上面的分析中可以知道在盾构掘进的过程中,土体侧向土压力的增长值大于孔隙水压力的增长值,这说明有效应力也随着盾构掘进而增大。

定义盾构掘进对有效应力的扰动度为 R:

$$R=\frac{\Delta u'}{u'}$$

式中　$\Delta u'$——有效应力的最大变化值;

u'——有效应力的初始值。

针对粉细砂地层,距离隧道越近的土体有效应力增加值越大,扰动越严重。假设有效力的扰动度与距离 S 存在着相关关系。分别采取线性、指数、对数、乘幂等

函数对 R 与 S 进行回归分析,其中指数回归所得关系式的 R_2 值最大,且考虑到随着测点远离隧道有效应力扰动度应该无限趋近于零,所以最终决定采用指数回归。所得关系式如下:

$$R = 0.44\exp\left(-\frac{S}{3.41}\right)$$

当 $R < 0.01$ 时,近似认为隧道开挖对其不产生影响,得 $S > 12$ m。

即盾构在粉细砂中掘进时的应力扰动范围为隧道边界以外 12 m,约为轴线两侧各 2.5D 的范围,比土体变形的影响范围略大。这是因为应力扰动的敏感度要大于土体变形,加之两个断面应力变化一致的假设会产生一定的误差。

3. 富水粉细砂地层掘进沉降控制

为更好地实现盾构在富水粉细砂层中掘进施工,降低盾构掘进对周围土体的扰动,富水粉细砂地层盾构施工沉降控制建议如下:

(1)土体改良。向刀盘前方土体、土仓内喷注一定量的添加剂,以改善渣土的塑流性。主要方法有加膨润土或黏土泥浆、CMC 聚合物和泡沫剂等。

(2)加强注浆管理。采用适用于富水粉细砂地层的新型同步注浆浆液,采取同步注浆保质保量并及时二次注浆跟进的注浆模式,稳定地面沉降、管片姿态及盾尾漏浆情况,同时加强地面监测及巡视,根据工况适当增加监测巡视频率。

(3)调整稳定同步注浆稠度,限制同步注浆压力,防止击穿盾尾从而导致漏浆,若同步注浆压力过大仍不能稳定沉降随即采取二次注浆。

(4)降低速度缓慢推进,适当加大盾尾油脂注入量,拼装过程中在盾尾间隙内塞入棉絮条或海绵条封堵、清除盾尾泥砂,使盾尾油脂与管片重新黏合密封。

(5)粉细砂地段由于开挖面稳定难以控制,应该尽量避免停机,特别是在对沉降要求较高的地段。

(6)粉细砂地层盾构姿态难以控制,因此在掘进中操作人员应该密切关注盾构机水平、垂直偏差和仰俯角的变化,认真记录,及时调整,最大程度保持与原有线路一致,尽量避免可能的超挖、扩挖。

(7)在保证盾尾垂直姿态可控条件下,压低盾首,寻找盾构推力、土压与土体提供反力各间关系的平衡点,尽快稳定正常的盾构姿态,减小因盾构抬昂头引起的超挖,并在后续推进中严格控制盾构纠偏量,少纠勤纠。

(8)加强对地表的监测,及时反馈,及时调整,寻求粉细砂地层掘进的最优参数。

(9)加强施工组织与管理。

9.6.4 淤泥质地层

淤泥质黏土土质软弱,具有高压缩性、高灵敏度、低强度的特性,设计和施工均需考虑该层土易流变和触变的特性,极易产生沉降。由于深厚淤泥质粉质黏土地层承压强度极低,在盾构施工过程中,极易诱发土体结构发生屈服破坏。加之土体具有较大触变性和流变性,土体将由低承载力土体介质转变成零承载能力的流体。这种特殊的地层条件将给盾构机的掘进控制,包括盾构机姿态控制、盾构密封性能、施工期沉降控制等方面带来很大困难。

1. 地层变形控制与加固方法

为避免在软土地层中进行盾构施工时地表产生过大的沉降,需要进行盾构隧道地层加固,选择合适的地层加固方法和加固范围,可以将对地质环境造成的影响降到最低,而一旦地层加固方法选择不当,则会导致盾构掘进面临开挖面失稳、盾构磕头偏斜等事故的发生。

目前在软土地层中通常采用的隧道地层加固方法有地面加固和洞内加固两种,地面加固即通过冻结、地面注浆、旋喷桩、搅拌桩等方式对地层进行加固,而洞内加固则是通过隧道管片增加注浆孔进行洞内二次注浆加固。当隧道下方淤泥质黏土层厚度较大时,在地面允许的前提下,优先考虑采用地面搅拌桩加固;当隧道下方淤泥质黏土层厚度较小时,可采用洞内注浆加固。地面加固范围普遍大于洞内加固范围,其中,地面搅拌加固和高压旋喷加固范围最大,地表注浆加固次之,洞内注浆加固范围最小。在工程实践中,软土地层中通常采用的隧道地层加固方法及其应用情况如下:

(1)冻结加固

当盾构进洞施工段处于粉质黏土和淤泥质黏土软弱地层中,可采用液氮冻结技术,有效控制了地层的隆陷,抑制了冒浆事故的发生;隧道盾构出洞可采用水平冻结法,对周边沉降进行有效控制。采用"工作井内钻孔,水平冻结"方案对土体进行加固,使加固区土体胶结成为一个整体,形成强度高、封水性能良好的水平杯型临时围护结构,可以保证洞门凿除后土体的稳定性,为盾构的安全始发创造有利条件。

(2)搅拌加固

当车行地通道基坑与已建地铁盾构隧道立体相交,为避免基坑开挖导致回弹变形过大,影响盾构隧道变形对轨道变形的控制,对基坑内土体采用水泥土搅拌桩门式加固,可减小基坑开挖带来的隧道变形。对位于运营隧道正上方的建筑物基坑采用水泥土搅拌桩加固,通过减小连续成桩数量,优化打桩顺序,控制水泥浆液比重的搅拌桩加固施工措施,可有效减小隧道最大沉降。

(3)旋喷加固

当盾构在软弱土层中掘进时,采用水平定向旋喷桩预支护,以水泥浆液(水灰比 1∶1)为注浆材料,可有效控制软弱土层的沉降。

(4)洞内注浆

盾构区间存在软弱地层和液化砂层,采用洞内深层注浆的工艺进行加固,加固范围按照隧道两侧加固 3 m 设计,底部主要以淤泥等不良地质分布深度决定,加固到相对稳定地层中。盾构机同步注浆管跟进补充注浆的防沉降控制施工工艺,有效补充了盾构同步注浆,操作简单、效果明显,降低了劳动强度,消除了水泥浆液拌和过程中的粉尘污染,改善了洞内作业环境,且不影响正常的盾构掘进。

(5)水平定向注浆

以符合水泥浆和黏土水泥浆为注浆材料将地面注浆技术与定向钻孔技术相结合进行水平定向注浆加固,实现对开挖影响范围内建筑物的远距离超前注浆加固,可提高建筑物的自稳定能力。

2. 淤泥质地层盾构掘进姿态控制

盾构在淤泥质粉质黏土层中掘进时,可能出现盾构机栽头或管片上浮现象,造成隧道管片姿态超限,面临调线风险。在盾构穿越淤泥质粉质黏土过程中,严格控制盾构机掘进速度,确保盾构机匀速缓慢穿越淤泥质粉质黏土。保证盾构机上扬的姿态,防止盾构机栽头。保证同步注浆量,二次注浆紧跟,必要时,通过中盾超前注浆孔进行超前注浆。

穿越淤泥段盾构机容易发生上浮、侧向移动及栽头,盾构姿态控制难度大,同时盾构隧道管片同样容易发生上浮和侧向运动,针对此根据已有工程经验总结出适用于穿越淤泥质土层盾构机掘进参数设定规律。总结来看,盾构穿越淤泥质土层时,掘进参数控制严格,遵循“小土压、慢推进、严姿态、饱注浆”控制原则,具体如下:

(1)适当减小土压力,可采用主动土压力,减小对开挖面土体的扰动。

(2)严格控制盾构掘进姿态,避免发生较大轴线偏离和蛇形运动,保持盾构机水平偏差小于 ±50 mm,垂直偏差小于 ±100 mm;在变坡段或急弯段,盾构机轴线偏离不大于 20 mm,水平纠偏量不大于 6 mm/环,竖直纠偏量不大于 5 mm/环,盾构变坡不大于 1‰。

(3)盾构掘进速度不大于 30 mm/min。

(4)适当减小顶推力。

(5)同步注浆材料宜采用双液瞬凝性浆液或新型单液浆(俗称“厚浆”),注浆量和注浆压力双控,适当增加注浆量至 1.3 ~ 2 倍。

(6)宜采用水泥—水玻璃瞬凝双浆液在盾尾 8 ~ 10 环管片位置进行压浆补浆,注浆压力和注浆量双控,压浆顺序从隧道拱顶至两腰,最后压注拱底。

(7)可通过增加管片整体性和刚度,控制隧道上浮。

(8)增加盾构机配重,控制盾构机上浮。

9.6.5 硬岩地层和微风化岩突起段

花岗岩分布带在长期风化的作用下逐渐形成球状风化体,岩质坚硬。由于其强度较高且不均匀,对地铁盾构施工造成重大影响。在硬岩地层或微风化岩突起段盾构容易出现诸多问题,比如刀具的磨损加快,刀具的更换频繁,刀具出现偏磨等情况,盾构机也容易出现卡壳问题,并且管片也容易出现上浮、错台和漏水等问题。一旦出现问题,不仅延误工期,造成施工延缓,而且具备一定的工程风险,容易造成工程出现质量问题和安全问题。

1. 盾构穿越硬岩地层刀盘刀具优化设计

图 9-7 完整性好的全断面辉绿岩

以某硬岩地层盾构隧道为背景,该隧道穿越地层主要为砂卵石、板岩、辉绿岩,且沿线路纵向分段较分明。其中,全断面穿越中风化辉绿岩段长度为 120 m,岩层整体性好,完整程度高(图 9-7),单轴抗压强度最高值为 140 MPa。由于详细勘察设计漏判整体性好的全断面高强度硬岩层,使原有针对软岩掘进设计的刀盘遭遇硬岩、极硬岩为主的地层掘进,刀盘设计选型和刀盘配置适应性不足,主要造成刀具的严重异常磨损;掘进困难,施工进度极其缓慢;开仓查刀、换刀的频率不得不加密,局部地段甚至一环一开仓查刀;因全程富水,喷涌严重,开仓及开仓换刀难度大大增加,每开仓查刀和换刀的时间较长;个别地段出现刀具异常磨损,造成刀盘陷困,无法启动,因地下水量大,无法开仓,只能停机处理,直接造成总体工期严重滞后和成本急剧增加。

1)刀盘适应性分析及影响

(1)刀盘适应性分析

长距离、高强度的硬岩地层,使得原有设计目标值为较软岩和较坚硬岩的轻型刀盘,在整体强度、刀具布局及配合、刀箱结构上均出现不适应性,具体表现为:

①滚刀数量少,刀间距大,硬岩切削效果差。

②周边滚刀数量少,全断面辉绿岩段保径开挖效果差,周边铲刀破坏明显。

③滚刀与齿刀在同一辐臂,硬岩地层表现配合不佳。

④刀箱为轻型,长距离硬岩掘进后,发生变形。

⑤滚刀螺栓及楔块易受力变形,进而影响滚刀拆卸更换。

⑥整体抗压、耐磨性不足,长距离硬岩掘进后,发生磨损。

(2)刀盘与地层的不匹配带来的影响

因实际掘进地层差异大,原刀盘设计适应性不足,给施工带来了诸多问题。

①刀具异常磨损严重,刀具成本增加。

②开仓换刀频次高,人工成本大,中断掘进,降效严重。

③开仓查、换刀难度大,风险高,环境差。

④岩石强度高,掘进速度慢,掘进降效严重。

2)刀盘选型与优化设计

(1)优化刀盘设计选型原则

①首先要以提高硬岩破岩能力为主,实现40%硬岩地层顺利掘进。

②重型刀盘结构设计满足硬岩刀盘荷载要求,提高抗冲击变形能力。

③刀盘驱动能力满足新刀盘要求。

④兼顾对其余60%软岩、复合岩层和砂卵石地层掘进的适应性要求。

⑤刀具配置设计优化,减少刀具非正常磨损。

(2)优化刀盘设计技术要求

①刀盘设计

重型刀盘设计(前板厚50 mm)采用辐板式结构,增加滚刀布置数量,减小正面滚刀刃间距,耐磨保护满足要求。在多布置滚刀的前提下,宜尽量增加开口率,刀盘中心保留鱼尾刀安装条件,以兼顾软岩地层掘进工况。

结合富水板岩地层,防止结泥饼,中心位置有冲洗功能,同时,在刀盘背面各路泡沫管路上预留接口,以便在刀盘泡沫孔堵塞后,可以外接管进行泡沫管路的冲洗。

②滚刀刀箱设计

采用重载型刀箱设计,强度高,耐冲击,以适应更高强度的岩石地层掘进。采用鞍形刀座,楔形锁固定类型,采用固定螺栓不承受直接的轴向荷载,轴向荷载直接分布在刀箱上(可以增加固定螺栓的使用寿命)。只用2个螺栓安装,易拆装换刀。滚刀可前后拆卸,滚刀刀箱具备撕裂刀与滚刀互换条件。

③刀具设计与布置

a. 采用宽幅刮刀,刃宽250 mm,采用4条紧固螺栓和堆焊刀刃,具有更强的抗冲击性能。

b. 中心滚刀采用独立的中心双刃滚刀,受力状况较中心单刃滚刀明显改善。

c. 铲刀采用硬岩设计,提高抗冲击能力和使用寿命。

d. 刀盘正面辐臂增加与齿刀同轨迹的保护刀布置。

3)刀具优化配置

(1)主体刀具选型

刀盘主体刀具的配置选型主要依据掘进地层主体特征,满足刀盘开挖地层需要具备的主体掘进功能,满足开挖能力对整体地层具有较高的适应性,达到提高刀盘刀具自身掘进的能力,尽量降低辅助工法和措施的使用工期和成本,提高开挖功效。

(2)辅助刀具选型

对于齿刀、铲刀、保护刀等辅助刀具的选配上,服从于主体刀具的硬岩主掘进功能,在硬岩和软硬不均交互地层段辅助完成破碎岩块和渣体的剥离、导流、收集、搅拌、归拢入仓功能,在软岩地段分担开挖功能。

辅助刀具的选型也要满足地层适应性原则,否则如原刀盘情况,会造成适得其反的负面效果。主要为辅助刀座设计和刀具固定形式具备较强的抗冲击性能,防止硬岩地段因受力而发生刀具变形、异常磨损,甚至出现连接螺栓折断或固定焊缝开裂导致刀具、刀座掉落的现象。同时,刀具的刃宽、高度、布置数量、辐臂位置、行程轨迹等均要与主体刀具一起统筹考虑。

(3)刀盘刀具整体配合设计

①为提高硬岩破岩能力,增加了滚刀配置数量,刀盘开口率必然减小,但要兼顾区间 60% 的软岩地层掘进,故在不减弱刀盘钢结构力学性能的基础上,不断优化辐臂设计和开口格栅设计,以尽量增大开口率,减少软岩地段出现结泥饼、扭矩增大等问题。

②为提高刀盘对复合地层掘进的适应性,滚刀(中心、正面、周边)刀箱设计均具备与相同固定方式的撕裂刀(先行刀)互换的条件,并保留中心鱼尾刀的安装条件,满足软岩地层或中软岩地层进行滚刀与撕裂刀的组合选配。

③齿刀和铲刀等辅助刀具与正面滚刀分离布置,即不在同一辐臂布置,减少岩块对齿刀和铲刀的冲击造成的异常磨损。

④增设正面保护刀设计,正面保护刀布置于齿刀辐臂,并与齿刀同轨迹,主要提高对齿刀、铲刀及其刀座结构的保护作用,减缓直接冲击。

⑤原正面保护刀设计时为先行刀的概念,其刀尖高度高于齿刀、铲刀,因其掘进理念不清晰,且在该地层下不适宜,宜将其定位于对齿刀、铲刀等进行保护作用的保护刀概念。降低刀尖高度至与齿刀、铲刀同高,与齿刀同轨迹布置,并加宽其径向刀宽设计,使其概念清晰。

⑥刀具刀尖高度按作用不同分层次布置。刀尖高度分层次顺序依次为滚刀 $>$ 齿刀 $=$ 铲刀 $=$ 正面保护刀。同时滚刀与辅助刀具高差由原刀盘的 35 mm,提高至 50 mm。

(4)刀具参数选择的优化

①中心滚刀独立设计,调整为双刃,不选用串联方式。

②优化滚刀刃宽的选用,硬岩地段选择薄刃滚刀或镶齿滚刀刀圈,配合掘进参数的优化,增加硬岩贯入切削能力,提高刀具耐磨和抗冲击性能;软岩和软硬岩交互地层选择宽刃(圆刃)滚刀刀圈,增大刀圈与围岩接触面积,提高切削效率,延长刀具耐磨寿命。

③齿刀采用宽刃设计,嵌入式整体刀座,提高后脚处刀座保护高度,增强其固定强度和抗冲击性,减少变形和崩落。

④外缘铲刀采用大分块设计,固定螺栓从原刀盘的 4 孔增加至 6 孔。

⑤正面保护刀加大径向宽度设计,嵌入合金采用大块深嵌方式。

2. 盾构穿越硬岩段的掘进参数优化

在极硬岩段掘进时,刀具磨损十分严重,并有如下特点:相同距离下同一位置刀具磨损量普遍超过软岩段刀具磨损量 3. 5 mm,即使在正常磨损状态下,刀具磨损也非常严重。而硬岩段掘进与非硬岩段掘进相比较,硬岩段的刀具异常磨损较多,刀圈以偏磨为主,其中由于刀毂异常磨损而导致刀具偏磨占所有刀具异常磨损的 70% 左右。

刀具的严重磨损造成换刀频率高、换刀时间长,极大限制了盾构施工的有效推进时间;盾构机配置的刀具造价昂贵,频繁地更换刀具提高了项目施工成本。因此,通过优化推进参数是加快进度、控制成本的关键点。

(1)选择合适的掘进模式

微风化地层中岩石风化破坏作用轻微,岩石抗压强度高,掌子面自稳能力强,基岩裂隙水不丰富,盾构前方土体不易坍塌。因此,在极硬岩地层中推进时选择敞开式的掘进模式,土仓内不保留或保留少量渣土,以达到提高推进速度、降低刀盘扭矩、避免仓内渣土对刀具造成额外磨损的效果。

(2)确定合适的推力

抛开仅关注施工总推力的传统模式,准确分析总推力的分配状态,精确把握作用在刀盘上的有效推力并严格控制,以达到保护刀具、提高有效推进时间的目的。

盾构机推进时总推力 F 需克服的反力分解为掌子面在刀盘上的作用力(等于有效推力 F_y),盾构机前体、中体自重产生的摩擦力 F_i,盾尾摩擦力及后配套台车拖动反力(等于铰接拉力 F_j),土压力(敞开模式时可忽略)等。通过实测并结合现场经验:$F_i = 2\ 000$ kN,$F_j = 1\ 500$ kN。

通过刀具生产厂家提供的数据,将每把滚刀在破岩过程中受到的作用力分为垂直方向的切入力 VF 与滚刀在岩土上滚压的滚动阻力 RF。该工程使用的盾构机共配置 40 把滚刀,则 40 把滚刀可以承受的极限作用力为

$$F_{max}=\sum VF_i+\sum RF_i=1\ 000\ kN$$

综上,可得出总推力 F 控制值计算公式

$$F=F_y+F_i+F_j\leqslant F_{max}+F_i+F_j=1\ 000+220+150=1\ 370\ t$$

在硬岩掘进实际施工过程中,将有效推力控制在刀具极限承受力的 70% ~ 80%,可取得掘进速度与刀具保护的平衡,使进度最优。施工中根据上述公式随时检测实际有效推力大小,并及时对总推力作出调整。

(3)刀盘的转速与扭矩的选择

现场施工经验显示,在极硬岩层的掘进过程中适当提高刀盘转速、严格控制刀盘扭矩可起保护刀具的作用。刀具贯入度定义为刀盘每旋转一圈刀具切入掌子面的深度,计算公式为 $W=v/r$,其中 v 为掘进速度,r 为刀盘转速。

当掘进速度一定时,将刀盘转速提高到 2.0 ~ 2.2 r/min,可减小刀具贯入度,降低刀圈因入岩过深造成刀圈崩裂、偏磨及刀毂损坏的概率,使刀具尽可能处于正常磨损状态,达到延长刀具使用寿命、减小换刀频率的目的。

(4)泡沫参数选择

盾构机设有泡沫喷射系统,在推进过程中从刀盘正面向掌子面喷射由泡沫剂水溶液经压缩空气发泡后形成的泡沫。在工程的极硬岩盾构掘进的施工过程中,根据掌子面地质状况适当加大泡沫剂注入量与发泡率,可有效起到润滑掌子面、保护刀具、改良渣土性状、减小刀盘扭矩的作用。

综上所述,在极硬岩段盾构掘进参数设置的过程中贯彻“小推力、高转速、低扭矩”的思想,使刀具保持正常、均匀的受力状态,可大幅提高刀具的利用效率,延长有效推进时间,加快进度,降低成本。

(5)控制好盾构姿态减少刀具磨损

盾构在极硬岩地层中掘进时,姿态纠正过急会导致刀具不均匀受力,造成刀盘扭矩增大、刀具磨损加剧、管片错台严重、盾壳变形被卡等现象。在推进过程中应执行“长距离、缓纠偏、勤纠偏”的控制原则,随时查看自动导向系统数据,使上下千斤顶的压力差不大于 6 MPa,避免盾构姿态纠偏过急造成刀具损坏。

(6)改进刀具选型确定最佳刀具结构

经过多次试验,该区间曾经采用过普通刀圈、重型刀圈、镶齿硬质合金刀圈,其中普通刀圈磨损较大;镶齿硬质合金刀圈虽然破岩能力较好,但由于合金齿与刀圈母材硬度相差 20 HRC 左右,合金齿在极硬岩段掘进容易崩裂脱落致使刀圈母材暴露在极硬岩中,刀圈偏磨严重。

为保证刀具适应极硬岩段特殊地层,经修改刀具方案(包括刀毂厚度、滚刀启动扭矩等),有效防止了刀盘启动时滚刀打滑造成的偏磨。对于换下来的旧刀,通过检测、拆卸、清洗、更换、验收等工序安装新刀圈再次使用,在维修时严格控制灰

尘和各种杂质进入刀具内部,并调整其启动扭矩在该标段规范的范围内。实践表明,维修过的刀具在极硬岩段的推进效果和新刀是没有区别的。

9.7 盾构穿越敏感建(构)筑物

1. 风险分级控制方法

在实际工程中,盾构经常处于下穿建筑物群的状态,这就要求我们对风险进行识别,分析划分建筑物群的风险级别,根据不同的风险分级做出相应的风险控制措施,以保证施工的安全性和科学性,提出一种盾构连续穿越建筑物的风险分级控制方法,具体步骤如下:

(1)通过资料收集分析影响建筑物安全的因素,对建筑物到隧道轴线的距离、隧道埋深、建筑物上部荷载和盾构穿越的土层等主要影响因素进行风险分类研究。

(2)对盾构连续穿越建筑物的风险进行初步分级,首先对影响因素的风险等级进行分类,具体分类见表 9-1。

表 9-1 主要影响因素的风险分类标准

影响因素	风险等级		
	ⅰ级	ⅱ级	ⅲ级
建筑物到隧道轴线的距离	$0\sim1D$	$1\sim2D$	$2\sim3D$
隧道埋深	小于 $1D$	$1D\sim3D$	$3D$ 以上
上部建筑物层数	10 以上	4 ~ 10	1 ~ 3
盾构穿越地层	淤泥质软土	粉细砂	黏土

注:D 为隧道直径。

再根据工程实际情况进行风险初步分级,主要分为以下 4 级:

Ⅰ级:四个主要因素的风险分类等级含有 3 个以上的ⅰ级分类;

Ⅱ级:四个主要因素的风险分类等级含有 1 个以上的ⅰ级分类,但不属于Ⅰ级;

Ⅲ级:四个主要因素的风险分类等级含有 3 个以上的ⅱ级分类,但不属于Ⅱ级;

Ⅳ级:除Ⅰ、Ⅱ、Ⅲ级以外的风险组合。

(3)对盾构连续建筑物的尺寸、基础形式、上部结构形式和重要程度等修正影响因素进行分类,具体分类见表 9-2。

表 9-2 修正影响因素的风险分类标准

影响因素	风险等级	
	i 级	ii 级
建筑物尺寸	大于 $2D$	小于 $2D$
基础形式	独立、条形基础	筏板、箱型基础、桩基础
上部结构形式	砖混结构、木结构	钢筋混凝土结构、钢结构
重要程度	保护建筑	其他建筑

(4)对盾构连续穿越建筑物的风险初步分级进行修正。当建筑物尺寸、建筑物基础形式和建筑物上部结构形式的风险分类等级含有 2 个以上的 i 级,则修正的风险级别提高一级,其中,风险级别最高为 Ⅰ 级;当建筑物的重要程度风险类别为 i 级,则修正的风险级别则为 Ⅰ 级;其他修正的风险因素组合,修正的风险级别不变。

(5)对不同的风险级别做出相应的控制措施。当风险级别为 Ⅰ 级时,采用对建筑物进行结构补强的方法,增强结构的刚度;当风险级别为 Ⅱ 级时,在被加固的地层中,采用袖阀管注浆和控制掘进参数,提高被加固地层段的整体稳定性,有效保证建筑物的安全;当风险级别为 Ⅲ 级时,通过对掘进参数的控制有效地保证建筑物的安全;当风险级别为 Ⅳ 级时,严格控制同步注浆量和二次补浆量,在建筑角点布置监测点,监测频率为 2 次/d。

2. 分阶段变形控制方法

在城市地铁建设中,受既有建筑物、地质条件的限制,新建地铁隧道穿越建筑物的现象越来越普遍。为了确保建筑物的安全,就必须研究建筑物沉降发展特征,根据不同阶段建筑物的沉降特征做出相应的控制措施。在实际工程中,一般根据经验对建筑物的总沉降和沉降速率进行控制。在最终沉降未基本稳定时,这种控制措施带有一定的风险性。

为了严格控制建筑物的沉降,提出一种盾构穿越建筑物的分阶段变形控制方法,该方法将建筑物的沉降分为刀盘到达建筑物测点前的沉降、盾构通过建筑物测点期间的沉降、盾尾注浆期间的沉降和后期沉降。通过对试验段建筑物测点进行监测,作出建筑物沉降随刀盘掘进的曲线,掌握每个阶段建筑物的沉降速率、沉降比例等沉降发展特征。在实际盾构掘进工程中,根据试验段每个阶段的建筑物沉降比例和总沉降控制值等,制定相应的掘进控制方法,控制相应阶段的建筑物沉降值。

3. 分区段沉降控制方法

地铁建设中不仅会出现穿越单一建筑的情况,还会有长距离连续穿越建筑物群的复杂情况出现,为了确保建筑物群的安全,就要对盾构掘进对邻近建筑物群的影响范围进行确定,根据不同的影响区域做出相应的控制措施。提出一种长距离连续穿越建筑物群的分区段沉降控制方法,该方法通过对富水软弱地层盾构掘进的影响区域进行数值分析和理论计算,并进行盾构掘进试验段研究,确定控制区的横向范围。在此范围内,依据盾构掘进对建筑物沉降大小的影响以及盾构掘进难易程度,确定建筑物段控制区的纵向范围。

对于控制区纵向范围,设定盾构刀盘距离建筑物前 30 m 为建筑物段控制区起点,刀盘通过建筑物后 40 m 设为建筑物段控制区终点。如图 9-8 所示,将其划分为Ⅰ区、Ⅱ区、Ⅲ区和Ⅳ区四个区域,并将Ⅲ区细化为 T 区和非 T 区。其中,Ⅰ区为检查区,Ⅱ区为调整区,Ⅲ区为穿越建筑区,Ⅳ区为恢复区,具体范围如下:

Ⅰ区:盾构刀盘距离建筑物前 25 ~ 30 m 之间的范围;

Ⅱ区:盾构刀盘距离建筑物前 10 ~ 25 m 之间的范围;

Ⅲ区:盾构刀盘距离建筑物前 10 m 到后 30 m 之间的范围;

Ⅳ区:盾构刀盘过建筑物后 30 ~ 40 m 之间的范围;

T 区:Ⅲ区内建筑物与隧道轮廓线横向距离 5 m 及以内的范围;

非 T 区:Ⅲ区内建筑物与隧道轮廓线横向距离 5 m 以外的范围。

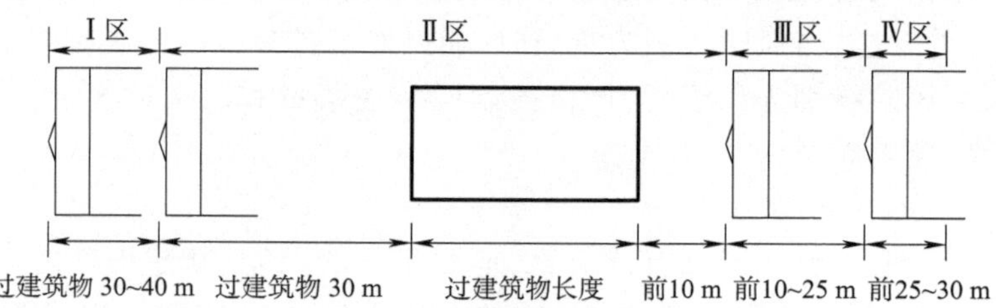

图 9-8　控制区划分示意图

盾构穿越不同区域时需要制定相应的掘进控制方法,具体如下:

当盾构进入Ⅰ区时,对盾构机进行检修,检查盾构机当前的工作性能是否良好,盾尾油脂、添加剂是否符合规定,盾构姿态是否满足安全控制标准的要求。

当盾构进入Ⅱ区时,调整盾构掘进参数,根据地表及建筑物的隆沉值进行土压调节,直至与建筑物下的土压相匹配,掘进速度控制在 3 cm/min,同步注浆使用"准厚浆"并严格控制注浆量,盾构在控制区内掘进时,不允许出现停机的情况。

当盾构进入Ⅲ区时,严格控制盾构掘进参数,掘进速度控制在 2 cm/min,掘进过程中根据地层情况实时调整土仓压力,对 T 区建筑监测点进行加密监测,严格控制沉降。当盾首或盾尾垂直偏差或水平偏差的绝对值超过 24 mm,则进行纠偏,严格控制盾构姿态。

当盾构进入Ⅳ区时,将盾构掘进速度调整到 3 cm/min,根据测点监测数据,及时进行二次补浆,二次补浆使用水泥、水玻璃双液浆。

10

▶ 应急管理及措施

10.1 会议制度

为保障施工安全常规化管理和应对突发情况，加强信息沟通与应急行动协调高效一致，应建立相应会议制度。

安全管理中心会议：包括例会和专题会议。例会由中心组成员主持召开，一般为两天一次；专题会议由管理中心主任主持召开，通常遇到紧急处理问题时组织召开。

现场会议：在施工现场，成立穿越工程相关单位、部门联合值班办公室。使各相关单位可以方便、快捷掌握既有线的变形状况和新建隧道的生产情况，以便对既有线的安全状况做出迅速判断。一旦生产出现不利情况，既有线的状态有所改变时，可迅速集合相关部门人员进行分析、讨论并做出相对对策。

10.2 现场值班制度

为及时解决盾构穿越运营隧道与建筑段过程中现场可能发生的非正常情况，确保盾构安全穿越运营隧道与建筑，盾构穿越运营隧道与建筑安全管理中心在盾构穿越运营隧道与建筑控制区内实行现场值班制度。

穿越工程相关单位和部门组成联合办公小组，在施工现场值班，及时将监测信息和施工进展反馈到各相关单位。

跨部门联合值班人员包括：地铁运营分公司领导联系人、现场联系人和抢修人员（工建车间人员）、地铁集团总部（总工办、安质部和运管办）值班人员、设计单位值班人员、监理单位值班人员、建设分公司业主代表值班人员、自动化监测单位值班人员、地表沉降第三方监测单位人员、施工单位值班人员、科研单位人员。同时，各相关单位负责人和主要技术人员联系人名单及联系方式和负责工作制成相应表格并上墙。

盾构掘进到达穿越段前 30 环时，现场值班人员必须到位并每天填报现场值班记录表,并且各单位必须提前上报现场值班人员安排。

1. 控制区现场人员要求

以下是某区间段控制区段值班人员要求情况示例,对一般情况下和特殊情况下控制区内现场值班人员要求见表 10-1 和表 10-2。具体项目应依据实际情况制定相应的值班人员要求。

表 10-1 一般情况下控制区值班人员要求

值班人员	控制区段	
	危险段(A 区)	试验段和保护段(B 区)
施工单位	项目经理、总工、项目副经理(最多限两名)、工程部长、副总工(最多限一名),至少一人	工程师职称及以上人员
监理	总监、总监代表、工程师职称以上人员,至少一人	工程师职称及以上人员
业主	项管部主任、副主任、业主代表工程师,至少一人	值班人员巡视

表 10-2 特殊情况下报告程序及现场值班人员要求

非正常情况	危险段(A 区)		试验段和保护段(B 区)	
	报告程序	值班人员	报告程序	值班人员
(1)地表沉降 16 ~ 20 mm; (2)运营隧道水平位移 8 ~ 10 mm; (3)运营隧道竖向位移(3.2 mm/10 m) ~ (4 mm/10 m); (4)建筑物沉降 20 ~ 24 mm	施工单位和监理单位及时报告项管部副主任和安全管理中心	项管部副主任及以上;项目经理或总工其中一人;总监代表	施工单位和监理及时报告业主代表和安全管理中心	业主工程师;项目副经理(最多限两名)以上至少一人;监理单位工程师职称以上至少一人
(1)地表沉降≥20mm; (2)运营隧道水平位移≥10 mm; (3)运营隧道竖向位移≥4 mm/10 m; (4)建筑物沉降≥24 mm; 地面出现裂缝时,运营隧道衬砌或建筑墙体出现裂缝时	施工单位和监理及时报告项管部主任和安全管理中心	项管部主任;项目经理和总工;总监	施工单位和监理及时报告项管部副主任和安全管理中心	项管部主任或副主任;项目经理或总工;总监代表

2. 控制区现场人员职责

业主和监理负责抽查同步注浆量、拌浆量、二次注浆量、二次注浆开始时间、盾尾油脂注入量和品牌、泡沫注入量及品牌、浆液性能指标、推进参数等,并对施工过程进行监督检查指导,发现问题及时与现场值班人员协商解决。

施工单位现场值班人员必须积极协助其他单位的值班人员开展工作。

10.3 应急预案

1. 应急组织机构

发生突发事故时,为迅速、高效、有序地开展救护及善后工作,及时采取切实有效的措施控制事态的发展,最大限度降低财产损失和人员伤亡,必须制定专项应急预案。

各施工单位项目部成立应急抢险领导小组,由项目部领导任组长,项目部相关部室和施工队负责人为组员,明确责任分工,应急抢救组织机构如图 10-1 所示。应急小组应提前对可能出现的险情制定分项应急方案,预备应急物资,一旦出现险情,应急小组人员立即就位,立即组织实施应急方案。

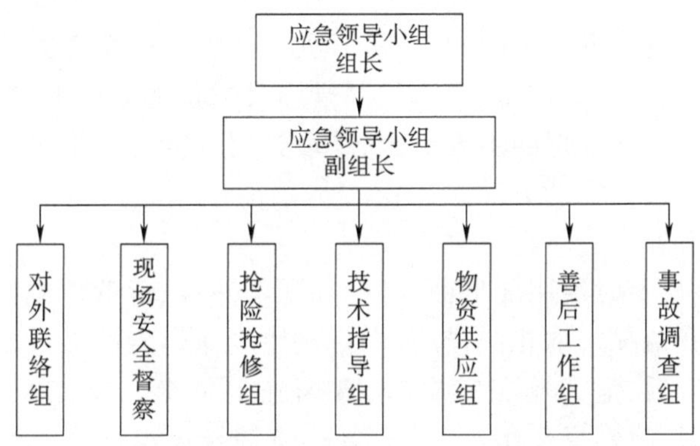

图 10-1 应急抢险组织机构图

组建抢修、抢险队,进行专门的应急知识教育培训。组织应急演练,所有应急小组人员均应参与其中,并如实填写应急演练记录表,记录演练内容、人员分工、方案、处理程序等,提高应急救援能力。

施工过程中施工现场或驻地发生无法预料的需要紧急抢救处理的危险时,应迅速逐级上报,次序为现场、办公室、应急领导小组、上级主管部门。由抢险抢修小队收集、记录、整理紧急情况信息并向小组及时传递,由小组组长或副组长主持紧急情况处理会议,协调、派遣和统一指挥所有车辆、设备、人员、物资等实施紧急抢救和向上级汇报。应急事故处理流程如图 10-2 所示。

2. 运营隧道与建筑保护应急预案

施工过程中一旦发现地层或隧道沉降超过控制值,及时通知建设、监理、设计、地勘等相关单位和技术专家查看施工现场,研究地层加固措施,同时密切监测地铁运营隧道沉降情况,如有继续扩大的趋势应立即通知地铁运营单位采取相应措施。

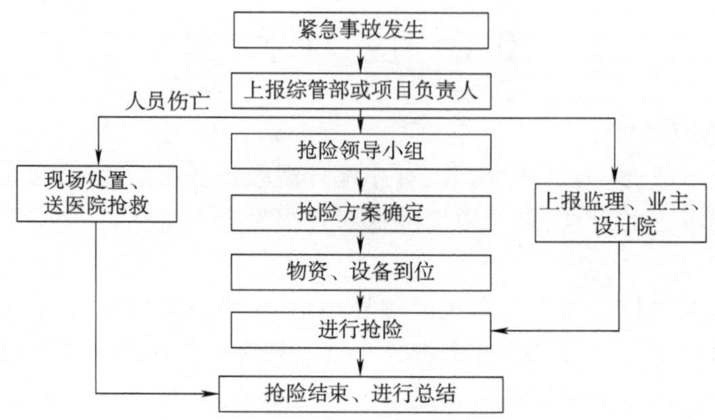

图 10-2 应急事故发生处理流程图

立即停止盾构隧道掘进，并保持土仓压力，控制既有线隧道继续沉降，在沉降还没控制、沉降原因未分析清楚、沉降控制措施没到位的条件下，严禁继续掘进。

明确地铁运营线路变形的主要原因，采取针对性的控制措施，对已出现地陷部位采取填砂灌水泥浆密实的方法。若由于地层失水固结产生沉降，可采取施工回灌井方法进行补水。

提高监测频率，及时绘制变形曲线图，加强与建设、运营单位有关部门的沟通，以便根据变形发展情况采取相应措施，做好调整列车运营的准备。

紧急事件发生后，危急施工安全时，现场施工负责人应首先撤出危险区域人员，并立即向应急抢险领导小组汇报，应急抢险领导小组接到险情后，在保障人员安全的前提下，立即组织抢险机械、设备，并向有关部门报告，防止事态扩大。

3. 应急救援设备、物资配备

各单位应根据预案做好应急救援设备、物资等保障工作，切实加强应急保障能力，并对应急救援设备、物资进行定期检查、维护和更新，确保性能完好。应急救援设备、物资配备应遵循如下规定：

(1)需配备的抢险物资：围挡板、交通导改及警示材料、方木，砂袋、水泥、水玻璃、砂子、砖等。

(2)需配备的抢险设备：潜水泵、钻孔设备、运输设备、注浆及拌浆设备、钢筋连接和焊接设备、喷浆设备、相关工程机械(如起重机等)、常用盾构设备备件、隧道与地面的通信设备等。

(3)配备的应急设备、物资必须足额、到位，分类存放，并应由专人负责保管。

(4)详细应急救援设备及物资见表 10-3。

表 10-3 应急救援设备及物资表

序号	类　别	设备或物资	规格型号	单位	数量
1	引孔注浆组件	引孔设备	不少于 11 kW	台套	1
2		注浆设备	双液浆	台套	1
3		普通水泥	P·O42.5 或 P·O32.5	t	3
4		双快水泥	—	t	1
5		水玻璃	—	kg	500
6		油溶性或水溶性聚氨酯	—	kg	500
7	电源	发电机	120 kW 以上	台套	1
8	排水设施	污水泵组件	流量大于 100 m^3,扬程大于 25 m	台套	2
9	物资器材	4 mm 钢板	—	m^2	10
10		20 mm 钢板	—	m^2	10
11		609 钢支撑	—	m	60
12		DG50 钢管	—	m	100
13		钢管扣件	直角、转角、对接	个	50
14		编织袋、麻袋	—	只	200
15		防水尼龙布	—	m^2	500
16		棉纱、木楔等	—		若干
17		棉胎	—	床	10
18		圆木	—	根	20
19		木板	—	块	20
20	其他工具	千斤顶	50 t 以上	只	3
21		手拉葫芦	5 t	只	3
22		手推车	—	部	5
23		常用工具	套装	套	1
24		铁钎	—	把	10
25		铁锹	—	把	10
26		管子钳	—	把	2
27		手持照明	充电式	台	10
28		多用途灭火器	—	个	6

续上表

序号	类　别	设备或物资	规格型号	单位	数量
29	辅助设施	急救药箱	—	只	1
30		担架	—	副	2
31		个人防护 (雨衣、鞋、防护口罩)	—	套	20
32		电子警示标识	—	个	4
33		锥形警示桶	—	个	25
34		警戒带	—	m	200
35		导向标志牌	—	个	4
36		电喇叭	—	只	1

10.4 应急措施

盾构下穿地铁运营隧道工程应急措施应符合《中华人民共和国安全生产法》《中华人民共和国突发事件应对法》《中华人民共和国建筑法》《建设工程安全生产管理条例》《安全生产许可证条例》《工程建设重大事故报告和调查程序规定》《建设工程重大质量安全事故应急预案》《国家突发公共事件总体应急预案》和《国务院关于进一步加强安全生产工作的决定》、深圳市轨道交通建设办公室文件深轨办〔2010〕28 号文《关于盾构下穿既有线等危险地段施工准备工作的意见》及其他有关法律、法规、规章。

1. 盾构开挖面失稳应急措施

(1)盾构司机立即关闭螺旋输送机出土口闸门,防止螺旋输送机出土口持续喷涌,盾构机停止掘进。

(2)立即将情况上报项目部应急领导小组,并由应急小组通信联络员负责通知监理、业主,如出现人员伤亡、盾构机设备损害等重大事故还应通知市安监站、市质监站。组织专家对故事情况进行分析,制定有效处理措施。

(3)应派专人到事故隧道的上方巡查地面临近隧道及其他建(构)筑物情况,看是否出现地面塌陷,并将信息及时反馈,可能危及群众安全时应实施列车限速或停运,组织进行人员疏散。

(4)准备污水泵或泥浆泵将隧道内的泥水排出,清理盾构机及隧道内的泥浆杂物,对机械设备进行检查,特别是电气设备。

(5)组织人员、物资及设备对地面塌陷处或运营隧道破损处进行修补及注浆加固,对盾构机刀盘上方地层进行注浆加固。

(6)加强地面、隧道变形监测,增加监测频率,及时反馈信息。

(7)盾构开挖面加固密实后,满足开仓条件时,开仓检查刀具,更换磨损刀具及处理刀盘位置处堆积的卵石颗粒。

(8)及时对盾尾密封刷添加足量的油脂,确保盾尾的密封性,以防止盾尾密封性不好而产生漏水、漏浆和涌砂等现象。

2. 盾构遭遇地下障碍物应急措施

(1)立即停工,施工单位组织相关技术人员进行详细地质勘察和对策分析。

(2)施工单位制定完善的开仓方案,地面环境允许时,应优先考虑从地面施作竖井或者人工挖孔桩进行开仓作业。

(3)洞内开仓时应严格按照施工方案进行,加强隧道内的通风,确保开仓作业的安全。

(4)盾构恢复掘进时应对竖井、人工挖孔桩和土仓进行回填。

(5)加强对盾构停机位置的监测和巡查,如有异常应立即启动相关应急机制。

3. 地表沉降过大时应急措施

(1)加强监测,根据沉降值变化大小及速率情况,分析沉降变形原因,增加监测频率,及时反馈信息。

(2)严格控制出土量,加强对出土量的计量。

(3)将情况及时上报监理、业主,分析地质水文条件,检查出渣样本。

(4)控制好盾构机姿态,选择合理的掘进参数,加强对泡沫、膨润土等添加剂的控制,进行渣土改良,保证同步注浆压力及注浆量。

(5)保持土仓压力平衡,必要时可采用加气压模式。

(6)将情况及时上报监理、业主单位,密切注意工程地质及地表沉降变化情况,收集原始数据,请设计、设计咨询等各方专家分析沉降原因,及时采取措施。

(7)必要时停止盾构掘进,保持土仓压力平衡。为弥补同步注浆的不足,可在脱出盾尾的10~15环管片壁后进行二次注浆,保证注浆压力及注浆量,浆液宜采用双液浆或水泥液浆。

(8)加强设备管理,做好设备故障诊断及保养。

(9)加强对运营隧道内和地表情况进行巡查,如果存在地面塌陷或隧道沉降超限的情况,应立即停止掘进,实施必要的辅助施工措施。

4. 涌水、涌砂应急措施

(1)巡视查明涌水的情况,包括涌水的位置、时间、目前盾构所处的位置、隧道周边施工环境等,查明涌水的原因。

(2)根据现场事故情况,在分析工程地质资料,水文资料和相关设计,施工和地面环境资料的基础上，由技术负责人召开简短的技术会议确定采取的应急措施（如临时排水、注水、封堵、注浆等）。

（3）项目管理人员、技术人员和施工人员根据应急措施对事故进行救援，并在施工过程中密切关注事故的发展趋势和出现的新情况，及时沟通并根据现场情况对应急措施进行优化和调整。

（4）对于铰接涌水、涌砂，应迅速打开铰接紧急密封。

（5）对于盾尾和管片涌水、涌砂，应迅速采用双液浆或聚氨酯等高性能堵水材料进行封堵。

（6）应加强对隧道内管片变形的监测，对邻近隧道也应采取注浆等加固措施，必要时可采用洞内支撑等措施，确保隧道变形在可控范围内。

（7）应密切注意隧道周边环境的变化，采取相关应急措施，防止事态的进一步发展和避免次生灾害的发生。

（8）应加强对隧道周边环境的监控，尤其是加强对盾构所处位置的地面、重要地下管线和重要建（构）筑物的监测与巡查，弄清相关产权单位的联系方式，当险情扩大时应立即与产权单位联系。

（9）在盾尾密封刷更换时应保证盾构掘进姿态的良好，尽量避免发生盾构机载头等现象。

5. 螺旋输送机喷涌应急措施

（1）迅速关闭螺旋输送机闸门，施工单位应组织相关技术人员查明地下水来源。

（2）采用高分子聚合物进行渣土改良，将渣土改良成近似“单相”状态，确保渣土的低渗透性。

（3）动态调整盾构姿态，防止铰接和盾尾漏水、漏砂。

（4）加强对成型隧道的监测，包括拱顶沉降、收敛等，出现异常时应对成型隧道进行加固。

（5）提高同步注浆浆液质量，宜采用双液浆，及时进行二次补浆，并加大二次补浆频率。

6. 盾构紧急停机应急措施

（1）盾构停机前，依据具体的停机时间制定详细的停机方案与计划，安排监测组和盾构队组织专人负责停机期间的工作。

（2）做好停机前的最后一环的掘进，调节停机时的土仓压力比设定压力略大于20 ~ 30 kPa。

（3）根据同步浆液的初凝时间，安排停机5 ~ 7 h后，再掘进50 mm。掘进过程不进行注浆和出土，防止浆液凝固盾尾密封刷。

(4)如果停机时间较长,通过中盾和前盾的膨润土加入系统,在盾体周围注满泥浆,保持地层稳定,同时防止周围土体与盾体固结,避免盾构机再次掘进时土体摩擦力过大。

(5)加强对盾构机土仓压力的监视和调整,根据地层情况确定土仓压力警戒值,当土仓压力低于警戒值时,通过膨润土系统加入泥浆来保持土仓压力。

(6)加强对地面及运营隧道的监测,及时反应地层和结构的变形情况。

(7)停机期间应按正常保养程序对盾构机进行保养长时间停机重启前,必须全面检查设备状况,确认没有问题后方可重启。严禁盾构重启时刀盘出现空转现象。

(8)必须确保设备完好及配套设施运转正常,避免被动停机造成的各种隐患和危害。

7. 带压进仓作业应急措施

(1)加压过程中,有人出现任何疾病或不舒服的征兆(如耳痛等),加压过程必须立即停止,闸操作人员询问仓内人员情况并保持当前压力水平,如有需要把压力调低 5 kPa 左右,直至症状已经消失。再次缓慢加压,如果不适症状再次出现,此时必须结束加压让不适人员出仓。

(2)减压作业过程中,入闸人员可能会在闸内或出闸后表现出患病症状。如果出现这样的情况,在出闸前必须先咨询当班医师协调下一步骤。

(3)在出闸过程中,如果有人出现任何疾病或不舒服的征兆,出闸过程必须立即停止。应保持当前压力水平,直至症状已经消失。如果在数分钟之后情况仍然没有改善,入闸孔的压力必须提高到先前的压力水平。

(4)闸操作人员必须确保立即通知当值医师,并负责让受影响人员特别小心和缓慢出闸。

(5)如在作业过程中遇到人员受伤出现大出血必须对其进行压迫止血,并使其处于头低脚高的姿势。应与负责压缩空气问题的医生协调后,可将压力迅速降至大气压力出仓送往医院抢救。

(6)医师决定有关降压速度之后,必须立即启动以下应对措施:急救、监护患病人员;处理闸室(再加压)。

(7)在换刀作业中,如果发现土体有塌方现象人员必须立即返回人闸关闭闸门。进行半个小时的观察后根据情况做出下一步安排。

(8)如果土仓内着火,用喷淋系统灭火。如果火势太大人员返回人闸关闭闸门,向土仓内注入浆液灭火。

(9)如仓内气压出现不稳或泄漏量超过预警值,人员立即退回人闸。等待观察结果进行下一步安排。

(10)如有人出现不适症状,仓内人员立即通知操闸人员。不适人员通过前仓减压出仓。

(11)换刀作业结束后,待人员与机械撤出土仓,恢复掘进。通过压力传感器可以看到仓内压力变化,此时通过土仓内排气阀排出一部分气体保持恒定的支撑压力,重复以上动作至满仓。此时土仓内重新建立了土压平衡,启动刀盘与千斤顶恢复盾构掘进。

11

示范工程案例

11.1 工 程 概 况

1. 项目概况

深圳地铁 2 号线东延线是向 2011 年深圳大运会的献礼工程，工期紧，任务重，这其中大东区间安全、顺利、如期完成 1 号线的穿越施工，其重要性更是不言而喻。

大东区间隧道位于深南路底下，总长约 1 651 m，线间距 12.24 ~ 25.35 m，轨面埋深 19.252 ~ 36.118 m，在里程 ZDK32 + 457.708 ~ 463.592、YDK32 + 466.674 ~ 472.37 下穿既有地铁 1 号线国老区间，平面夹角约 55°，既有线位于 350 m 的曲线上，新线和既有线之间的距离仅为 1.7 m。采用一台海瑞克和一台维尔特土压平衡盾构机掘进，从大剧院站始发，由西往东掘进，最后在东门站西端头吊出，按右线在前、左线随后的顺序施工，区间中部约 550 m 为矿山法隧道，盾构拼装管片通过。既有线隧道设计概况既有线主体结构设计为左右线上下重叠的单跨双层结构，采用复合结构形式，顶、中、底板与内衬墙及围护结构形成一闭合框架结构，宽 6.8 m，高约 13.2 m。结构采用复合式衬砌。初期支护采用喷混凝土、钢筋网、锚杆和格栅钢架；二衬采用钢筋混凝土。平面如图 11-1 所示，剖面如图 11-2 所示。

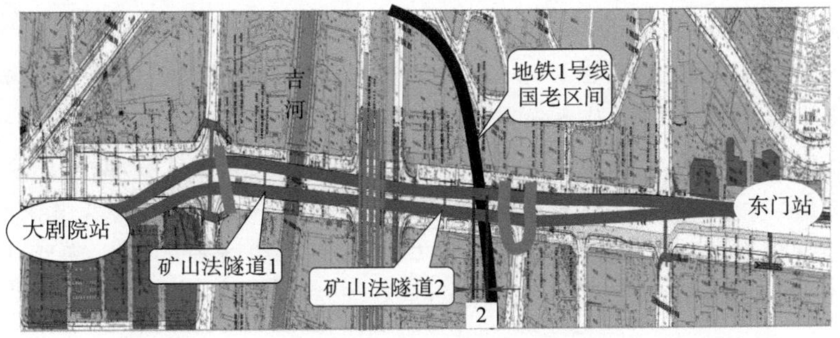

图 11-1　大东区间下穿地铁 1 号线国老区间平面图

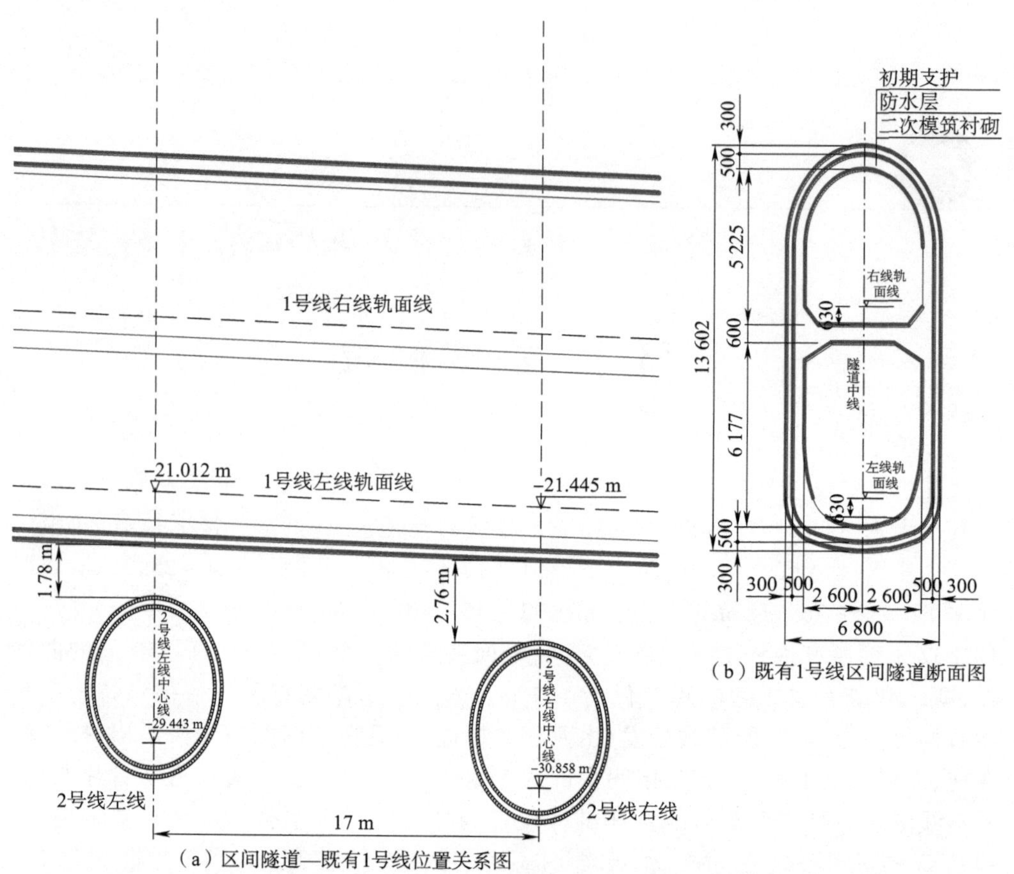

（a）区间隧道—既有1号线位置关系图

（b）既有1号线区间隧道断面图

图 11-2 既有 1 号线大东区间与 2 号线国老区间相对位置关系剖面图(单位:mm)

2. 地质概况

新线隧道上软下硬的特征极其明显,左线地质条件:盾构隧道全断面为 <21—3> 中风化花岗片麻岩和 <9—4> 微风化花岗岩,岩石抗压强度高,洞顶覆盖 <21—3> 岩层约 0.15 ~ 0.5 m,岩面线以上为 <9—2—1> 和 <21—2—1> 强风化岩地层,均具有遇水易软化、强度低的特点。右线地质条件:地铁 1 号线与人民南天桥隧道全断面为 <21—3> 中风化花岗片麻岩和 <9—4> 微风化花岗岩,洞顶覆盖 <21—3> 岩层 2.8 m 以上。1 号线与 2 号线右线隧道的最小净距为 2.76 m,1 号线与 2 号线左线隧道的最小净距为 1.78 m,所以盾构快速、高效推进的难度亦不低。

11.2　穿越掘进分区管理制度

为加强穿越工程中的过程控制，实施差别化管理，以及为正式穿越施工提供可靠的各项技术参数，对穿越工程实施穿越掘进分区管理制度。下穿重叠部分为危险区，危险区外侧各 6 m 范围为风险区，风险区外各 20 m 范围为预警区。在预警区和风险区，主要结合地层变形监测结果，继续优化和完善各项控制技术参数，如盾构掘进参数、渣土改良泡沫参数及注浆配比参数等，落实人员岗位职责、材料和物质储备，为正式穿越打下良好基础。在预警区仅需要对地表沉降进行监测，而在风险区就需要对既有线实行自动化监测，监测频率大致为次/4 h。在穿越区，加大自动化监测频率，大致为次/0.5 h。在掘进管理上，在穿越区，尽量做到满仓掘进，更为严格控制出土量。例如大东区间穿越国老区间工程分区设置如下，大东区间穿越工程左、右线的分区如图 11-3 所示。

(1)右线分区：自 647～660 环共 14 环为预警区，自 661～664 环共 4 环为施工风险区，自 665～676 环共 12 环（正式下穿段）为施工危险区，自 677～680 环共 4 环为施工风险区，自 681～694 环共 14 环为预警区。五区共 48 环，均顺利完成掘进后，即完成下穿任务。

(2)左线分区：自 640～653 环共 14 环为预警区，自 654～657 环共 4 环为施工风险区，自 658～669 环共 12 环（正式下穿段）为施工危险区，自 670～673 环共 4 环为施工风险区，自 674～687 环共 14 环为预警区。五区共 48 环，均顺利完成掘进后，即完成下穿任务。

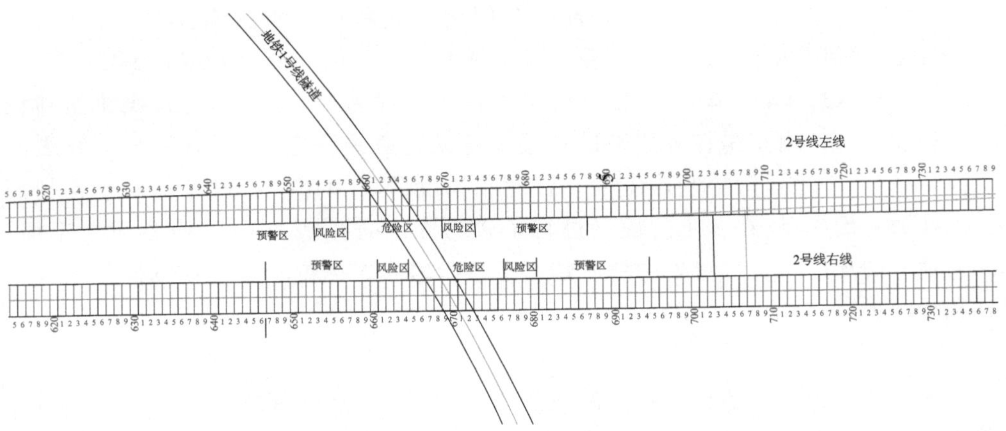

图 11-3　大东区间穿越工程分区

11.3 盾构穿越双层隧道工程安全施工措施

安全施工技术保障体系包括地质补勘技术、既有线现状调查技术、盾构适应性分析技术、实验段试验分析技术、盾构施工技术参数选取技术、渣土改良技术、工序优化高效掘进技术、综合注浆技术、综合监控量测技术、地质雷达扫描既有线及下方土体技术、盾构施工中进仓和换刀技术以及工程应急预案建设。

11.3.1 地质补勘

施工阶段的地质补勘主要是弥补勘探阶段因受地物限制而招致探孔远离线路或间距过大的缺陷。从深圳地区"上软下硬"地层掘进的实践来看,实施长距离的穿越既有线工程,必须考虑地层对刀具的磨损和实际工作中换刀的可能,穿越工程影响范围内的探孔间距达到 10 ~ 15 m 的要求,且在地质急变地点布置有探孔,以提高地质勘探资料的准确性。而针对深圳地区地质变异性较强,为确保穿越工程的安全,对勘探钻孔的位置和间距提出如下建议:

(1)应尽可能在距离新线与既有线交叉点较近的位置布置钻孔,且以靠近线路的走向为宜。

(2)对于"上软下硬"地层中的穿越工程,从刀具磨损和刀具更换的角度来看,地质补勘时的钻孔间距宜控制在 10 ~ 15 m。

(3)考虑到线路调坡的可能性,钻孔的深度宜超出新建隧道 2 ~ 3 m。

1. 钻孔布置

深圳地铁 2 号线东延线大剧院—东门南区间隧道位于深南路底下,总长约 1 651 m,线间距 12. 24 ~25. 35 m,左右线穿越 1 号线里程分别为 ZDK32 +457. 708 ~463. 592、YDK32 +466. 674 ~472. 37,左线轨面高程为 -29. 433 m,右线轨面高程为 -30. 858 m。由于是在上软下硬地层下穿既有叠线隧道,且既有线与新线之间距离特别近,工程风险控制难度大。针对在初勘阶段和详勘阶段尤其对于穿越部位钻孔数量的不足,在施工阶段又进行了较为详细的补勘工作,力求尽可能全面、深入地掌握穿越工程位置处的地质情况。各阶段布置的位于工程穿越部位的勘察钻孔如图 11-4 所示。

2. 地质分析

根据详勘报告可知隧道洞身的主要围岩类别。右线隧道隧底为中等、微风化花岗片麻岩,围岩分级Ⅳ;边墙为中等、微风化花岗片麻岩,围岩分级Ⅳ;拱顶为中等风化花岗片麻岩,围岩分级Ⅳ。总体看来,区间右线整个开挖面上岩层较为均一。左线隧道隧底为微风化花岗片麻岩,围岩分级Ⅲ;边墙为强、中等风化花岗片

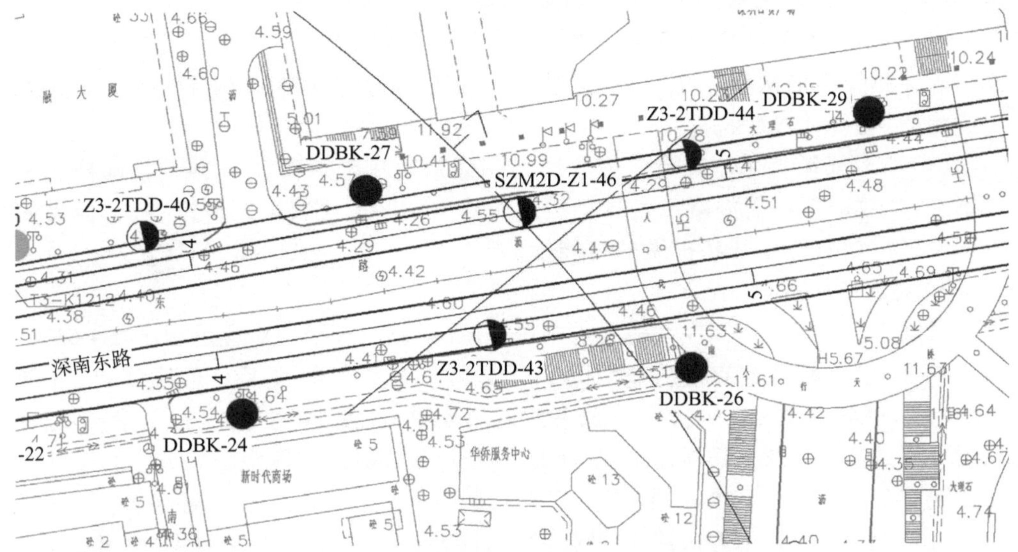

图 11-4 大东区间穿越部位勘察钻孔布置(单位:km)

麻岩,围岩分级Ⅴ;拱顶为中等风化花岗片麻岩,围岩分级Ⅴ,表现为“上软下硬”。从地质情况,左线地质情况更为复杂,另外左线相较于右线距离既有线距离又小(1. 78 m<2. 76 m),风险较大。所以先开挖右线,后开挖左线,可获取经验,适当规避风险。但从穿越部位的勘察钻孔来看,总体上岩体的节理、裂隙较为发育,利于盾构刀具破岩和渣土改良。

11. 3. 2 既有线现状调查

深圳地铁 2 号大东区间施工必将对既有地铁 1 号线结构和运营产生一定的影响,如结构沉降和不均匀沉降、裂缝开展等。这些影响进而将引起道床沉降变形、轨道几何形位变化、轮轨游间变化、轨道不平顺性增大、形成三角坑、空板等。上述不良变化最终将影响列车运行的平稳性和线路的稳定性,增加轮轨磨耗和动能损失,引起列车摇晃和蛇行运动,严重时甚至产生挤翻钢轨、爬轨、脱轨事故。为确定穿越施工对既有线的影响,保证既有线的正常运行,在下穿施工前,首先必须对既有线结构现状和线路情况进行全面的调查和测量,充分了解其现状,为确保既有 1 号线国老区间在新线施工过程中的安全运营提出基础性的技术数据。

1. 既有线线路条件

(1)国老区间下穿部分线路不仅有半曲线,还有竖曲线,且平面曲线半径较小,仅为 350 m。新线与既有线之间的夹角约为 55°,穿越施工距离较垂直穿越长。既有线轨道存在着曲线加宽和外轨超高,对附加变形较敏感。既有线轨道现状“波磨"较为严重，无疑也增加了穿越施工的风险。

(2)既有线线路为单洞双层结构，宽 6.8 m，高约 13.2 m。这种线路形式虽然减少了穿越施工的次数和距离，但穿越施工时上、下行线路同时运营，既有线受施工影响的运营风险较大。

(3)既有线结构采用复合式衬砌。初期支护采用喷混凝土、钢筋网、锚杆和格栅钢架；二衬采用钢筋混凝土。这种线路的整体刚度虽比装配式衬砌较大，但另一方面无疑增加裂缝张开和扩展的可能性。

2. 隧道结构现状

根据 1 号线国老区间左线隧道进洞调查情况，在 1 号线相对应里程 SK1 +640 ~ SK1 +720(监测范围起点、终点里程)做了 2 号线与 1 号线交叉点准确定位(左线 SK1 +682.964，右线 SK1 +662.652)，并对监测范围隧道结构变形缝、施工缝、裂缝以及漏水较严重位置做了详细记录，统计如下：可以初步确定监测范围共 76.84 m，其中左右线交叉斜长约 20.35 m，右线交汇点右侧 21.556 m 为边缘监测点 YQD，左线交汇点左侧 34.975 m 为边缘监测点 ZQD，该范围内施工缝及裂缝共 18 条，其中 6 条有渗水及漏水情况，如图 11-5 所示。

图 11-5 左侧监测范围内施工缝渗水情况

3. 轨道结构

轨道结构由钢轨、扣件、轨枕、道床和道岔等组成。根据调研，1 号线轨道钢轨采用 60 kg/m，标准轨长度为 25 m，钢号为 PD3(高碳微矾)热轧轨，力学性能抗拉强度为 $\sigma_b \geq 980$ MPa，屈服强度为 $\sigma_{0.2} \geq 880$ MPa，布氏硬度为 280 ~ 300 HB。直线和曲线半径为 250 m 及以上地段铺设无缝线路。

钢轨扣件采用弹条Ⅱ型分开式扣件(图 11-6)，该扣件为无挡肩分开式扣件，扣压件采用国铁标准Ⅱ型弹条，弹性好，扣压力大。利用绝缘轨距块调整轨距，又能起隔振和绝缘作用。轨下设置铁垫板能改善短轨枕的受力状态，延长扣件零部件和短轨枕使用寿命，同时增加轨道的高低调整量。

扣件的主要性能：

(1)单个弹条扣压力不小于 9 kN。

(2)扣件抗横向力水平力能力：大于 30 kN(疲劳荷载)；大于 45 kN(静载)。

(3)绝缘套管抗拔力大于 60 kN。

(4)扣件节点垂直静刚度：35 ~ 50 kN/mm。

(5)轨顶标高调整量 15 mm。

(6)轨距调整量：-12 ~ +8 mm。

(7)绝缘电阻：单组扣件绝缘电阻大于 108 Ω。

另外 1 号线整体道床结构形式采用钢筋混凝土短轨枕式整体道床，道床混凝土强度等级采用 C30，并在道床底部布置钢筋网，以提高整体道床的可靠性和整体性，同时起到排除杂散电流作用。整体道床每隔一定距离设置伸缩缝并尽量避开短轨枕。短轨枕混凝土强度等级采用 C50，该轨枕底部伸出钢筋与道床混凝土连接，短轨枕宜在工厂预制。

图 11-6 弹条Ⅱ型分开式扣件构造图

4. 接触网结构

深圳地铁 1 号线全线牵引供电采用柔性架空接触网。一般来说，柔性架空接触网由支柱与基础、支持装置、接触悬挂几部分组成，大致包括以下设备：(1)线材(接触线、承力索、馈线、架空地线)；(2)主要零部件[支柱、腕臂结构、吊弦、中心锚结、补偿器、软(硬)横跨、馈线肩架等]；(3)主要设备(隔离开关、分段绝缘器、绝缘子、避雷器等)。这其中，支柱与基础用以承受接触悬挂、支持和定位装置的全部负荷，并将接触悬挂固定在规定的位置和高度上。支柱位置的变化就会导致接触网与线路之间的相对位置发生改变，变化过大就会危及行车安全。

盾构隧道下穿既有线施工时，不可避免地会引起既有线隧道结构产生位移、支柱和基础位置的改变，进而影响到接触网与线路的相对位置。因而，在穿越施工时应密切关注接触网与线路相对位置的以下指标:(1)接触网支柱的侧面限界;(2)接触网导线高度;(3)接触线最大坡度。地铁设计规范规定,隧道内接触线距轨面的最低高度为 4 000 mm;柔性接触线高度变化时,其坡度应符合表 11-1 的规定;接触网带电部分和结构体、车体之间的最小净距,应符合表 11-2 的规定。

表 11-1 柔性接触线最大坡度值

列车速度(km/h)	接触线最大坡度(‰)
10	40
30	20
60	10
90	6
120	5

表 11-2 接触网电部分和结构体、车体之间的最小净距(单位:mm)

标称电压	净　　态	动　　态	绝对最小动态
750 V	25	25	25
1 500 V	150	100	60

11.3.3 渣土改良技术

土压平衡盾构在软硬不均地层时,渣土改良是保证盾构施工安全、顺利、快速的一项不可或缺的重要技术手段。渣土改良具有较好的土压平衡效果,利于开挖面的稳定从而控制地表沉降;使渣土具有较好的止水性,可防止地下水流失;使渣土具有较好的和易性,切削下来的渣土易于快速进入土仓并顺利排土,可有效防止土渣黏结刀盘而产生泥饼;可有效降低刀盘扭矩,改善土体对刀盘、刀具和螺旋输送机的磨损。

渣土改良效果除与地层类型有关外,还与添加剂的类型、配比等因素有关,适应于不同的地层条件。在大东区间主要通过刀盘前方注泡沫的方式改良地层;为清晰对比处穿越工程的渣土改良效果,给出了改良后渣样的照片,如图 11-7 和图 11-8 所示。

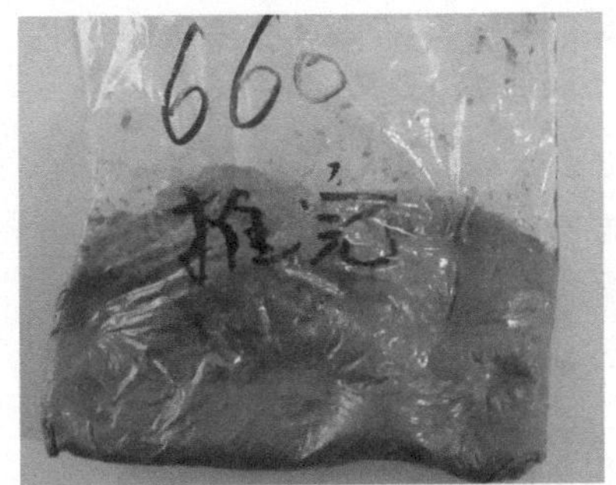

图 11-7　大东区间右线穿越工程渣土改良照片

图 11-8　大东区间左线穿越工程渣土改良照片

11.3.4　综合注浆技术

当拼装好的管片衬砌脱出盾尾后，由于盾构钢壳原来占据的空间、为衬砌的拼装操作所留的空隙和盾构推进时部分土体被黏附于盾构外壳上，在衬砌环背面与实际开挖的洞壁间留有环形空隙，使土体处于无支护状态，该空隙即为盾尾空隙。盾尾空隙的大小是由盾构钢壳的厚度和盾尾操作空间决定的，一般在 10～20 cm。由于管片脱出盾尾时出现的管片及围岩土体处于临时无支撑的悬空状态，致使土体向盾尾空隙移动产生变形，或者局部崩塌，围岩松散范围扩大，是盾构施工引起地层变形和沉降的主要因素。

随着盾构施工的进行，对盾尾空隙均匀、密实地注入、充填是控制地层变形根本技术手段，也是确保土压力均匀作用于管片衬砌的前提条件。盾构施工中壁后注浆的目的和作用：(1)防止地层变形。盾尾空隙如果不及时得到填充，势必造成地层损失，引起地层变形，使得相邻地表建筑物沉降或隧道本身偏移。(2)提高隧道的抗渗性。壁后注浆的浆液固结硬化后，一般都有一定的抗渗性能，可作为隧道的第一道止水防线，从而提高隧道的整体抗渗性能；(3)具备一定早期强度的浆液及时填充盾尾空隙，可确保管片衬砌的早期和后期稳定性。

本穿越工程结合自身盾构机特性，采用了如下注浆方案：

1. 浆液类型

由于大东已经对盾构机的注浆系统进行了改造，施工中可采用同注水泥、水玻璃双液浆的方案，结合前期多个实验段和实验区的工作，控制水玻璃掺入量约为水泥重量的10%～15%。注浆压力大致控制在0.3～0.5 MPa，保证管片与围岩之间充填密实。

2. 二次注浆

为控制盾构下穿地铁1号线区段的后续沉降，在盾尾通过保护区后需对下穿区段及其前后一定范围内进行全面的二次注浆。

3. 注浆设备

大东区间采用专门研制，已经申请专利技术的同步注浆系统，进行水泥、水玻璃双液浆的加注。为使二次补浆达到较好的效果，还专门研制了注浆混合器，如图11-9和图11-10所示。

图11-9　注浆混合器

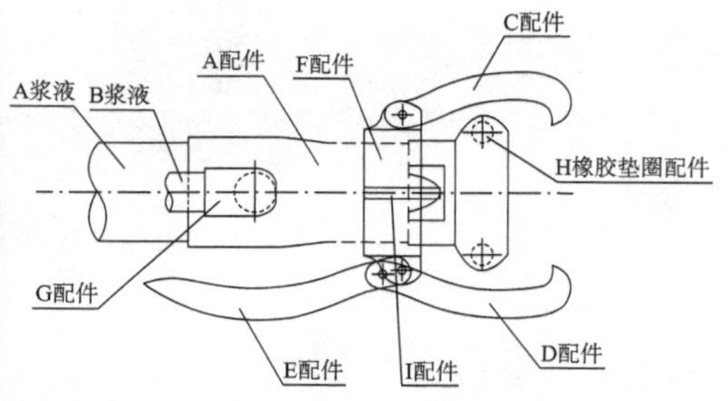

图11-10　注浆混合器组成

11.4　监测数据分析

深圳地铁2号线大东区间右线盾构下穿1号线大科区间现场值班期间，原则上每半小时发布一次既有线变形自动化监测报告。考虑到不同观测点数据采集和传速需要花费一定的时间，数据采集的对象主要集中在盾构机头前后的3～5个断面上的关键测点上。另外，每天至少对所有测点的数据进行一次全面的扫描，发现异常及时汇报。2010年6月18日～6月29日现场值班期间，深圳地铁2号线大东区间右线盾构下穿1号线国老区间共完成147次监测报告（首次监测日期为2010年5月8日），有效保障了穿越工程的安全。2010年8月14日～8月21日现场值班期间，深圳地铁2号线大东区间左线盾构下穿1号线国老区间共完成186次监测报告（首次监测日期为2010年5月8日），有效保障了穿越工程的施工安全。

由表 11-3 可知,截至 2010 年 8 月 22 日,既有线测得最大沉降为 9 mm,最大横向位移为 2.01 mm,最大纵向位移为 1.26 mm,各断面同一点号的沉降曲线如图 11-11 所示。由表 11-4 可知,截至 2010 年 8 月 28 日,既有线测得最大沉降为 8.65 mm,最大横向位移为 2.72 mm,最大纵向位移为 1.51 mm,各断面同一点号的沉降曲线如图 11-12 所示。由表 11-5 可知,截至 2010 年 8 月 30 日,既有线测得最大沉降为 8.57 mm,最大横向位移为 2.75 mm,最大纵向位移为 1.45 mm,各断面同一点号的沉降曲线如图 11-13 所示。由表 11-6 可知,截至 2010 年 9 月 2 日,既有线测得最大沉降为 8.45 mm,最大横向位移为 2.8 mm,最大纵向位移为 1.47 mm,各断面同一点号的沉降曲线如图 11-14 所示。由表 11-7 可知,截至 2010 年 9 月 6 日,既有线测得最大沉降为 8.66 mm,最大横向位移为 2.81 mm,最大纵向位移为 1.48 mm,各断面同一点号的沉降曲线如图 11-15 所示。

综上所述,既有 1 号线测到的最大沉降值约为 8.5 mm,既有线的变形在控制标准允许的范围之内。

表 11-3 大东区间穿越工程既有线自动化监测数据(2010 年 8 月 22 日)

监测项目		点号	右线影响累计值(mm)	总累计变形值(mm)	左线影响累计值(mm)	本次变形(mm)	是否超出警戒值	备注
上行线(下洞)高程位移	总累计最大	DM8-7	-1.91	-9.00	-7.09	-0.47	否	设计值 ±20 mm;行动值 ±15 mm;报警值 ±10 mm
	左线影响累计最大	DM8-7	-1.91	-9.00	-7.09	-0.47		
	左线影响本次最大	DM3-4	-2.46	-5.46	-3.00	-1.53		
上行线(下洞)横向位移	总累计最大	DM7-2	0.17	2.01	1.83	0.99	否	
	左线影响累计最大	DM7-2	0.17	2.01	1.83	0.99		
	左线影响本次最大	DM10-4	0.07	0.79	0.72	-1.72		
上行线(下洞)纵向位移	总累计最大	DM9-4	0.58	1.26	0.67	0.02	否	
	左线影响累计最大	DM10-4	-0.16	0.73	0.90	-0.01		
	左线影响本次最大	DM2-2	0.09	0.92	0.83	0.30		

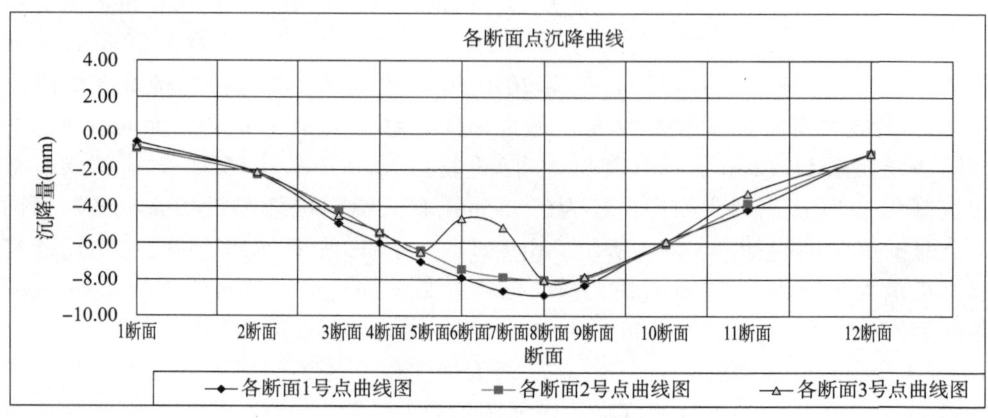

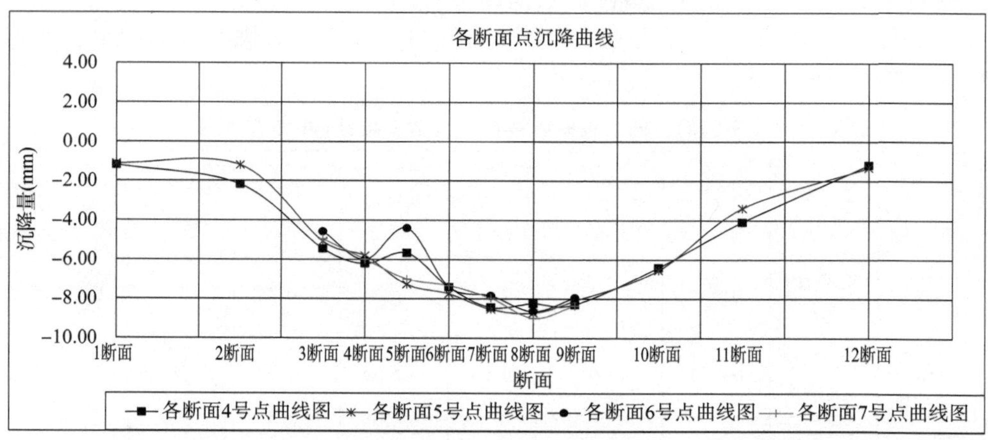

图 11-11 各断面在 2010 年 8 月 22 日 08:00 时同一点号的沉降曲线

表 11-4 大东区间穿越工程既有线自动化监测数据(2010 年 8 月 28 日)

监测项目		点　号	右线影响累计值(mm)	总累计变形值(mm)	左线影响累计值(mm)	本次变形(mm)	是否超出警戒值	备　注
上行线(下洞)高程位移	总累计最大	DM8-7	-1.91	-8.65	-6.74	-0.15	否	设计值±20 mm;行动值±15 mm;报警值±10 mm
	左线影响累计最大	DM8-7	-1.91	-8.65	-6.74	-0.15		
	左线影响本次最大	DM1-4	-1.36	-0.01	1.35	-0.22		

续上表

监测项目		点　号	右线影响累计值(mm)	总累计变形值(mm)	左线影响累计值(mm)	本次变形(mm)	是否超出警戒值	备　注
上行线(下洞)横向位移	总累计最大	DM6-2	0.13	2.72	2.59	0.00	否	设计值±20 mm；行动值±15 mm；报警值±10 mm
	左线影响累计最大	DM5-2	−0.04	2.56	2.60	−0.04		
	左线影响本次最大	DM2-4	0.34	1.37	1.03	−0.28		
上行线(下洞)纵向位移	总累计最大	DM9-4	0.58	1.51	0.92	0.07	否	
	左线影响累计最大	DM3-2	−0.13	1.00	1.14	0.02		
	左线影响本次最大	DM5-4	−0.33	0.24	0.58	−0.33		

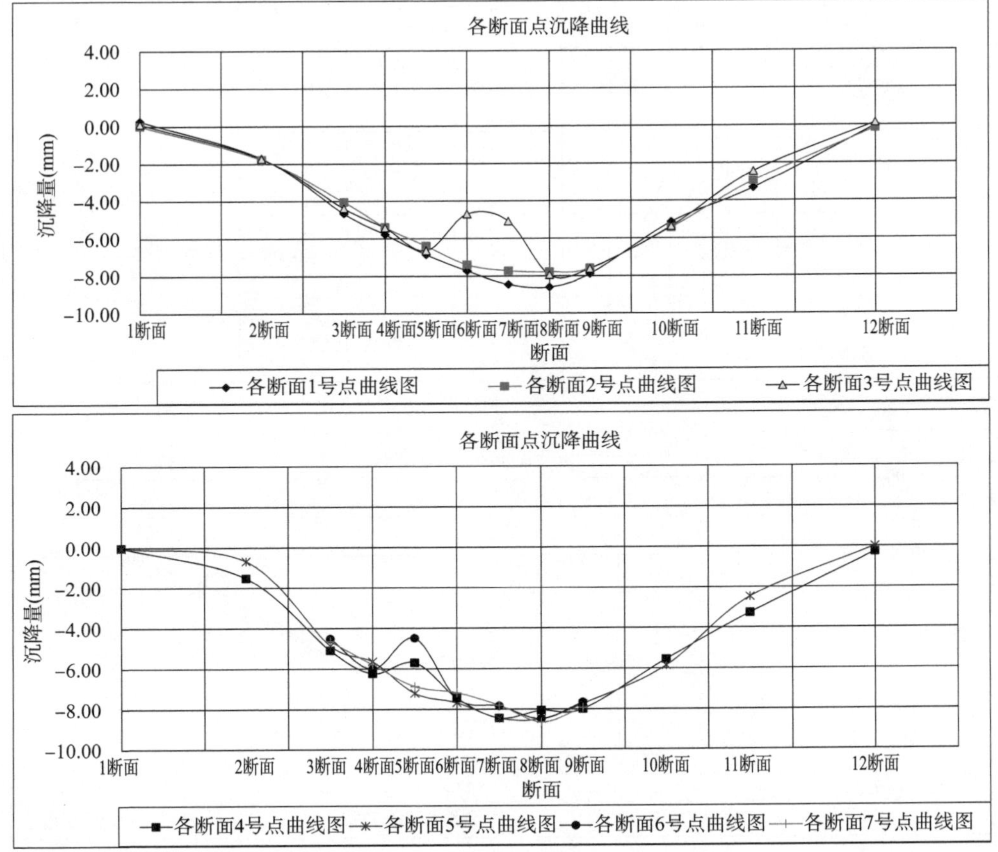

图 11-12　各断面在 2010 年 8 月 28 日 08:00 时同一点号的沉降曲线图

表 11-5 大东区间穿越工程既有线自动化监测数据(2010 年 8 月 30 日)

<table>
<tr><th colspan="2">监测项目</th><th>点 号</th><th>右线影响累计值(mm)</th><th>总累计变形值(mm)</th><th>左线影响累计值(mm)</th><th>本次变形(mm)</th><th>是否超出警戒值</th><th>备 注</th></tr>
<tr><td rowspan="3">上行线(下洞)高程位移</td><td>总累计最大</td><td>DM8-7</td><td>-1.91</td><td>-8.57</td><td>-6.66</td><td>0.10</td><td rowspan="3">否</td><td rowspan="9">设计值±20 mm;行动值±15 mm;报警值±10 mm</td></tr>
<tr><td>左线影响累计最大</td><td>DM8-7</td><td>-1.91</td><td>-8.57</td><td>-6.66</td><td>0.10</td></tr>
<tr><td>左线影响本次最大</td><td>DM1-2</td><td>-0.76</td><td>0.04</td><td>0.80</td><td>0.22</td></tr>
<tr><td rowspan="3">上行线(下洞)横向位移</td><td>总累计最大</td><td>DM6-2</td><td>0.13</td><td>2.75</td><td>2.63</td><td>0.08</td><td rowspan="3">否</td></tr>
<tr><td>左线影响累计最大</td><td>DM5-2</td><td>-0.04</td><td>2.64</td><td>2.68</td><td>0.11</td></tr>
<tr><td>左线影响本次最大</td><td>DM12-4</td><td>0.15</td><td>0.42</td><td>0.27</td><td>0.27</td></tr>
<tr><td rowspan="3">上行线(下洞)纵向位移</td><td>总累计最大</td><td>DM9-4</td><td>0.58</td><td>1.45</td><td>0.87</td><td>0.00</td><td rowspan="3">否</td></tr>
<tr><td>左线影响累计最大</td><td>DM4-2</td><td>0.08</td><td>1.18</td><td>1.11</td><td>-0.05</td></tr>
<tr><td>左线影响本次最大</td><td>DM1-5</td><td>0.60</td><td>1.08</td><td>0.48</td><td>-0.13</td></tr>
</table>

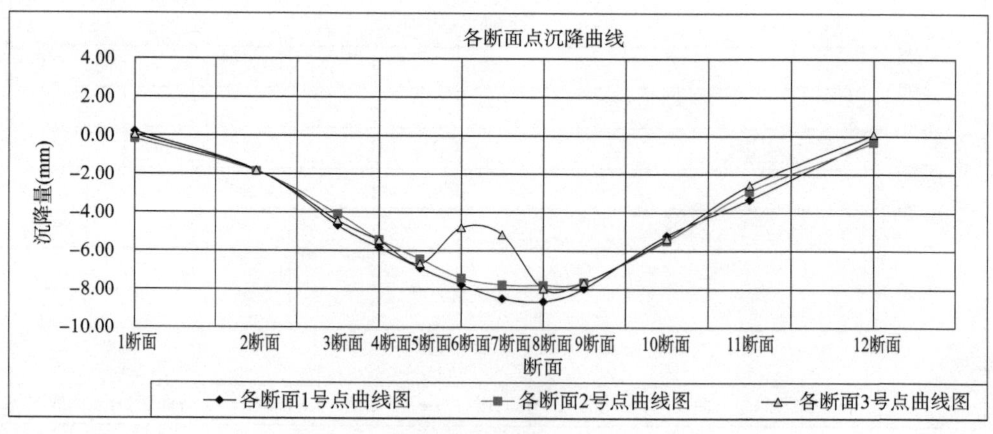

图 11-13

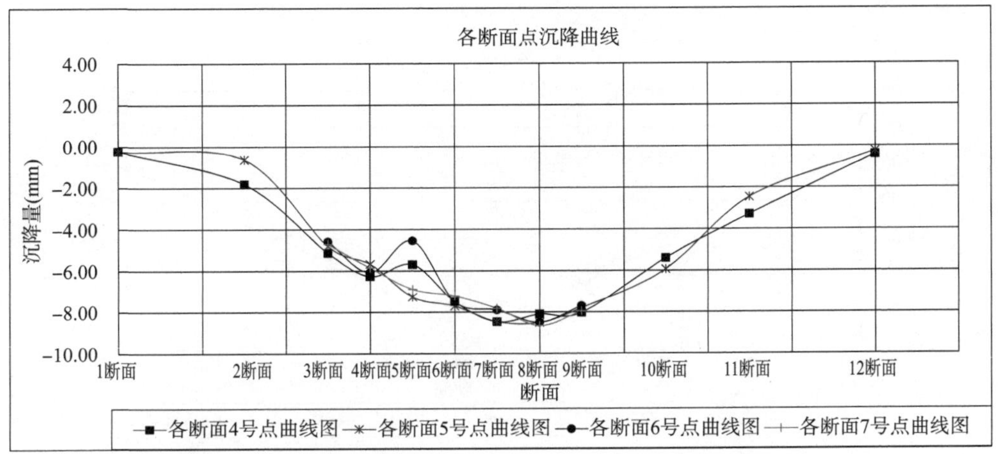

图 11-13　各断面在 2010 年 8 月 30 日 08:00 时同一点号的沉降曲线图

表 11-6　大东区间穿越工程既有线自动化监测数据(2010 年 9 月 2 日)

监测项目		点　号	右线影响累计值(mm)	总累计变形值(mm)	左线影响累计值(mm)	本次变形(mm)	是否超出警戒值	备　注
上行线(下洞)高程位移	总累计最大	DM8-7	−1.91	−8.45	−6.54	0.09	否	设计值±20 mm;行动值±15 mm;报警值±10 mm
	左线影响累计最大	DM8-7	−1.91	−8.45	−6.54	0.09		
	左线影响本次最大	DM2-4	−1.59	−1.42	0.16	0.24		
上行线(下洞)横向位移	总累计最大	DM6-2	0.13	2.80	2.67	0.00	否	
	左线影响累计最大	DM5-2	−0.04	2.71	2.75	0.03		
	左线影响本次最大	DM12-2	−0.12	−0.55	−0.43	−0.28		
上行线(下洞)纵向位移	总累计最大	DM9-4	0.58	1.47	0.89	0.00	否	
	左线影响累计最大	DM3-2	−0.13	1.02	1.15	0.03		
	左线影响本次最大	DM5-4	−0.33	0.53	0.86	−0.15		

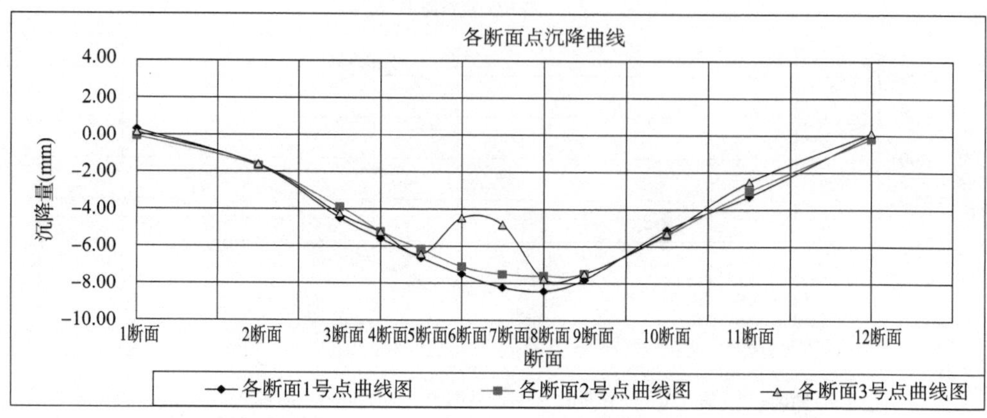

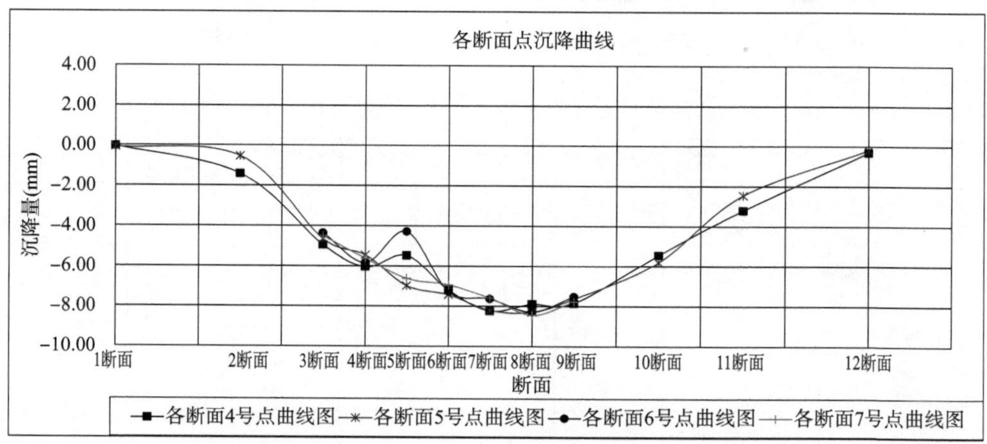

图 11-14 各断面在 2010 年 09 月 02 日 08:00 时同一点号的沉降曲线图

表 11-7 大东区间穿越工程既有线自动化监测数据(2010 年 9 月 6 日)

监测项目		点 号	右线影响累计值(mm)	总累计变形值(mm)	左线影响累计值(mm)	本次变形(mm)	是否超出警戒值	备 注
上行线(下洞)高程位移	总累计最大	DM8-7	-1.91	-8.66	-6.75	-0.02	否	设计值±20 mm;行动值±15 mm;报警值±10 mm
	左线影响累计最大	DM8-7	-1.91	-8.66	-6.75	-0.02		
	左线影响本次最大	DM1-5	-1.40	-0.18	1.22	-0.30		

续上表

监测项目		点　号	右线影响累计值（mm）	总累计变形值（mm）	左线影响累计值（mm）	本次变形（mm）	是否超出警戒值	备　注
上行线（下洞）横向位移	总累计最大	DM6-2	0.13	2.81	2.68	-0.14	否	设计值±20 mm；行动值±15 mm；报警值±10 mm
	左线影响累计最大	DM5-2	-0.04	2.70	2.74	-0.11		
	左线影响本次最大	DM1-4	-1.34	-0.39	0.95	0.35		
上行线（下洞）纵向位移	总累计最大	DM9-4	0.58	1.48	0.90	-0.02	否	
	左线影响累计最大	DM3-2	-0.13	1.03	1.16	-0.01		
	左线影响本次最大	DM5-4	-0.33	0.48	0.81	-0.20		

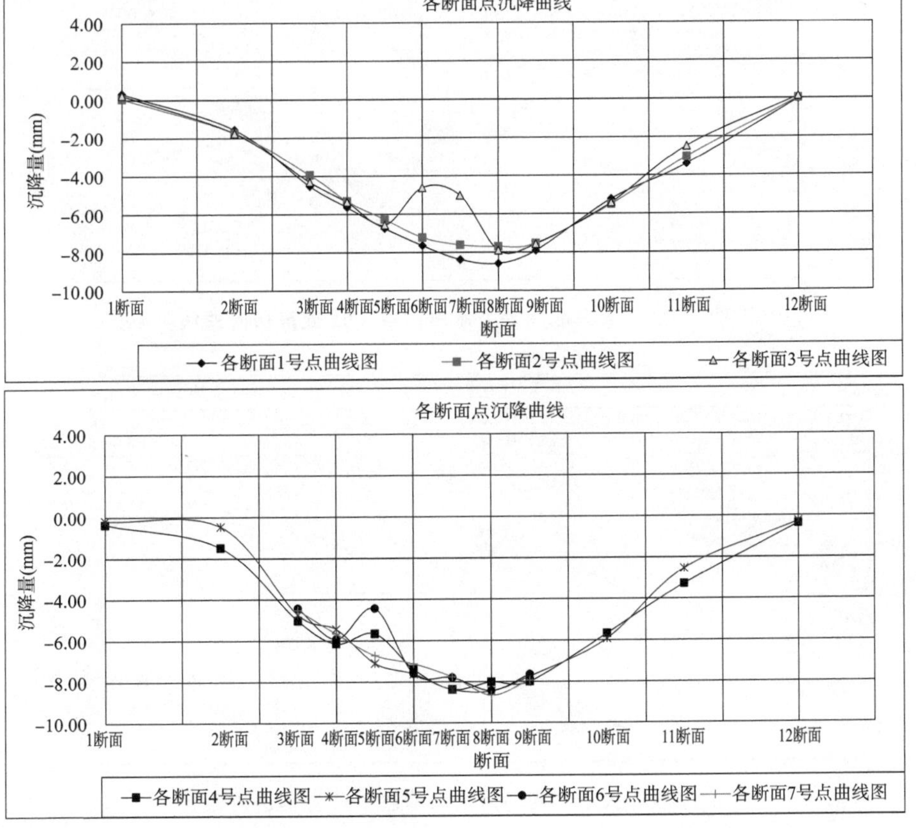

图 11-15　各断面在 2010 年 09 月 06 日 08:00 时同一点号的沉降曲线图

穿越施工过程中,静力水准自动化监测系统作为安全储备,对关键断面上关键点位的沉降变形也进行了在线实时监测。燕大区间穿越既有线施工过程中,各静力水准测点的时程曲线如图 11-16 ~ 图 11-19 所示。一方面,通过将静力水准测点的监测数据与全站仪自动化监测系统中对应监测点监测数据的经常对比分析,确保了自动化监测数据的真实可靠;另一方面,在全站仪自动化监测系统出现故障的情况下,启用静力水准自动化监测系统,保证了在生产过程始终掌握既有线的变形状态,确保了穿越工程信息化施工的照常进行。

通过对既有线隧道结构的监测可以得出以下结论:

(1)大东区间穿越既有线施工引起的既有线隧道结构变形最大沉降值约为 8.5 mm,在既有线允许变形标准要求的范围之内。

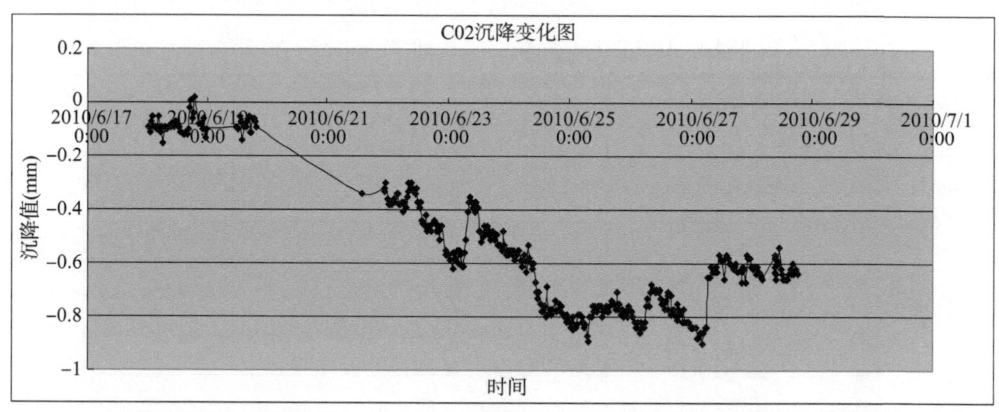

图 11-16 大东区间静力水准测点 C02 变形历时曲线

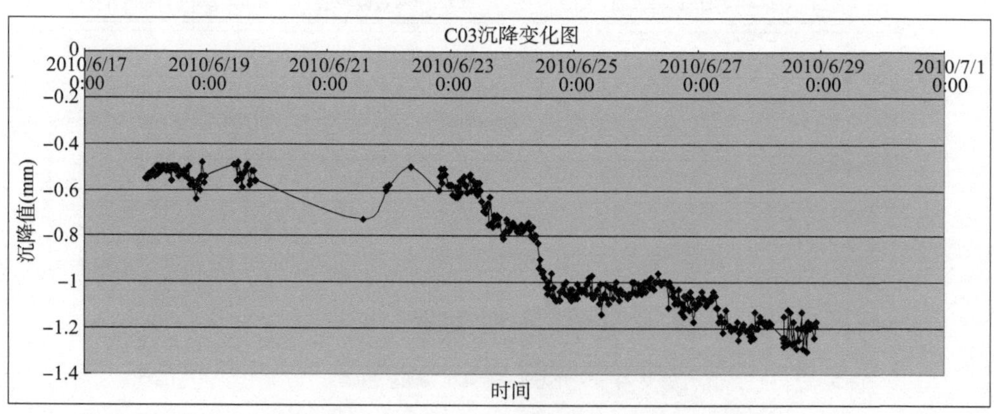

图 11-17 大东区间静力水准测点 C03 变形历时曲线

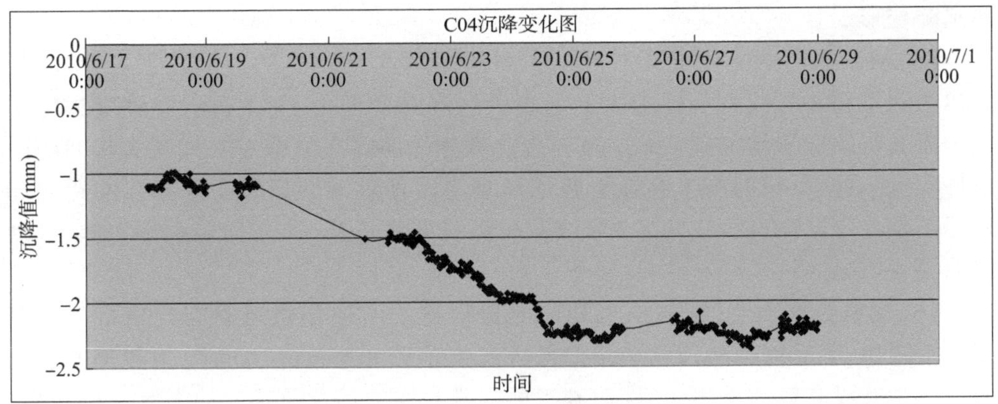

图 11-18　大东区间静力水准测点 C04 变形历时曲线

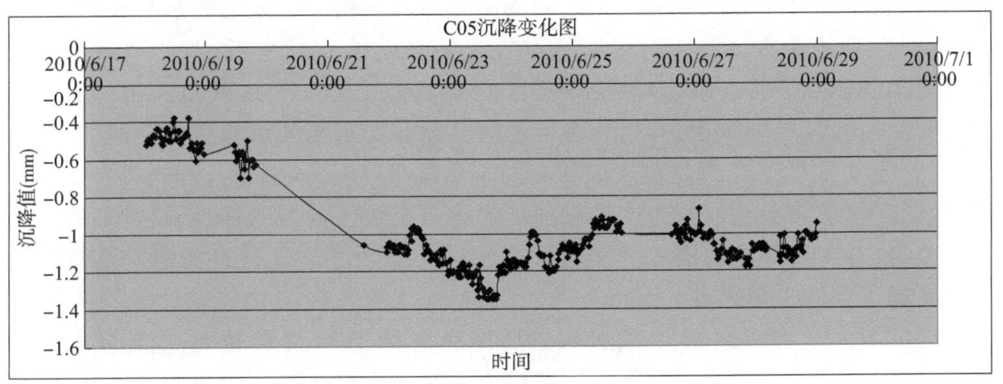

图 11-19　大东区间静力水准测点 C05 变形历时曲线

(2)穿越工程施工期间,第三方监测单位的自动化监测系统曾经发生两次采集不到数据的情况,随即启用了科研单位的自动化监测系统来监测既有线的变形情况。这同时也说明在现有自动化监测技术条件下,有必要同时安装两套系统以备紧急之需,但为节省费用,备用系统可仅在少数关键断面的关键部位布点。

(3)从监测实施的过程,应该说第三方监测布置了足够多的监测断面,在每一监测断面上又布置了足够多的监测点,由于自动化监测数据采集和传输都需要占用一定的时间,且全站仪搜索监测点还要受到列车通过的影响 30 min 内监测得到的数据有限,在快速掘进情况下,仅能满足刀盘前后 3 ~ 5 断面关键点位的监测的需要。同时,由于既有线结构的整体性,且下穿越既有线施工所特有的变形由下向上传递的特点,在每个断面上仅布置 2 ~ 3 个测点就可以满足实际工程的需要。

(4)由于穿越方式为下穿施工,既有线的变形主要以沉降变形为主,测得的纵向变形和水平变形的数值均比较小。可见,在今后类似下穿工程施工中,可以仅监测沉降变形。

(5)从新线与既有线交叉点对应监测断面测点 DM8-7 的监测数据可以发现，DM8-7 测点在 2 号线右线穿越施工完成后的沉降变形为 1.91 mm,左线穿越施工完成后其沉降变形增加到 8.66 mm。上述数据表明在 2 号线左右线现有线间距的条件下,左右两条线的施工存在着叠加影响。这种影响因新线距既有线的距离和地层条件的不同而有所变化。2 号线左线距既有线近些,加之地层条件较差,这种影响更为明显。

(6)测试数据表明,穿越施工期间隧道结构的变形和轨道静态几何行为的变化并不同步,既有线的隧道结构虽然最大发生了约 8.5 mm 的沉降,但轨道的静态几何行为并没有较大的变化,穿越施工期间既有线的运营是安全的。

(7)从实际监测数据来看,穿越施工期间地表沉降监测的数据较既有线沉降数值较大,主要原因可能穿越施工期间降雨较多和盾构施工地层失水引起的。

(8)从新线左右线施工对既有线存在交叉影响的实际来看,有必要对既有线的变形控制标准进行分解,以便更符合工程穿越施工方案。也就是在第一次穿越施工时的控制标准应该更为严格,为第二次穿越施工可能的影响留下余地。

(9)既有线的下穿部位位于 350 m 的小曲线半径上,同时既有线也存在着较大的纵坡,但轨道静态几何行为变形标准仍然执行直线段的控制标准,这方面的工作有待改进。同时,穿越前没有对穿越部分轨道的现状静态几何行为进行测试也是此次穿越工程的不足之处。

(10)从掘进过程来看,在管片脱出盾尾的期间,沉降变形较大,现场实践表明采用同步注水泥、水玻璃双液浆的方案可以较好地控制既有线的变形。

(11)从本次监测工作来看,提前进行仪器的安装、调试和初始数据的三方确认,对于后期监测工作的顺利开展,真实掌握既有线的变形状态比较重要。

(12)从整个监测工作的执行过程来看,由于穿越工程中涉及的信息量较大、数据较多,在数据管理和信息管理上存在一定的混乱上。因此,有必要在今后类似的穿越工程建立专门的信息平台进行标准化管理,这部分工作可结合盾构掘进参数收集进行统一管理。

(13)从整个穿越施工来看,由于较好执行了匀速、快速的掘进原则,既有线的变形控制较好。因此,在穿越工程中,应尽量不停机,匀速、快速掘进通过既有线。

(14)在制定监测方案中,由于没有对穿越完成后继续的监测时间进行约定,所以判定既有线何时变形稳定就显得尤其重要,既有线变形稳定的标准可按《建筑变形测量规范》(JGJ 8—2016)中建筑沉降观测稳定状态的判定来执行,由沉降量与时间关系曲线确定。当最后 100 d 的沉降速率小于 0.01 ~ 0.04 mm/d 时可认为既有线变形已进入稳定阶段。